El camino a
una vida mejor

MEDITACIONES DIARIAS

Charles Stanley

Traducido por
Josie de Smith

Editorial Mundo Hispano

EDITORIAL MUNDO HISPANO
Apartado Postal 4256, El Paso, TX 79914, EE. UU. de A.
Agencias de Distribución

CBP ARGENTINA: Rivadavia 3474, 1203 Buenos Aires, Tel.: (541)863-6745. **BOLIVIA:** Casilla 2516, Santa Cruz, Tel.: (591)342-7376, Fax: (591)342-8193. **COLOMBIA:** Apartado Aéreo 55294, Bogotá 2, D.C., Tel.: (571)287-8602, Fax: (571)287-8992. **COSTA RICA:** Apartado 285, San Pedro Montes de Oca, San José, Tel.: (506)225-4565, Fax: (506)224-3677. **CHILE:** Casilla 1253, Santiago, Tel: (562)672-2114, Fax: (562)695-7145. **ECUADOR:** Casilla 3236, Guayaquil, Tel.: (593)445-5311, Fax: (593)445-2610. **EL SALVADOR:** Av. Los Andes No. J-14, Col. Miramonte, San Salvador, Tel.: (503)260-8658, Fax: (503)260-1730. **ESPAÑA:** Padre Méndez 142-B, 46900 Torrente, Valencia, Tel.: (346)156-3578, Fax: (346)156-3579. **ESTADOS UNIDOS: CBP USA:** 7000 Alabama, El Paso, TX 79904, Tel.: (915)566-9656, Fax: (915)565-9008, 1-800-755-5958; 960 Chelsea Street, El Paso, TX 79903, Tel.: (915)778-9191; 4300 Montana, El Paso, TX 79903, Tel.: (915)565-6215, Fax: (915)565-1722, (915)751-4228, 1-800-726-8432; 312 N. Azusa Ave., Azusa, CA 91702, Tel.: 1-800-321-6633, Fax: (818)334-5842; 1360 N.W. 88th Ave., Miami, FL 33172, Tel.: (305)592-6136, Fax: (305)592-0087; 647 4th. Ave., Brooklyn, N.Y., Tel.: (718)788-2484; **CBP MIAMI:** 12020 N.W. 40th Street, Suite 103 B, Coral Springs, FL 33065, Fax: (954)754-9944, Tel. 1-800-985-9971. **GUATEMALA:** Apartado 1135, Guatemala 01901, Tel.: (502)2-220-0953. **HONDURAS:** Apartado 279, Tegucigalpa, Tel.: (504)238-1481, Fax: (504)237-9909. **MÉXICO: CBP MÉXICO:** Avenida Morelos #85, México, D.F. 06000, Tels./Fax: 011525-566-8055, 011525-566-7984; Madero 62, Col. Centro, 06000 México, D.F., Tel./Fax: (525)512-9390; Independencia 36-B, Col. Centro, 06050 México, D.F., Tel.: (525)512-0206, Fax: 512-9475; Félix U. Gómez 302 Nte. Monterrey, N. L. 64000, Tel.: (528)342-2823. **NICARAGUA:** Reparto San Juan del Gimnasio Hércules, media cuadra al Lago, una cuadra abajo, 75 varas al Sur, casa 320, Tel.: (505)278-4927, Fax: (505)278-4786. **PANAMÁ:** Apartado E Balboa, Ancon, Tel.: (507)264-6469, (507) 264-4945, Fax: (507)228-4601. PARAGUAY: Casilla 1415, Asunción, Fax: (595)2-121-2952. **PERÚ:** Pizarro 388, Trujillo, Tel./Fax: (514)424-5982. **PUERTO RICO:** Calle San Alejandro 1825, Urb. San Ignacio, Río Piedras, Tel.: (809)764-6175. **REPÚBLICA DOMINICANA:** Apartado 880, Santo Domingo, Tel.: (809)565-2282, (809)549-3305, Fax: (809)565-6944. **URUGUAY:** Casilla 14052, Montevideo 11700, Tel.: (598)2-309-4846, Fax: (598)2-305-0702. **VENEZUELA:** Apartado 3653, El Trigal 2002 A, Valencia, Edo. Carabobo, Tel./Fax: (584)126-1725.

Primera edición: 2000
Clasificación decimal Dewey: 242.2
Tema: Devocional diario

ISBN: 0-311-40066-3
E.M.H. Núm. 40066

4 M 9 00
Printed in Canada

Índice

Introducción.. 7

ENERO
El camino de fe... 11

FEBRERO
El camino fuera de Egipto... 43

MARZO
El camino a la tierra prometida................................. 73

ABRIL
El camino a la cruz..105

MAYO
El camino al campo de batalla...................................137

JUNIO
El camino al desierto..169

JULIO
El camino a la libertad..201

AGOSTO

El camino a Jaboc...233

SEPTIEMBRE

El camino a recibir un manto espiritual.........................265

OCTUBRE

El camino al avivamiento..297

NOVIEMBRE

El camino al monte Horeb..329

DICIEMBRE

El camino a Damasco...361

El camino hacia una vida mejor

Introducción

$\mathcal{L}$e invitamos a emprender un peregrinaje espiritual maravilloso. Todo lo que necesita le será provisto. Su pasaporte —la sangre de Cristo— le fue otorgado en el Calvario. El guía es el Espíritu Santo. Aprenderemos mucho de él en el camino. El libro guía —la Biblia— está repleto de información sobre los lugares donde haremos escala.

Tiene en sus manos nuestro itinerario. Cada mes durante el año entrante visitaremos un destino espiritual distinto tomado de peregrinajes verídicos de personajes bíblicos. Mi oración es que encuentre que éstos lo llevan por un camino mejor a un lugar de encuentro con Dios.

- En enero tomamos un camino de fe, ilustrado por Abraham quien se alistó para su viaje y emprendió el camino por fe, sin saber a dónde iba.

- En febrero el enfoque es el peregrinaje de Israel al salir de Egipto, simbólico de nuestra liberación del pecado.

- Las meditaciones de marzo enfatizan apropiarnos de las promesas de Dios —nuestra herencia espiritual— tal como la nación de Israel se apropió de la tierra prometida.

- En abril acompañamos a Jesús a la cruz, con meditaciones que enfocan su portentoso significado para nuestra vida en la actualidad.

7

• En mayo marchamos al campo de batalla, siguiendo el ejemplo de Josafat quien enfrentó a un enemigo formidable, pero siguió adelante confiadamente hasta vencerlo.

• En junio las meditaciones enfocan las experiencias en el desierto que a veces nos depara la vida —los momentos de quebrantamientos y adversidades— al acompañar a Jesús en su camino al desierto de la tentación.

• Las meditaciones de julio son ilustraciones del regreso de Israel de su cautividad en Babilonia, enfatizando la liberación de hábitos, conductas y sentimientos negativos.

• Como Jacob —cuya vida cambió junto al vado de Jaboc— viajaremos en agosto a nuestro propio "Jaboc" en busca de renovación, consagración y cambio.

• En septiembre el énfasis es servir a nuestro prójimo al seguir los pasos de Eliseo que viajó con Elías a fin de recibir una doble porción de unción para ministrar a sus semejantes.

• Octubre nos encontrará acompañando a Esdras en su regreso a Jerusalén, para renovarnos al enfocar la Palabra de Dios, la meditación y la oración.

• En noviembre estaremos de pie con Elías en el monte Horeb y llegaremos a conocer la voz de Dios.

• En diciembre concluimos nuestro peregrinaje al acompañar a Pablo por el camino a Damasco para llegar a nuestro destino divino.

Antes de emprender un viaje largo solemos asegurarnos de que tenemos todo lo que necesitamos. Nadie quiere que la falta de algo lo pille desprevenido. Lo bueno es que el Señor ya nos ha provisto de todo lo que necesitamos para nuestro peregrinaje espiritual:

Su divino poder nos ha concedido todas las cosas que pertenecen a la vida y a la piedad por medio del conoci-

miento de aquel que nos llamó por su propia gloria y excelencia (2 Ped. 1:3).

Está usted aprovisionado al máximo, sin que le falte nada ni que se haya olvidado de algo. Y, al igual que un viajero, aprecia usted más su valija llena cuando mayor es su necesidad. Los momentos cuando ya su propia habilidad no es suficiente son los que le muestran que Dios da en abundancia. Estos momentos especiales pueden ser definidos de muchas maneras. En las Escrituras, cuando hombres y mujeres tenían un encuentro con Dios a menudo respondían sobrecogidos, quebrantados y arrepentidos. Moisés se quitó las sandalias. Isaías exclamó: "¡Ay de mí, pues soy muerto!" (Isa. 6:5) Pero todos estos compañeros de viaje inevitablemente llegaron a comprender que, en ese momento especial en el tiempo, expuestos a Dios y en su presencia, se encontraban en el camino hacia una vida mejor. Sea ésta su experiencia también.

No trate de avanzar por sus propios medios en este peregrinaje espiritual. Deje de luchar. Deje que la Palabra de Dios obre eficazmente en usted. Confíe en Dios y disfrute del camino que en este momento emprende.

ENERO

TEMA

El camino de fe

QUE REPRESENTA: Confiar en Dios

VERSÍCULO CLAVE: Hebreos 11:8

Por la fe Abraham, cuando fue llamado, obedeció para salir al lugar que había de recibir por herencia; y salió sin saber a dónde iba.

Las raíces de Abraham estaban firmemente arraigadas en la ciudad de Ur. Era una cultura civilizada. Sus negocios prosperaban. Allí vivía su familia. Pero Dios le habló a los setenta y cinco años de edad instándole a dejar todo lo que le era familiar y a encaminarse a un territorio desconocido. Dios prometió bendecir a Abraham si emprendía el camino por fe.

Como Abraham, comenzamos este año inseguros de los senderos por los que andaremos, pero podemos emprender nuestro camino con la fe y seguridad de que Dios estará con nosotros a cada paso. Él nos ha dado su Palabra y el Espíritu Santo para guiarnos: "Para que sepáis el camino por donde habéis de ir; porque vosotros no habéis pasado antes por este camino" (Jos. 3:4).

Quizá Dios le ha estado hablando de dejar el territorio que le es familiar, de dar nuevos pasos de fe, o de pasar a otro trabajo, a un ministerio diferente, a formar nuevas relaciones, a mudarse a otra comarca o a una nueva consagración espiritual. De ser así, prepare sus valijas. Nuestro camino de fe ya comienza.

El sendero de la fe

LECTURA BÍBLICA: Romanos 4
VERSÍCULO CLAVE: Romanos 4:18

Abraham creyó contra toda esperanza, de modo que vino a ser padre de muchas naciones, de acuerdo con lo que le había sido dicho: Así será tu descendencia.

Hannah Whitall Smith escribió en cierta ocasión: "Ver no es fe, y oír no es fe, tampoco el sentimiento es fe; en cambio, fe es creer cuando no vemos, oímos ni sentimos... Por lo tanto, tenemos que creer antes de sentir y, a veces, contra nuestros sentimientos si hemos de honrar a Dios por medio de nuestra fe".

Al leer el relato de la vida de Abram nos percatamos de que era un hombre de fe. Dios le pidió que hiciera algo que la mayoría consideraríamos muy difícil: dejar su parentela y sus amigos e ir a una tierra desconocida.

Pero las palabras tranquilizadoras de Dios calmaron el temor de Abram: "Yo haré de ti una gran nación. Te bendeciré y engrandeceré tu nombre, y serás bendición. Bendeciré a los que te bendigan" (Gén. 12:2, 3).

Abram, o Abraham como Dios lo llamó más adelante, dio poca importancia al hecho de que su nombre sería engrandecido. Lo más importante para él era ejercer su fe por medio de la obediencia.

Cada vez que Dios le llama a usted a dar un paso de fe, le dará la tranquilidad que necesita para ir adelante por fe. Su única obligación es obedecerle y seguirle. Abraham dejó todo sencillamente por que Dios le dijo: "Vete".

¿Está usted dispuesto a obedecerle aunque signifique desprenderse de algo que quiere profundamente? Ore pidiendo que su respuesta al Señor sea siempre una de fe, amor y devoción.

Padre celestial, ayúdame a creer aun cuando no veo. Ayúdame a confiar cuando no escucho tu voz. Dame la tranquilidad para poder ir adelante por fe, aunque signifique desprenderme de algo que quiero profundamente.

Fe es...

LECTURA BÍBLICA: Salmo 24
VERSÍCULO CLAVE: Hebreos 11:1

La fe es la constancia de las cosas que se esperan y la comprobación de los hechos que no se ven.

¿Qué es la fe? La fe no es un poder o fuerza que podemos usar para manipular a Dios de manera que cumpla nuestros planes. No tenemos la inteligencia para ello. Fe no es meramente confianza. No es creer en nosotros mismos ni sentirnos seguros del resultado de cierto acontecimiento.

Por ejemplo, al visitar las gradas de un estadio durante un partido de fútbol, notaríamos que cada lado se siente seguro de que su equipo ganará. Esta no es una fe bíblica.

La fe no es confusa ni complicada. No es prerrogativa de hombres educados, sino que tiene como fin ser buscada y aplicada por gente común en su vida diaria. La fe no está conectada con las circunstancias. Cuando todo anda bien, con frecuencia pensamos que nuestra fe está intacta. Pero cuando aparecen los momentos malos, ¿qué sucede con nuestra confianza? Si nuestra fe no es más profunda que nuestras circunstancias, vamos rumbo al fracaso.

La fe auténtica es sencillamente esta: Dios es quien dice ser y hará lo que dice que hará. Nuestra fe es en la persona de Jesucristo, en su carácter y sus atributos. Es confiar plenamente en que Dios, por su fidelidad, hará lo que sea lo correcto para nosotros.

¿Es este el tipo de fe depositado en su corazón? Si no lo es, líbrese de todas las nociones falsas, y dígale a Dios que confía en él como su todo suficiente Salvador y Señor. Esto no significa que todo necesariamente andará bien, pero sí que todo andará bien en su alma.

Señor, dame una fe auténtica. Creo que tú eres quien dices ser, y que harás lo que dices que harás. Mi fe descansa en tu fidelidad para hacer lo que sea lo correcto para mi vida.

Desde el punto de vista de Dios

LECTURA BÍBLICA: 2 Corintios 4:7-12
VERSÍCULO CLAVE: 2 Corintios 4:7

Tenemos este tesoro en vasos de barro, para que la excelencia del poder sea de Dios, y no de nosotros.

Si ha viajado en avión y mirado por la ventanilla es probable que se haya maravillado de la vista panorámica. Cuando el cielo está despejado podemos ver un vasto paisaje de un vistazo, dejándonos trascender momentáneamente las barreras restrictivas de la vida sujeta a la tierra.

Es apenas un retrato pequeñísimo de cómo el Dios omnisciente y omnipotente ve la vida del creyente. Él lo ve todo y lo sabe todo. Conoce los pormenores de nuestra vida desde nuestro nacimiento (aun antes de que fuéramos concebidos) hasta nuestra muerte.

Debido a que Dios conoce nuestro futuro y cómo los acontecimientos ordinarios de hoy encajan en su plan, podemos confiar en él en todo momento. Los principios eternos de las Escrituras nos ayudan a tomar decisiones sabias desde el punto de vista de Dios.

Somos familiares de un Dios que todo lo ve, todo lo sabe y que nos ha dado recursos para encarar los desafíos y obstáculos de la vida desde la perspectiva de él. No estamos limitados por nuestra propia fuerza o sabiduría.

Muchas veces nuestras circunstancias nos acorralan, y no podemos ver a través de la niebla de nuestra propia limitación. Pero si buscamos a Dios piadosa y consecuentemente, asimilando su Palabra con regularidad, podemos derribar las barreras dependiendo de su sabiduría.

Padre, tú ves todo, sabes todo y sabes los pormenores de mi vida. Tú has planeado los eventos ordinarios de hoy para que encajen dentro del propósito total de mi vida. En mi peregrinaje de este día ayúdame a derribar las barreras con tu sabiduría.

El llamado de la fe

LECTURA BÍBLICA: Génesis 12:1-9
VERSÍCULO CLAVE: Hebreos 10:23

*Retengamos firme la confesión de la esperanza sin vaci-
lación, porque fiel es el que lo ha prometido.*

Supongamos que planea unas maravillosas vacaciones para su familia o amigos. Por fin llega el gran día. Han cargado el auto, todos han
atendido las cosas de último momento y el tanque está lleno de combustible. Todos se apilan en el auto abrochándose los cinturones de
seguridad con grandes expectativas.

Por fin alguien hace la pregunta fatal:

—Oye, ¿adónde vamos?

Y usted responde con gran autoridad:

—Bueno... en realidad no lo sé.

Después de las miradas sorprendidas y de las exclamaciones de
consternación, es muy probable que el único que quedará en el auto
con usted será el perro, y él también parecerá tener sus dudas. La
gente simplemente no hace grandes viajes sin saber adónde va, a menos que Dios se lo pida. Y eso es precisamente lo que Dios le pidió a
Abram: "Vete de tu tierra, de tu parentela y de la casa de tu padre, a
la tierra que te mostraré. Yo haré de ti una gran nación. Te bendeciré
y engrandeceré tu nombre, y serás bendición" (Gén. 12:1, 2).

Dios le dio información importante, pero no le dio un mapa del
trayecto. ¿Por qué? Quería que confiara en él al emprender el camino. Abram no sabía adónde iba, pero sí sabía que su futuro sería bendecido, aun más de lo que hubiera podido imaginar.

¿Está usted dejando que Dios lo lleve por el rumbo que él deter-
mine o todavía insiste en llevar a cabo sus propios planes de viaje?

*Señor, llévame por el rumbo que tú determines. Ayúdame
a aprender a caminar por fe. Sé que mi futuro será más
bendecido de lo que puedo imaginar. No necesito un plan
de viaje para el camino, sólo te necesito a ti como mi guía.*

Fe o razón

LECTURA BÍBLICA: 1 Corintios 1:18-29
VERSÍCULO CLAVE: Hebreos 10:38

Pero mi justo vivirá por fe; y si se vuelve atrás, no agradará a mi alma.

Desde la perspectiva humana no todo lo que Dios hace parece lógico. Hay ocasiones cuando sabemos lo que Dios está haciendo. Otras veces lo único que podemos hacer es cavilar y pensar: *Señor, no comprendo, pero confío en ti porque tú sabes qué es lo mejor.*

La base de la fe no radica en saber, sino en confiar. Esto es un tropiezo para la fe de muchos. Cuando insistimos en ver y comprender hacia dónde nos guía Dios antes de comprometernos a confiar en él, estamos viviendo según un razonamiento humano y no por fe.

Dios nos llama a vivir una vida de fe. Dice: "Mi justo vivirá por fe" (Heb. 10:38). El autor de Hebreos siguió escribiendo: "La fe es la constancia de las cosas que se esperan y la comprobación de los hechos que no se ven" (Heb. 11:1).

Abraham vivió por fe. Confió en que Dios le daría un hijo, y Dios cumplió. Pero no fue hasta ser bastante anciano que pudo tener la promesa de Dios en sus brazos.

¿Está usted confiando en Dios o yendo por la vida según su propia razón? Cuando vivimos por fe, los hechos no siempre resultan como nos gustaría. Dios contesta nuestras oraciones según su voluntad y su programación. Él sabe que algunas cosas que pedimos nos producirían angustia y sufrimiento. Por lo tanto, nos protege dándonos las cosas que él sabe nos serán de bendición y le honrarán a él.

Oh Dios, hay veces cuando no entiendo lo que estás haciendo. Déjame aprender a confiar en que tú sabes lo que es lo mejor para mí. Gracias por protegerme contestando mis oraciones de acuerdo con tu voluntad y tu perfecta programación.

Tres principios de la victoria

LECTURA BÍBLICA: Josué 1-9
VERSÍCULO CLAVE: Josué 1:9

¿No te he mandado que te esfuerces y seas valiente? No temas ni desmayes, porque Jehovah tu Dios estará contigo dondequiera que vayas.

Jesús calmó el mar embravecido no para que los discípulos vieran otro milagro, sino para llenarlos de la realidad de su fuerza y su cuidado personal por ellos. Permitió que el temor dominara brevemente sus corazones para que pudieran aprender de él. Después de los primeros capítulos del libro de Hechos vemos cómo los principios de él cobraron vida en sus seguidores. Encontraron su fuerza en Cristo.

Josué enfrentaba una situación similar al prepararse para guiar a Israel a entrar a la tierra prometida. Escogido por Dios para completar la tarea, Josué luchaba con sus pensamientos de temor y fracaso.

El ángel del Señor le dio tres principios para mantenerlo centrado en la victoria del poder de Dios: (1) meditar en la Palabra de Dios diariamente; (2) mantenerse enfocado, en guardia y no distraerse con la agitación a su alrededor y (3) hacer exactamente lo que Dios le indicaba que hiciera.

En cuanto empezamos a comprender quién es Jesucristo y cuánto nos ama, el nivel de nuestra fe aumenta. Cuanto más alto es el nivel de nuestra fe, más evidente nos resulta su poder.

Recuerde lo que el Señor le dijo a Josué: "¿No te he mandado que te esfuerces y seas valiente? No temas ni desmayes, porque Jehovah tu Dios estará contigo dondequiera que vayas (Jos. 1:9).

Maestro, escojo meditar hoy en tu Palabra en lugar de en mis propias circunstancias. Quiero estar en guardia y no distraerme con la agitación a mi alrededor. Ayúdame a hacer exactamente lo que tú me indiques que haga. Aumenta hoy el nivel de mi fe.

Arriesgarse

LECTURA BÍBLICA: Mateo 14:22-33
VERSÍCULO CLAVE: Mateo 14:29

Y él dijo: "Ven". Pedro descendió de la barca y caminó sobre las aguas, y fue hacia Jesús.

Muchos recuerdan la noticia de un joven corredor de las Olimpíadas que cayó al suelo antes de la curva final. Retorciéndose de dolor, trató de pararse pero volvió a desplomarse en la pista.

El silencio envolvió a la multitud mientras todas las miradas pasaron del ganador de la carrera al solitario corredor que trataba de ponerse de pie. De pronto, se acercó a él un hombre mayor que había eludido a los guardias y había saltado a la pista. Era el padre del corredor. Juntos, brazo en brazo, se esforzaron hasta cruzar la línea de llegada. El corredor había caído, pero no se había dado por vencido.

Cuando Pedro se arriesgó descendiendo de la barca y comenzó a caminar sobre el agua hacia Jesús, su única meta era alcanzar al Maestro. Aunque las aguas tenebrosas lo hicieron dudar por un instante, Pedro no se conformó con fracasar y gritó: "¡Señor, sálvame!"

Este no es el relato de un arriesgarse sin fe. Si Pedro realmente hubiera dudado del poder de Jesús, nunca hubiera dejado la barca. Nunca permita que el enemigo le diga que no vale nada y que ha fracasado porque tropezó en su carrera hacia la línea de llegada. Así como aquel padre cariñoso corrió para acompañar a su hijo, Jesús corre para estar cerca de nosotros y llevarnos hacia la victoria. Clame a él como lo hizo Pedro, y él lo salvará.

Amado Maestro, te doy gracias porque cuando tropiezo y caigo, tú eres como el cariñoso padre que corrió para acompañar a su hijo. Tú estas preparado para llevarme hacia la victoria. Juntos ¡podemos alcanzar la línea de llegada!

¿Temor o fe?

LECTURA BÍBLICA: Mateo 8:23-27
VERSÍCULO CLAVE: 2 Timoteo 1:7

Porque no nos ha dado Dios un espíritu de cobardía, sino de poder, de amor y de dominio propio.

La anguila-lobo que puede llegar a medir casi dos metros, vive en las gélidas aguas septentrionales del Océano Pacífico dentro de cuevas rocosas en el fondo del mar. Tiene ojos enormes que casi parecen humanos y dientes formidables que le dan una apariencia feroz.

No es de sorprender que durante años los científicos marinos y los buzos creyeran que estos animales eran peligrosos. Pero un reciente descubrimiento ha rebatido para siempre este mito. Las anguilas-lobo en realidad usan sus dientes largos, filosos, para romper la concha de los moluscos con el fin de llegar a la carne que tienen adentro. No molestan para nada a los seres humanos.

Algo que parecía digno de temer resultó no serlo. Las apariencias pueden engañar, especialmente en cuestiones espirituales. Pedro anduvo bien hasta que miró las olas a sus pies y dejó que la aparente imposibilidad de caminar sobre el agua dominara lo que creía.

En una ocasión anterior, cuando los discípulos fueron sorprendidos por una tormenta y, dominados por el pánico, despertaron a Jesús, éste les preguntó: "¿Por qué estáis miedosos, hombres de poca fe?" (Mat. 8:26).

Jesús no quiere que evaluemos las situaciones con nuestros sentidos y razonamiento humano, que pueden fácilmente desviarnos. Quiere que caminemos a la luz de la vista espiritual, guiados en nuestra fe en un Señor que no puede fallar.

Padre celestial, no me dejes evaluar las situaciones por medio de mis sentidos carnales y por mi razonamiento humano. Ayúdame a caminar a la luz de la vista espiritual, guiado por mi fe en ti: ¡Un Dios que nunca puede fallar!

La fidelidad de Dios

LECTURA BÍBLICA: Salmo 102
VERSÍCULOS CLAVE: Hebreos 13:5, 6

Sean vuestras costumbres sin amor al dinero, contentos con lo que tenéis ahora; porque él mismo ha dicho: Nunca te abandonaré ni jamás te desampararé. *De manera que podemos decir confiadamente:* El Señor es mi socorro, y no temeré. ¿Qué me hará el hombre?

Hay veces en nuestro andar espiritual cuando sentimos como que se nos ha cerrado el cielo. Nos preguntamos si Dios nos ha olvidado o si hemos hecho algo que le desagrada. Pero nada de lo que hacemos le sorprende a Dios. Es omnisciente y conoce perfectamente cada uno de nuestros pensamientos.

Dios ha determinado amarnos, aun siendo pecadores, con un amor incondicional. Su amor no se basa en lo que nosotros hacemos sino en su propia gracia. Nunca podremos, por nuestra propia fuerza, llegar a cumplir las normas perfectas de Dios. Él nos ama de la misma manera cuando tropezamos y caemos que cuando le seguimos de cerca. Esto no es una excusa para pecar sino una oportunidad para aprender a amarle más.

Al caminar por fe todos pasaremos por momentos de prueba y dificultad cuando parece que Dios está lejos y apartado de nosotros. No obstante, andamos no por vista sino por la realidad de la promesa de que nunca nos abandonará ni nos desamparará (Heb. 13:5, 6). La fe siempre mira más allá de lo inmediato hacia lo eterno.

Cuando a veces sentimos que Dios no está haciendo nada en nuestra vida son, por lo general, las ocasiones cuando está realizando su mejor obra. Seamos valientes; es probable que nos está protegiendo cubriéndonos con su mano mientras obra los detalles necesarios para nuestro avance. Confíe en él, y comprobará que él es fiel.

Dios todopoderoso, aun cuando siento que te has olvidado de mí, tú estás conmigo. Mil gracias por tu amor incondicional. Sé que tú me amas igual cuando tropiezo y caigo que cuando te sigo de cerca. Mil gracias por la gran obra que estás realizando en mi vida.

La fe: un modo de pensar

LECTURA BÍBLICA: Éxodo 3:1-14
VERSÍCULO CLAVE: Éxodo 3:14

Dios dijo a Moisés: "YO SOY EL QUE SOY". Y añadió: "Así dirás a los hijos de Israel: YO SOY me ha enviado a vosotros".

Muchas veces pensamos que la fe empieza cuando nos arriesgamos y confiamos en Dios por algo que ha prometido pero, en realidad, la fe empieza antes. La fe es una actitud, un modo de pensar que tiene el poder de trazar el curso de la vida.

Los que no tienen fe en Dios se desalientan porque quedan a merced de sus propias habilidades. ¿Qué es la capacidad humana comparada con la omnisciencia de Dios?

Moisés enfrentó momentos críticos en su camino de fe. Uno sucedió al principio de su relación con el Señor. La primera vez que Dios habló a Moisés puso a prueba su habilidad de confiar en él: "Pero ahora, vé, pues yo te envío al faraón para que saques de Egipto a mi pueblo, a los hijos de Israel" (Éxo. 3:10).

La situación le pareció abrumadora a Moisés. ¿Cómo creía que se podía presentar ante el faraón y pedirle que dejara ir al pueblo de Dios? ¡Imposible! Por lo menos no podía con su propia fuerza.

¿Enfrenta usted una situación en que sabe que Dios quiere que confíe en él, pero el camino parece oscuro e inseguro?

Moisés se sintió completamente inadecuado para hacer lo que Dios le indicaba. Dios lo comprendió. Eso es lo maravilloso de nuestro Salvador; él comprende nuestras debilidades. Lo único que nos pide es que tengamos disposición para confiar en él. Confíe en su amor y cuidado, y se verá fortalecido por su poder.

Padre celestial, te doy gracias porque comprendes mis debilidades. Aun cuando mi camino parece oscuro e inseguro, sé que tú me fortaleces. Descanso en tu amor y tu cuidado.

Cómo tener más fe

LECTURA BÍBLICA: Mateo 17:14-20
VERSÍCULO CLAVE: Mateo 17:20

Jesús les dijo: ...Porque de cierto os digo que si tenéis fe como un grano de mostaza, diréis a este monte: "Pásate de aquí, allá"; y se pasará. Nada os será imposible.

¿Cómo responde usted cuando se le presenta un desafío que requiere fe en Dios? ¿Con vacilación?, ¿temor?, ¿optimismo?

La clave para derribar la barrera que nos frena la fe y anclar nuestra confianza en Dios es tener un concepto exaltado de Dios.

"Pero yo creía que para tener más fe me tenía que esforzar más", dice usted. Es cierto, pero su esfuerzo ha de ser con el fin de ver quién es realmente Dios, no afanarse por obtener más fe o ser más positivo en su modo de pensar.

Cuando los discípulos sintieron necesidad de tener más fe, Jesús les dijo que lo único que precisaban era una fe del tamaño de un grano de mostaza. "Usen la fe que tienen y, al usarla, ésta crecerá", es lo que les estaba diciendo.

Usamos la fe que tenemos, por más escasa que parezca, por medio de magnificar el concepto de Dios que tenemos en el corazón. Cuando Moisés tenía miedo de presentarse ante el faraón, Dios arrasó con sus inquietudes al revelarse a sí mismo: "Así dirás a los hijos de Israel: 'YO SOY me ha enviado a vosotros' " (Éxo. 3:14).

Nuestra fe aumenta cuando vemos a Dios desde una nueva perspectiva. Nuestra fe es tan grande como nuestro Dios. Si nuestra noción de Dios es grandiosa, nuestra fe llegará a grandes alturas. Si es escasa, se hundirá. ¿De qué tamaño es su Dios? Véale como realmente es, y la barrera que le impide tener más fe caerá a sus pies.

Amado Dios, haz que mi fe llegue a increíbles alturas. Haz que tenga una fe que sea tan grande como lo eres tú. Oh Dios, quiero verte como realmente eres. Elimina los obstáculos del temor, la desobediencia y la falta de fe en mi vida.

Quite la barrera que frena su fe

LECTURA BÍBLICA: Éxodo 4
VERSÍCULO CLAVE: Hebreos 12:27

La expresión "todavía una vez más" indica... que será removido lo que puede ser sacudido, como las cosas creadas, para que permanezca lo que no puede ser sacudido.

El camino de la fe no siempre es seguro; ir madurando en el Señor incluye etapas de dolor, prueba e incertidumbre. Algunos interrogantes quedan sin respuesta durante mucho tiempo. Pero como lo descubrió Moisés y como lo descubrirá usted, el resultado vale la pena. Penelope Stokes lo describe en su libro muy bien:

Cuando respondemos al llamado para salir del jardín tapiado y nos aventuramos a entrar en el bosque, corremos el riesgo de perder nuestras ideas preconcebidas. Nos exponemos a nuevas verdades y nuevas formas de percibir; aceptamos "que será removido lo que puede ser sacudido... para que permanezca lo que no puede ser sacudido" (Heb. 12:27). Nos comprometemos a explorar.

Si queremos ser exploradores espirituales, tomar sendas desconocidas y entrar en territorios desconocidos, tenemos que aprender a confiar en Dios. Al igual que Cristiano, en *El progreso del peregrino*, tenemos que taparnos los oídos con las manos, acallar las voces que nos llaman a volver a lo seguro y lo igual, y correr con toda nuestra fuerza hacia los bosques, donde Dios nos espera para guiarnos en nuestro camino.

Tenemos que abocarnos a nuestras propias exploraciones, aun cuando no podamos agradar a todos, aun cuando los demás teman que estamos tomando la senda equivocada... aun cuando nos arriesguemos a rodar por la montaña y rompernos un brazo.

Oh Señor, ayúdame a acallar las voces que me llaman a volver a lo seguro y conocido. Quiero correr hacia donde estás tú para guiarme en mi camino. Haz que marche adelante por fe para explorar y dominar el territorio desconocido.

Cuestiones relacionadas con la fe

LECTURA BÍBLICA: Éxodo 5
VERSÍCULO CLAVE: Isaías 55:9

Como son más altos los cielos que la tierra, así mis caminos son más altos que vuestros caminos, y mis pensamientos más altos que vuestros pensamientos.

Le hizo usted un favor a un vecino, y su gesto fue considerado como algo que hizo por interés. Trabajó horas extra en un proyecto de un colega en su empleo para ayudarle a solucionar un problema que tenía, y los demás comentaron que lo hizo para quedar bien con el jefe. Duele cuando la gente interpreta mal nuestras intenciones. No sólo se pierde el efecto positivo de nuestra acción, sino que terminamos cargando con una culpa que no merecemos.

Pensemos en cómo se habrá sentido Moisés. Era el mensajero especial de Dios, abocado a una misión de amor divinamente encomendada, y el pueblo lo acusaba de tratar de hacerlos sufrir aun más. Como lo descubrirían más adelante, estaban muy equivocados pero, mientras tanto, el sumiso Moisés cargó con sus quejas.

Estas malas interpretaciones suceden con frecuencia en cuestiones relacionadas con la fe. ¿Por qué? Los caminos de Dios no siempre tienen sentido en un mundo pecador. Sus métodos a veces trastrocan totalmente el razonamiento humano y son contrarios a la opinión general. Y a veces los beneficios o recompensas de la obediencia se demoran y llegan de una manera que los no creyentes no pueden reconocer.

Si otros se burlan porque usted hace lo que Dios ordena en lugar de caminar por la senda del mundo, permanezca firme. La victoria auténtica y definitiva le pertenece a él.

Padre celestial, aunque tus caminos no siempre tienen sentido según mi razonamiento humano, sé que la victoria definitiva es tuya. Ayúdame a mantenerme firme sabiendo esta verdad, y a andar por tu camino y no por las sendas de este mundo pecador.

Al fallar la fe

LECTURA BÍBLICA: Números 13—14
VERSÍCULOS CLAVE: Proverbios 3:5, 6

Confía en Jehovah con todo tu corazón, y no te apoyes en tu propia inteligencia. Reconócelo en todos tus caminos, y él enderezará tus sendas.

El informe de los espías había sido muy negativo y desalentador. Los israelitas se pasaron toda la noche llorando y lamentándose. La situación parecía desesperante.

Bajo la dirección de Dios Moisés los había guiado triunfalmente desde Egipto hasta su destino final: la tierra prometida. Pero ahora se habían estancado en el desierto fuera de una tierra llena de temibles gigantes.

En un momento crítico —el momento del desafío— los israelitas dejaron de mirar al Señor y miraron únicamente a los obstáculos. Porque se olvidaron de la promesa de Dios y prestaron atención a una información inexacta, toda una generación deambuló y murió en el desierto, sin llegar a ver la tierra que fluía leche y miel.

¿Está enfrentando usted un desafío a su fe? ¿Lo está llamando Dios a una tarea que parece irrazonable? No juzgue la situación según sus recursos limitados; no ver las cosas como las ve Dios puede provocar que se pierda sus bendiciones, y otros pueden salir perjudicados. La desobediencia siempre termina en desaliento y desilusión.

Recuerde lo que Dios ha hecho por usted en el pasado, y confíe en que él se encargará de lo imposible. Nada lo vencerá cuando sigue usted el plan de Dios con una fe segura.

Amado Padre, al empezar mi camino espiritual hoy ayúdame a ver cada desafío a la luz de tus recursos en lugar de mi fuerza limitada. Dame fe para encarar lo imposible.

Cómo enfrentar gigantes con fe

LECTURA BÍBLICA: 1 Samuel 17:1-11
VERSÍCULO CLAVE: 1 Juan 5:4

Porque todo lo que ha nacido de Dios vence al mundo; y ésta es la victoria que ha vencido al mundo: nuestra fe.

Mañana ella tiene que presentarse ante la comisión para informar de lo que opina. El mes pasado le pidieron que evaluara libros para el club de lectura infantil, y ella siente que tres de los libros son perjudiciales y abogan por valores que no son bíblicos. También sabe que la mayoría de los integrantes de la comisión no son creyentes y no entenderán sus argumentos.

Al pensar en el conflicto que se avecina la domina el pánico. No es hasta que recuerda pasadas victorias en el Señor que se calma y reconoce que la batalla es, en realidad, de él.

Observe la confesión positiva de David antes de enfrentar a Goliat, el gigante burlón: "¡Jehovah, quien me ha librado de las garras del león y de las garras del oso, él me librará de la mano de este filisteo!" (1 Sam. 17:37).

David pudo afirmar con una seguridad inconmovible que Dios le daría un triunfo resonante. Recordó las ocasiones en el pasado cuando, encontrándose indefenso, Dios lo había librado de ser destruido, y confió en que el poder de Dios volvería a hacerlo.

¿Qué gigante se perfila en su futuro? ¿Qué batalla lo espera hoy? ¿Está reclamando la victoria ahora mismo en su nombre? Recuérdelo siempre: usted tiene una fe que vence.

Mi Padre Dios, hay gigantes más adelante: batallas tremendas que enfrentar. Dame la fe que vence. Reclamo la victoria ahora mismo en tu nombre.

Victoria por medio de la fe

LECTURA BÍBLICA: 1 Samuel 17:12-37
VERSÍCULO CLAVE: Filipenses 1:6

Estando convencido de esto: que el que en vosotros comenzó la buena obra, la perfeccionará hasta el día de Cristo Jesús.

David, siendo un joven pastor, no poseía las cualidades que caracterizan a una fe firme, vencedora. Dios dedicó años a capacitarlo para su futuro papel como rey de Israel. Pero él nunca perdió de vista la meta de Dios para su vida preocupándose por el futuro.

Al enfrentar su gran desafío con Goliat, David mentalmente dio varios pasos para asegurarse la victoria por medio de la fe:

Recordar victorias pasadas. David recordó la fidelidad de Dios en el pasado y esto lo alentó.

Reafirmar las razones del conflicto. Asegúrese de que sus motivaciones y su corazón son puros ante Dios.

Rechazar el desaliento. Cuídese siempre del pesimismo. Más bien practique recordar las promesas que le ha hecho Dios.

Reconocer la verdadera naturaleza de la batalla. Aprópiese de su posición en Cristo como heredero con él y como hijo de Dios.

Responder con confesiones positivas de fe. Dios está al mando, y él le dará la victoria.

Confiar en Dios. Toda su esperanza y seguridad descansa en Cristo. Usted lucha con sus habilidades y limitaciones humanas, pero él no tiene límites.

Reconocer la victoria. David lo hizo y ¡también usted puede! Sea que la victoria suceda hoy o dentro de diez años, Dios completará lo que comenzó en su vida (Fil. 1:6).

Señor, gracias por las victorias del pasado. Al enfrentar las luchas de la vida, haz que mis motivaciones sean puras. Ayúdame a resistir el desaliento y a apropiarme de mi posición como heredero junto con Cristo. Tu poder no tiene límites, y tú completarás lo que has iniciado en mi vida.

Una fe vencedora

LECTURA BÍBLICA: 1 Samuel 17:38-51
VERSÍCULO CLAVE: 1 Samuel 17:45

Entonces David dijo al filisteo: "Tú vienes contra mí con espada, lanza y jabalina. Pero yo voy contra ti en el nombre de Jehovah de los Ejércitos, Dios de los escuadrones de Israel, a quien tú has desafiado".

La fe de David parece casi sobrenatural —fuera de nuestro alcance— si nos centramos en las proezas que realizó. Matar a un gigante con sólo una piedra y una honda parece casi increíble.

Pero esta es la cuestión. Era imposible e increíble. La fe sencilla, infantil de David en un Dios grande produjo una victoria decisiva para los israelitas que fue de mucha gloria para el nombre de Jehovah.

La fe que David tenía —una fe vencedora— es nuestra cuando comprendemos la verdadera naturaleza de su confianza en Dios. La fe vencedora rechaza las palabras desalentadoras de los demás.

¿Qué hubiera pasado de haber escuchado David las palabras hostigadoras y las preguntas de sus hermanos, o si hubiera dejado que las dudas de Saúl lo presionaran a vestir la armadura incómoda y demasiado grande? David sabía que si dejaba que Dios hiciera lo que le había llamado a hacer, el único resultado posible sería la victoria.

La fe vencedora también reconoce la verdadera naturaleza de la batalla. Cuando Goliat se enfrentó arrogante al ejército de Dios, la cuestión se convirtió en una espiritual, y David comprendió inmediatamente este principio.

¿Enfrenta usted, en este mismo momento, a un "Goliat" espiritual? Dios no espera que usted, por sí mismo, se responsabilice de la situación. Pídale que sea él quien se haga cargo de ella. El que tiene una fe vencedora sabe quién es apto para tomar en sus manos cualquier problema y solucionarlo.

Padre celestial, dame una fe vencedora, una fe que rechaza las palabras desalentadoras de los demás y reconoce la verdadera naturaleza de la batalla. Hazte cargo de mis conflictos. Vence tú a mis Goliats espirituales.

Fe cuando Dios contesta "No"

LECTURA BÍBLICA: 2 Samuel 12:1-23
VERSÍCULOS CLAVE: Salmo 138:7, 8

Aunque yo camine en medio de la angustia, tú me preservarás la vida. Contra la ira de mis enemigos extenderás tu mano y me salvará tu diestra. Jehovah cumplirá su propósito en mí. Oh Jehovah, tu misericordia es para siempre.

El profeta Natán se presentó ante David y, bajo la dirección del Espíritu de Dios, dijo palabras que redarguyeron el corazón de David de la culpa que cargaba y del pecado que había cometido contra el Señor. Los días subsiguientes a este encuentro fueron días llenos de tensión y desesperación al enterarse David de que moriría el hijo que Betsabé esperaba.

Dolor, suplicio. Nadie puede saber realmente la profundidad del sufrimiento de este hombre. No sólo había lastimado a su familia y amigos, sino que también había entristecido a alguien mucho más cercano y querido que sus compañeros terrenales: al Señor mismo.

Pero en medio de esta tragedia, no pase por alto la sensibilidad de la relación de David con Dios. Cuando David recibió la noticia de que el niño moriría, fue derecho al Señor en oración. Era allí donde David sabía que podía encontrar perdón y restauración. Aunque el Señor permitió que el niño muriera, David no había perdido la esperanza de que Dios cambiaría de idea.

Cuando alguien está quebrantado en el pecado, no está solo. Dios está con él y es rápido para restaurarlo a una comunión con él cuando se arrepiente y reconoce su pecado. Alabe a Dios por su soberanía en su vida, aun cuando la respuesta a su oración es un "No". Siempre le dará lo mejor de sí en el momento justo.

Padre, me regocijo de que eres soberano sobre cada detalle de mi vida. Aun cuando tu respuesta a mi oración es un "No", sé que tú me darás lo mejor de ti en el momento justo.

Fe para soñar

LECTURA BÍBLICA: Salmo 71:13-21
VERSÍCULO CLAVE: 2 Corintios 5:7

Porque andamos por fe, no por vista.

*C*uando Dios nos da una promesa para el futuro, él se hace responsable de abrir la puerta correcta en el momento correcto para cumplirla. La autora y maestra Henrietta Mears tenía un lema: "Sueña en grande cuando de Dios se trata". Ella hizo justamente eso y convirtió a un desconocido departamento de escuela dominical de la Primera Iglesia Presbiteriana en Hollywood, California, en un programa que instó a miles a vivir una vida de fe más profunda en Cristo.

Pero en 1937 ella se encontró ante un problema interesante. Su próspero programa juvenil había sobrepasado la capacidad del edificio de sus retiros. Dios le dijo claramente que les daría nuevas instalaciones para el retiro que llenarían sus necesidades.

Cierta propiedad que había sido un sofisticado centro turístico en las montañas de San Bernardino estaba en venta. Pero el precio, aunque muy rebajado, era todavía muy alto. Henrietta resolvió: "Si este es el lugar de reunión de Dios, él nos dará los medios para comprarlo".

Una enfermedad del dueño, junto con una dañina tormenta, abrió el camino para comprar la propiedad a un precio bajo, sin precedentes. Henrietta llegó a la conclusión de que el camino de fe nunca es por vista o razonamiento humano; es siempre por la soberanía de Dios.

¿Hay en su vida una necesidad que parece abrumadora? Confíe en Dios; él tiene reservado lo mejor para usted.

Oh Señor, dame la habilidad de soñar en grande. Quita todo lo que limita mi vista. Hazme ver más allá de las circunstancias naturales que limitan mi fe.

Obedezcamos por fe

LECTURA BÍBLICA: Lucas 5:1-11
VERSÍCULO CLAVE: Lucas 5:5

Simón le respondió y dijo: "Maestro, toda la noche hemos trabajado duro y no hemos pescado nada. Pero por tu palabra echaré la red".

*J*esús le estaba hablando a una muchedumbre que se había formado en la ribera del mar de Galilea. Al terminar, se volvió hacia Pedro y lo dijo que izara las velas de la barca, bogara mar adentro y echara sus redes para sacar una pesca abundante.

Cansado y no deseando otra cosa que unas pocas horas de descanso, Pedro pareció vacilar. ¿Sabía Jesús lo que le estaba pidiendo? Todos los que los acompañaban sabían que las mejores horas para pescar —especialmente con las redes— eran las nocturnas, y las peores las diurnas.

Pedro trató de razonar: "Maestro, toda la noche hemos trabajado duro y no hemos pescado nada". Pero Jesús se mantuvo firme: "Echad vuestras redes para pescar" (Luc. 5:4, 5).

Cada vez que Dios nos llama a obedecerle, nuestra fe enfrenta un desafío y mostramos nuestra verdadera naturaleza. El milagro de la tremenda cantidad de peces fue el resultado de la disposición de Pedro de confiar y obedecer a Cristo por fe. En obediencia, respondió: "Ya que tú me lo mandas, voy a echar las redes" (Luc. 5:5, VP).

Cuando nuestros corazones están decididos a obedecer, Dios responde portentosamente. Habrá momentos en la vida cuando tendrá que preguntar: "Señor, ¿es esto cuestión de obediencia?" Si lo es, elija obedecer por fe, luego "eche sus redes" y prepárese para recibir tremendas bendiciones.

Señor, estoy decidido a obedecer tu Palabra durante este día. Al seguir adelante, estoy espiritualmente "echando las redes" y preparándome para recibir una tremenda bendición. Sé que está en camino, así que ¡desde este momento te la agradezco!

La prueba de la fe

LECTURA BÍBLICA: Santiago 1:2-8
VERSÍCULO CLAVE: Santiago 1:12

Bienaventurado el hombre que persevera bajo la prueba; porque, cuando haya sido probado, recibirá la corona de vida que Dios ha prometido a los que le aman.

La mayoría conocemos la historia de José y la profundidad de su fe. Génesis 39—50 relata los acontecimientos de su vida y cómo Dios le dio fuerza emocional para poder vencer su desaliento. El principio activo en la vida de José es el de una fe profunda.

No le gustó ser vendido como esclavo. Como lo hubiera hecho cualquiera de nosotros, probablemente luchó con sus sentimientos de rechazo, soledad y temor. Él había adorado a Dios y confiado en él. A pesar de ello, había ido a parar a un país extraño sin esperanza de poder regresar a su casa y su familia. Aun allí José se aferró a su convicción: Dios tenía un plan para su vida. Le había dado una visión, y se negó a caer presa del pecado y el descontento.

Cada uno de nosotros enfrenta momentos de prueba y desaliento. Pero es allí, en los momentos más oscuros de la vida, que Dios saca a luz la profundidad de nuestra fe.

Para que el salmista escribiera sobre su jornada victoriosa por el valle de sombra de muerte, debe haber pasado por ese valle personalmente. Para que José testificara de la fidelidad de Dios, tuvo que pasar por la experiencia que lo llevó a Egipto. Para que usted afirme el amor y poder eterno de Dios, tiene que haber una prueba de fe también para usted. Recuerde, Dios nunca lo abandonará. Así como estuvo con José, está con usted ¡siempre!

Querido Señor, a pesar de los sentimientos de rechazo, soledad y temor que a veces inundan mi alma, sé que tú tienes un plan para mí. A través de todas mis pruebas, haz que se manifieste y se fortalezca mi fe.

Confiemos en Dios

LECTURA BÍBLICA: Génesis 39
VERSÍCULO CLAVE: Génesis 39:23

El encargado de la cárcel no se preocupaba de nada de lo que estaba en sus manos, porque Jehovah estaba con José. Lo que él hacía, Jehovah lo prosperaba.

Quienes han estado en la cárcel comentan que uno de los efectos negativos sobre su mente es que se sienten atontados. Un día sucede a otros y la percepción del tiempo y la realidad se puede atrofiar. Es fácil perder toda motivación o voluntad de vivir al no tener esperanza, una meta por la cual esforzarse.

Ese no fue el caso de José. Si alguien había con una razón para sentirse amargado era él. Ni siquiera merecía estar en la cárcel. José hubiera podido dejar que su frustración empeorara hasta convertirse en un resentimiento que lo llevara a querer desquitarse con los otros prisioneros y guardias. En cambio, José escogió confiar en Dios:

Pero Jehovah estaba con José: le extendió su misericordia y le dio gracia ante los ojos del encargado de la cárcel. El encargado de la cárcel entregó en manos de José a todos los presos que había en la cárcel; y todo lo que hacían allí, José lo dirigía. El encargado de la cárcel no se preocupaba de nada de lo que estaba en sus manos, porque Jehovah estaba con José. Lo que él hacía, Jehovah lo prosperaba (Gén. 39:21-23).

José comprendía que los planes de Dios para él se extendían más allá de lo negativo del aquí y ahora; por fe podía ver más allá del dolor presente y, como resultado, Dios transformó sus circunstancias convirtiéndolas en un hermoso testimonio de su amor y providencia.

¡Confío en ti, Señor! Por fe me extiendo más allá del pasado y del presente hacia el futuro que has programado para mí. Transforma mis circunstancias negativas y conviértelas en un hermoso testimonio de tu amor y providencia.

Obediencia fiel

LECTURA BÍBLICA: 1 Pedro 1:1-5
VERSÍCULO CLAVE: 1 Pedro 1:7

La prueba de vuestra fe —más preciosa que el oro que perece, aunque sea probado con fuego— sea hallada digna de alabanza, gloria y honra en la revelación de Jesucristo.

Aunque José fue vendido como esclavo, no se amargó. Como resultado Dios lo bendijo por medio de Potifar, el funcionario egipcio que lo compró. Fue llevado a la casa de éste donde tuvo que asumir importantes obligaciones. La Biblia dice que José fue un hombre exitoso (Gén 39:2). Potifar dejó en sus manos todos sus bienes.

No obstante, lo que le sucedió después fue realmente una prueba de su carácter y obediencia a Dios. Cierto día cuando José cumplía sus obligaciones, se le acercó la esposa de Potifar haciéndole una propuesta tentadora. Quería que José cometiera adulterio con ella, pero José reconoció inmediatamente el error y rechazó sus insinuaciones.

José dijo: "¿Cómo, pues, haría yo esta gran maldad y pecaría contra Dios?" Lo primero en que pensó fue el efecto que un pecado así tendría sobre su relación con Dios. Para José ser obediente era mucho más importante que disfrutar de un momento de placer físico.

La esposa de Potifar se enfureció y se puso en su contra, calumniándolo ante su marido. Entonces, Potifar lo mandó a la cárcel. No obstante, Dios estaba con él orquestando las circunstancias de su vida para darle muchas bendiciones más.

Si se encuentra usted ante una situación que requiere obediencia, pregúntese: ¿Estoy por hacer algo que me llevará a la ruina y perjudicará mi fe? La obediencia fiel siempre produce bendición.

Querido Señor, te agradezco la fe que ya has puesto en mi corazón. Ayúdame a seguir haciéndome más fuerte cada día en mi peregrinaje espiritual de fe.

Una fe a la que aferrarse

LECTURA BÍBLICA: Génesis 7
VERSÍCULO CLAVE: Hebreos 11:7

Por la fe Noé, habiendo sido advertido por revelación acerca de cosas que aún no habían sido vistas... preparó el arca para la salvación de su familia. Por la fe él condenó al mundo y llegó a ser heredero de la justicia que es según la fe.

$\mathcal{D}$ice el refrán que "el hombre es un animal de costumbre". Es cierto que algunas veces nos gusta un cambio de rutina, pero generalmente nos esforzamos por lograr toda la estabilidad posible.

Si alguna vez siente tensión al tener que encarar lo desconocido, le será posible captar cómo se sentía Noé cuando Dios le indicó que construyera un arca. ¿Un arca? Es probable que ni idea tenía cómo sería hasta que Dios fue dándole los planos.

Apenas en un solo encuentro, el concepto que Noé tenía de la vida cotidiana dio un vuelco violento. Aunque lo rodeaba una sociedad egoísta, sensual que no tenía interés en Dios, él sabía cuál era la posición de él y de su familia ante el Señor. Pero, de pronto, su visión del futuro cambió para siempre. Ya no existirían vecinos, ni ciudades, ni el ruido de la gente, ni mercado, ¿cómo sería entonces el mundo?

Hebreos 11:7 destaca que a pesar de los interrogantes: "Por la fe Noé, habiendo sido advertido por revelación acerca de cosas que aún no habían sido vistas, movido por temor reverente, preparó el arca para la salvación de su familia... y llegó a ser heredero de la justicia que es según la fe".

La fe era lo único a lo cual se podía aferrar; Dios era, literalmente, su único puerto en la tormenta. Cuando sus circunstancias dan un vuelco, cuando usted no tiene las respuestas, confíe en el Señor. Su plan es perfecto.

Dios todopoderoso, tú eres mi puerto en cada tormenta de la vida. Cuando mis circunstancias son incomprensibles, cuando no tengo todas las respuestas, ayúdame a confiar en ti. Tu plan es siempre perfecto.

El fundamento de la fe

LECTURA BÍBLICA: Mateo 7:24-29
VERSÍCULO CLAVE: Romanos 8:35

¿Quién nos separará del amor de Cristo? ¿Tribulación? ¿angustia? ¿persecución? ¿hambre? ¿desnudez? ¿peligros? ¿espada?

Supongamos que alguien se le acerca hoy y le dice: "Aquí tiene un millón de dólares. Constrúyase una casa de ensueño". De seguro que no elegirá un terreno cualquiera. No va a usar los materiales más baratos y ordinarios que pueda encontrar. Por supuesto que no. Buscará usted el lote más hermoso y los materiales de mejor calidad.

Pero cuando se trata de construir un fundamento sólido para su vida, muchos optan por elementos inferiores: posesiones materiales, fama o seguridad económica. Vistas superficialmente, estas cosas parecen fiables, pero cuando llega el golpe arrasador de una crisis personal, se desmoronan. Un incendio puede acabar con nuestras posesiones, la fama puede desaparecer con una sola nota de prensa negativa, la economía del país en descenso o la falta de trabajo puede destruir nuestra seguridad financiera.

Por eso Jesús quería que viéramos más allá de lo temporal a lo eterno. Dijo: "Cualquiera, pues, que me oye estas palabras y las hace, será semejante a un hombre prudente que edificó su casa sobre la peña... soplaron vientos y golpearon contra aquella casa. Pero ella no se derrumbó" (Mat. 7:24, 25).

Necesitamos el fundamento a toda prueba de Cristo para superar las tormentas de la vida (Rom. 8:35). Sólo con el equilibrio perfecto de él podemos encontrar la seguridad que resiste todas las dificultades. Construya su vida sobre el fundamento de la fe: Jesucristo.

Querido Dios, no quiero construir mi vida con elementos inferiores —posesiones materiales, fama o seguridad económica— porque estas cosas son pasajeras. Dame el poder para construir mi vida con los fundamentos de tu Palabra y de tu Hijo Jesucristo.

El paso humilde que se da con fe

LECTURA BÍBLICA: 2 Reyes 5
VERSÍCULOS CLAVE: 1 Pedro 5:5, 6

Asimismo vosotros, jóvenes, estad sujetos a los ancianos; y revestíos todos de humildad unos para con otros, porque: "Dios resiste a los soberbios pero da gracia a los humildes". Humillaos, pues, bajo la poderosa mano de Dios para que él os exalte al debido tiempo.

A veces los grandes ejemplos de fe vienen en paquetes pequeños, poco atractivos. Para Naamán, el general leproso del ejército sirio, su momento de fe fue cuando se sumergió en agua sucia, lejos de su patria.

Naamán se sintió insultado. Después de toda la molestia de viajar a un país extranjero, el profeta que iba a ver no lo atendió como él pensaba que debía ser recibido. Incluso peor, Eliseo le hizo llegar, por medio de un siervo insignificante, sus órdenes de lavarse en el río Jordán.

Naamán reaccionó tan indignado a la supuesta afrenta de Eliseo que se negó a cumplir la única acción que lo sanaría de su terrible enfermedad. Luego sus siervos se acercaron a él para ayudarle a ver las cosas de otro modo y le pidieron que se dejara de orgullos. Le preguntaron incisivamente; "Si el profeta te hubiera mandado alguna cosa grande, ¿no la habrías hecho? Con mayor razón si él te dice: 'Lávate y serás limpio'" (2 Rey. 5:13).

¿Le responde usted que "sí" a Dios en lo pequeño? ¿Se contenta con cumplir su voluntad aunque no reciba usted nada de la gloria? Sea cual fuere la tarea, Dios siempre recompensa el paso humilde que se da con fe.

Padre Dios, haz que me contente con cumplir tu voluntad, aun cuando no reciba nada de gloria. No importa lo pequeña o grande que sea la tarea, ayúdame a dar un humilde paso adelante con fe.

Fe inconmovible

LECTURA BÍBLICA: Juan 20:24-39
VERSÍCULO CLAVE: Juan 20:29

Jesús le dijo: "¿Porque me has visto, has creído? ¡Bienaven-
turados los que no ven y creen!"

*E*l apóstol Tomás se sentía abandonado. Se había quedado sin aquel
a quien siguiera muy de cerca y para quien trabajara. Una fría cueva
de piedra contenía el cuerpo maltratado y quebrantado de Jesús, y
nadie sabía qué hacer.

Más tarde, ese sábado, cuando Tomás llegó a la reunión de los
discípulos, el ánimo de ellos había cambiado totalmente. "¡Hemos visto al Señor!", exclamaron. Pero Tomás no podía compartir su entusiasmo. El no había visto al Señor, y no quería hacerse ilusiones para
luego volver a sentirse defraudado. Su enfoque había desaparecido, su
gran visión del futuro yacía en ruinas y su fe flaqueaba.

¿Le ha sucedido alguna vez algo similar? Una experiencia negativa le dejó una mala impresión, y tiene miedo de volver a confiar. Otro
desencanto y no está seguro cómo reaccionaría. Si pudiera tener un
vislumbre de Dios en los momentos oscuros, tendría esperanza.

Jesús se encontró con Tomás en el instante cuando flaqueaba su
fe. El Cristo viviente, de pie frente a él, lo miró cara a cara y le dijo
que tocara sus manos y su costado. Tomás respondió con una de las
confesiones de fe más conmovedoras de las Escrituras: "¡Señor mío,
y Dios mío!" (Juan 20:28).

Mire a Cristo Jesús. Él es real y está presente para encontrarse
con usted en la hora más deprimente. Usted le dará la misma respuesta que Tomás cuando lo vea tal como es.

Oh Señor, a veces las sombras del pasado me infunden el
temor a confiar. En esos momentos oscuros encuéntrate
conmigo donde yo estoy. Déjame contemplarte tal como
eres. Déjame tocarte con la mano de la fe.

El camino de fe

LECTURA BÍBLICA: Hebreos 11
VERSÍCULO CLAVE: Hebreos 11:6

Y sin fe es imposible agradar a Dios, porque es necesario que el que se acerca a Dios crea que él existe y que es galardonador de los que le buscan.

*H*ebreos 11 es un capítulo lleno de emoción. Pone ante nuestra vista las sagas espirituales de generaciones que pusieron su confianza inconmovible en Dios, quien los condujo a aventuras que nunca hubieran podido imaginar. Algunos nunca vieron el resultado final de su fe, pero muchos sí. No importa lo diferente que hayan sido sus historias en particular, ciertos principios se aplican a todos ellos.

El camino de fe era el de las pruebas. Noé no pidió la burla y la duda de sus vecinos. Moisés hubiera preferido una liberación de Egipto más fácil. Pero Dios usó las ocasiones difíciles a fin de capacitarlos para el futuro y para que fueran un testimonio aun más poderoso ante los demás.

El camino de fe era el de la mayor incomprensión. La determinación de Abraham de seguir a Dios a dondequiera que le guiara era inexplicable. No tenía sentido desde el punto de vista mundano el que Rahab escondiera a los espías israelitas. Pero, desde la perspectiva de Dios su obediencia incuestionable abrió la puerta a sus bendiciones.

El camino de fe era el de la paciencia. David tuvo que esperar muchos años antes de que Dios cumpliera su promesa de que sería rey. Y muchos de los creyentes del Nuevo Testamento fueron ajusticiados después de prolongados períodos de persecución. Las recompensas finales de Dios para ellos eran (y son) dignas de la espera.

Amado Padre celestial, sé que el camino de fe es muchas veces un peregrinaje de pruebas. Usa los momentos difíciles a fin de prepararme para el futuro. Dame paciencia para aguantar las horas más oscuras.

Firme en la fe

LECTURA BÍBLICA: Daniel 6
VERSÍCULO CLAVE: Hebreos 11:33

Por fe éstos conquistaron reinos, hicieron justicia, alcanzaron promesas, taparon bocas de leones.

Se gestaba un complot. Ciertos consejeros políticos decidieron que el momento había llegado para boicotear los esfuerzos de uno de los funcionarios principales, a fin de asegurarse de que quedara mal ante el emperador medopersa. Su plan dio resultado. Hicieron dudar de la lealtad del funcionario y, al poco tiempo, pagó las consecuencias.

Esto podría ser la trama de una novela moderna, pero en realidad es la historia muy antigua de cómo Daniel fue a parar al foso de los leones. Daniel había tomado una posición firme de obediencia negándose a orar a nadie que no fuera su Señor y Dios, y su postura se contraponía a la nueva ley que exigía que durante treinta días se adorara sólo al rey Darío.

Asumir una postura firme de fe muchas veces lleva a consecuencias negativas, por lo menos desde la perspectiva terrenal. Los que no honran a Dios como Señor por lo general reaccionan contra los que sí le honran, y las muestras radicales de una humilde dependencia de él puede indignarles aun más.

Si alguna vez ha sido usted víctima del hostigamiento por parte de sus "amigos", compañeros de trabajo o supervisores como resultado de haber permanecido firme en una convicción bíblica, puede entender un poquito de lo que sintió Daniel. Es probable que no le haya tocado pasar por represalias tan nefastas en su propia vida, pero el principio es el mismo. Dios convertirá las reacciones negativas en algo que sea para su gloria. Dios cerró la boca de los leones, y puede también silenciar a nuestros detractores.

¡Estoy firme, Señor! Te honro como Señor de mi vida. Dependo de ti para que conviertas lo negativo en positivo en mi vida. Defiende mi causa, te la entrego a ti.

Barreras que nos separan de la fe

LECTURA BÍBLICA: Salmo 25
VERSÍCULO CLAVE: Salmo 25:14

El secreto de Jehovah es para los que le temen; a ellos hará conocer su pacto.

Las barreras que nos separan de la fe nos impiden cumplir la voluntad de Dios. Un concepto pobre de uno mismo, ignorar quién es Dios, las dudas, los temores, deseos egoístas, todo eso demuestra falta de fe en Dios. Cuando nos apartamos de Cristo corremos el riesgo de perder nuestro enfoque espiritual. Todos luchamos a veces con sentimientos de duda y de poca valía. Pero éstos son sentimientos, y los sentimientos a veces no tienen mucho que ver con la verdad.

Jesús fue rápido en declarar que Satanás es el padre de las mentiras (Juan 8:44). Es implacable en su intento de apartarnos de Dios. Los silenciosos pensamientos de duda y tenernos lástima a nosotros mismos nos hacen fácil presa de su obra atrofiadora.

¿Cómo podemos derribar las barreras, como las que hemos mencionado, que nos separan de la fe?

Primero, hemos de aprender a escuchar solamente a Dios. Si nos sentimos inseguros de lo que estamos oyendo, tenemos que remitirnos a la Palabra de Dios y pedirle a él que nos revele su voluntad.

Segundo, seamos valientes y no temamos confiar en Dios. Él nunca le ha fallado a nadie, y no nos fallará a nosotros.

Tercero, cuando él nos llama a avanzar con fe hagámoslo, y dejemos en manos de él las consecuencias de nuestra obediencia.

Cuarto, cuando hayamos obedecido a Dios busquemos evidencias de su bendición en nuestra vida. La obediencia es la entrada a un mundo de bendición, y Dios bendice a los que le honran con su vida.

Padre, escojo escuchar tu voz y confiar en ti en cada situación. Haz que este día sea uno en que tome una nueva dirección en mi camino espiritual al avanzar con fe y obediencia.

Andemos por fe

LECTURA BÍBLICA: Romanos 8:35-39
VERSÍCULO CLAVE: Romanos 8:37

En todas estas cosas somos más que vencedores por medio de aquel que nos amó.

¿Alguna vez ha dudado de que puede confiar en Dios? Muchos lo niegan, pero sus acciones demuestran que sí. ¿Alguna vez ha orado por algo y ha sentido que sus oraciones no eran contestadas? Después de un tiempo es fácil pensar que quizá estaría bien echarle una manita a Dios, darle un empujoncito para que las cosas se pongan en marcha. De ser así, considere lo siguiente.

Dios es soberano. Es tanto personal como amante. No lo ha olvidado. Aunque tenga que esperar la respuesta a sus oraciones, cuando la reciba será una bendición maravillosa porque estuvo dispuesto a esperar y confiar en que el Señor le contestaría.

Dios es infinitamente sabio. Todo conocimiento concerniente a todas las cosas le pertenece a él. Sabe todo. Su afecto personal se caracteriza por un profundo amor y dedicación a los que han aceptado a su Hijo como Salvador y Señor. Por ello, nos ha provisto una manera de erradicar de nuestra vida el pecado. En su sabiduría y misericordia anhela que vivamos una vida libre de la esclavitud del pecado y del fracaso.

Dios ama perfecta y totalmente. Él puede suplir nuestras necesidades. Quizá nos preguntemos cómo puede ser, especialmente porque no podemos verlo ni tocarlo. En lo profundo de las riquezas de su amor nos espera un sentido de contentamiento y paz. Nada de lo que el mundo ofrece puede compararse con esto.

Padre Dios, tú eres soberano y sabio. Tú sabes todo lo concerniente a mi vida. Tú me amas perfecta y completamente y tienes la habilidad de suplir todas mis necesidades. ¡Te doy gracias porque no me has olvidado!

FEBRERO

TEMA

El camino fuera de Egipto

QUE REPRESENTA: Proclamar la libertad del pecado

VERSÍCULO CLAVE: Éxodo 19:4

"Vosotros habéis visto lo que he hecho a los egipcios, y cómo os he levantado a vosotros sobre alas de águilas y os he traído a mí."

$\mathcal{D}$urante 430 años el pueblo de Dios vivió bajo la esclavitud en Egipto, hasta el arribo de Moisés con la poderosa declaración divina de liberación: "¡Deja ir a mi pueblo!"

El dramático peregrinaje de Israel dejando atrás la esclavitud egipcia es simbólico de nuestra liberación del pecado, y el mensaje de Dios para nosotros hoy es el mismo que para Israel. Quiere un pueblo apartado de lo malo: "¡Salid de en medio de ellos, y apartaos! dice el Señor. No toquéis lo impuro, y yo os recibiré" (2 Cor. 6:17).

El destino de este mes en nuestro peregrinaje espiritual es la liberación: la libertad del poder del pecado. Ha llegado el momento de dejar atrás la esclavitud del Egipto espiritual. No importa cuántas veces usted lo ha intentado en el pasado y ha fracasado. Esta vez será distinto. La luz de la Palabra de Dios ilumina el camino, y él lo levantará sobre alas de águilas.

Así que... ¡despídase de Egipto!

La verdad sobre el pecado

LECTURA BÍBLICA: Romanos 7:18-25
VERSÍCULO CLAVE: Romanos 5:12

Así como el pecado entró en el mundo por medio de un solo hombre y la muerte por medio del pecado, así también la muerte pasó a todos los hombres, por cuanto todos pecaron.

El estado natural del ser humano es de pecado. Es el resultado directo de la caída y la rebelión de Adán y Eva en el huerto del Edén. Nuestra naturaleza caída se hace evidente en sentimientos y emociones como celos, ira, temor, resentimiento, el no perdonar, lascivia y otros.

Cuando el apóstol Pablo se percató de la profundidad de su pecado, exclamó: "¡Miserable hombre de mí! ¿Quién me librará de este cuerpo de muerte?" (Rom. 7:24).

Encontrarnos cara a cara con nuestro pecado debe causar la misma reacción en nosotros. Si quedáramos a expensas de nuestros propios recursos sin ninguna consideración de Dios, el pecado controlaría nuestra vida. Sólo por la gracia de Dios y la misericordia de Jesucristo podemos decir con el apóstol Pablo: "¡Doy gracias a Dios por medio de Jesucristo nuestro Señor!" (Rom. 7:25).

Sólo Jesucristo puede salvarnos de las garras del pecado. Sólo él puede cambiar la naturaleza de nuestro corazón y darnos una vida nueva. Podemos decidirnos a vivir para él y apartarnos del mal, pero primero tenemos que llegar al punto en que vemos nuestros propios pecados como él los ve. No hay nada atractivo en el pecado. Nos impide vivir las experiencias que Dios nos tiene reservadas.

Pídale que le haga ver todo aquello en su vida que refleja la vieja naturaleza pecadora. Luego ore pidiendo poder caminar fielmente en la gracia que él da por medio de su Hijo, el Señor Jesucristo.

Señor, te doy gracias por salvarme de las garras del pecado, por transformarme y darme vida nueva. Elijo vivir para ti y dejar el mal. Hazme ver todo aquello en mi vida que refleja la vieja naturaleza pecadora. Luego ayúdame a caminar fielmente en la gracia que das por medio de Jesús.

Cómo encarar el pecado

LECTURA BÍBLICA: Romanos 6:15-23
VERSÍCULO CLAVE: Romanos 6:22

Ahora, libres del pecado y hechos siervos de Dios, tenéis como vuestra recompensa la santificación, y al fin la vida eterna.

Usted aceptó a Jesucristo como su Señor y Salvador, reconociendo que él pagó en la cruz la pena por sus pecados. Sabe que ha sido perdonado, limpiado y justificado ante los ojos de Dios. Aun así, un pecado en particular lo acosa. Usted cree que ha desaparecido y que la lucha ha terminado, pero la tentación vuelve. Cede en un momento de debilidad o cuando está desprevenido. Quizá hasta se pregunte cómo puede ser que Dios todavía le ame.

No es usted el único. Pablo expresó ese mismo sentimiento de frustración y exasperación. Dijo: "Porque no hago el bien que quiero; sino al contrario, el mal que no quiero, eso practico" (Rom. 7:19). Pablo sabía que aun siendo salvo el poder del pecado seguía existiendo, luchando diariamente con su nueva naturaleza.

¿Cuál es la solución? Primero, debe usted ver su pecado, incluyendo cualquier pecado recurrente, por lo que es: una ofensa contra un Dios santo que sólo puede ser quitada por la sangre de Jesús. Segundo, confiésele al Señor el pecado específico y niéguese a caer en un sentimiento de falsa culpabilidad. Usted es perdonado gratuitamente.

Recuerde que le pertenece a Dios; ninguna otra cosa tiene el poder de tenerlo cautivo. Acérquese al que lo libera del pecado cuando la tentación ataca, y saldrá victorioso todas las veces.

Padre celestial, te confieso mis pecados recurrentes como ofensas contra ti. Te ruego que me limpies de ellos por medio de la sangre de Jesús. Quita mi culpa, y haz que comprenda que he sido perdonado y liberado. No existe nada con el poder de tenerme cautivo.

Confesión y perdón

LECTURA BÍBLICA: 1 Juan 1:5–2:2
VERSÍCULOS CLAVE: Colosenses 2:13, 14

*Mientras... estabais muertos en los delitos y en la incircun-
cisión de vuestra carne, Dios os dio vida juntamente con él,
perdonándonos todos los delitos. El anuló el acta que había
contra nosotros, que por sus decretos nos era contraria, y
la ha quitado de en medio al clavarla en su cruz.*

¿Qué papel cumple la confesión de pecado en la vida del creyente?
La respuesta a esta pregunta oscila entre dos extremos. Algunos dicen que ya que Jesús es expiación suficiente de todos nuestros pecados cuando lo aceptamos como Salvador, no hay por qué confesar
pecados específicos. Otros creen que la confesión detallada es necesaria cada vez que pecamos a fin de que Dios se motive para seguir
perdonándonos.

Ninguna de estas ideas considera al perdón desde la perspectiva
de Dios. Colosenses 2:13, 14 (VP) explica una verdad esencial: "Ustedes, en otro tiempo, estaban muertos espiritualmente... pero ahora
Dios les ha dado vida juntamente con Cristo, en quien nos ha perdonado todos los pecados... Puso fin a esa deuda clavándola en la cruz".

La sangre de Cristo cubre todos nuestros pecados: los del pasado, presente y futuro. El propósito de la confesión no es catalogar
nuestros pecados ni disimularlos con generalizaciones o vaguedades.
Al confesar un pecado a Dios, coincidimos con él en que lo hicimos,
que fue absolutamente equivocado y contrario a sus planes.

El Señor quiere que usted le cuente directamente lo que ha hecho
para así comprobar el poder de su perdón. Para restaurar su sentido
de comunión con el Señor, confiese las cosas que crean tirantez en su
relación con él. Uno por uno, entréguele sus pecados y comprobará
cómo desaparece la carga de su corazón.

*Padre, te doy gracias porque la sangre de tu Hijo, Jesús,
cubre todos mis pecados: los del pasado, del presente y del
futuro. Uno por uno traigo mis pecados ante ti. Quita de mi
corazón esa pesada carga.*

¡Trato hecho!

LECTURA BÍBLICA: Salmo 25
VERSÍCULO CLAVE: Isaías 43:25

*Yo soy, yo soy el que borro tus rebeliones por amor de mí,
y no me acordaré más de tus pecados.*

Dios nunca se burla de nosotros ni nos hace sentirnos indignos. Al contrario, Cristo Jesús nos dice algo muy distinto:

Como el Padre me amó, también yo os he amado; permaneced en mi amor (Juan 15:9).
Si vosotros permanecéis en mi palabra, seréis verdaderamente mis discípulos, y conoceréis la verdad, y la verdad os hará libres (Juan 8:31, 32).
Os he llamado amigos, porque os he dado a conocer todas las cosas que oí de mi Padre (Juan 15:15).

Amor y verdad. Dios es amor y el origen de toda verdad. El amor con que le ama a usted es el mismo amor que tiene por su Hijo, el Señor Jesucristo. Él le brinda este amor por medio de su gracia y misericordia. Es un amor sin mancha de culpa u obligación.

No importa lo graves que hayan sido sus transgresiones en el pasado, Dios está cerca para liberarlo con la verdad de su Palabra. Nada hay más fuerte que su amor. Y cuando perdona, olvida (Sal. 103:12; Isa. 43:25). En cuanto que ha confesado usted su pecado, no necesita rogar o suplicar que lo perdone. ¡Es un trato hecho!

Podemos andar libremente a la luz de su amor porque él nos llama *hijos.* Nuestro nombre está inscrito en la palma de su mano.

Usted es la niña de sus ojos; el cielo entero se regocija al ver su nombre escrito con la sangre del Cordero.

Oh Señor, ¡cuánto te agradezco que me libraras de mis pecados por el poder de tu Palabra! Al andar por el camino de la vida haz que lo haga libremente en la luz de tu amor. Dame seguridad en mi relación contigo.

El mercado de esclavos del pecado

LECTURA BÍBLICA: Juan 8:30-36
VERSÍCULO CLAVE: Gálatas 5:13

Vosotros fuisteis llamados a la libertad... solamente que no uséis la libertad como pretexto para la carnalidad. Más bien, servíos los unos a los otros por medio del amor.

El autor cristiano Neil Anderson cuenta que en cierta ocasión estaba presentando ante un grupo el tema de vivir una vida libre de esclavitud. Uno de los participantes comentó que hacía años que disfrutaba de cierta actividad sin sentirse para nada esclavo de ella.

Hice una brevísima pausa, cuenta Anderson, luego le dije:

—Lo felicito, pero ¿puede dejar de hacerla?

Aquel hombre no volvió a hacer ningún comentario hasta el final de la sesión cuando ya todos se retiraban. Se me acercó y preguntó:

—¿Por qué querría dejar de hacerla?

—Eso no es lo que pregunté; le pregunté si puede dejar de hacerla. Lo que usted cree que es libertad en realidad no lo es para nada. Es esclavitud —le respondí.

Cualquiera que actúa como su propio Dios vive esclavo de su propia naturaleza pecaminosa. Fuimos vendidos al mercado de esclavos del pecado. Jesús nos compró del reino de las tinieblas y nos salvó de nosotros mismos. Ya no nos pertenecemos; fuimos comprados a un precio muy alto: la sangre preciosa de Cristo. Ya no somos esclavos del pecado sino siervos de Cristo.

Muchos podemos identificarnos con este relato. Quizá su pecado sea el chisme o le cueste decir la verdad. Quiere que los demás piensen bien de usted, por eso inventa cosas que lo presentan como un héroe.

Sea cual fuere su punto débil, Dios puede liberarlo. Pídale que le muestre cualquier pecado que haya en su vida. ¿Puede usted o está dispuesto a renunciar a él a fin de vivir en libertad?

Señor, ¡quiero ser libre! Libérame de todo lo que me esclaviza. Muéstrame cada área de mi vida que necesito cambiar. Estoy dispuesto a renunciar a todo a fin de vivir en libertad.

"Durante la primavera"

LECTURA BÍBLICA: 2 Samuel 11:1-5
VERSÍCULO CLAVE: Salmo 28:8

*Jehovah es la fuerza de su pueblo, la fortaleza de salvación
para su ungido.*

Las siguientes palabras pueden parecer el comienzo de una hermosa novela: "En cierta ocasión, durante la primavera, que es cuando los reyes acostumbran salir a campaña..." (VP). Pero la belleza poética pronto se convierte en tragedia cuando leemos cómo David cedió a la tentación.

El peligro que alarma es creer que somos intachables y que nunca caeríamos como cayó David. Nadie es inmune al pecado. Es únicamente por medio de mantener puro nuestro camino delante de Dios que recibimos la fuerza para resistir las tentaciones.

David podía haber dado media vuelta y alejarse. En cambio, se detuvo y dejó que sus ojos contemplaran algo que lo llevaría a la ruina. El que se quedara en Jerusalén cuando los demás reyes habían salido a guerrear nos indica que le estaba gustando la vida cómoda. Mandó a su general a la batalla en su lugar, sin detenerse a pensar que el enemigo se encontraba agazapado a su lado, esperando atacar.

Si batalla usted con alguna tentación en particular, tome nota de cómo David se entregó al pecado. Pídale a Dios que le muestre cómo evitar la pereza en su camino espiritual por medio de aprovechar todo lo bueno que él brinda: su Palabra, la música cristiana y libros escritos por mujeres y hombres piadosos. David amaba sinceramente al Señor. En cuanto tuvo conciencia de su pecado, se apartó de él y Dios lo restauró.

Señor, no soy inmune al pecado. Ayúdame a mantener puro mi camino espiritual ante ti de modo que tenga la fuerza para resistir las tentaciones.

Redención completa

LECTURA BÍBLICA: 2 Samuel 12:1-23
VERSÍCULO CLAVE: Salmo 32:1

Bienaventurado aquel cuya transgresión ha sido perdonada, y ha sido cubierto su pecado.

*E*n cuanto su pecado fue expuesto David sintió un gran remordimiento. Había disfrutado de una relación personal e íntima con Dios. Cuando se dio cuenta de que su comunión con él peligraba, exclamó: "He pecado contra Jehovah" (2 Sam. 12:13). Dios perdonó a David, pero las consecuencias de su pecado permanecieron, y el hijo que nació como resultado de su adulterio con Betsabé murió.

El pecado corrompe. Es como la herrumbre en un automóvil; carcome desde el exterior escondiéndose en lugares difíciles de ver. A veces lo notamos cuando ya es tarde y el auto está arruinado. David sabía que su esperanza de restauración estaba en el perdón de Dios.

El Salmo 32 es un hermoso testimonio del toque purificador de Dios en la vida de David. También es un testimonio para nosotros de la misericordia y el perdón incondicional de Dios. Sea lo que fuere que hemos hecho, Dios puede y quiere perdonarnos. Promete restaurar los años que la langosta ha ido destruyendo: los años de pecado y desilusión que devoraron nuestra pureza (Joel 2:25).

En Isaías 1:18 el Señor nos dice que hará que nuestros pecados sean blancos como la nieve. ¿Opina usted que Dios no lo puede usar por algo que hay en su pasado? Esa es una mentira de Satanás. Dios usa las cosas rotas y quebradas de este mundo para dar pruebas de que su redención es completa e incluye a toda la humanidad. Está a su disposición y puede depender del perdón divino cuando se acerca a él como lo hizo David.

Padre celestial, restaura lo que las langostas han consumido, los años que el pecado y la desilusión han devorado. Tú tienes un magnífico plan para mí a pesar de mi pasado. Miro hacia el futuro con gran expectativa.

Liberación del pecado

LECTURA BÍBLICA: 1 Samuel 15
VERSÍCULOS CLAVE: Salmo 51:3, 4

Yo reconozco mis rebeliones, y mi pecado está siempre delante de mí. Contra ti, contra ti solo he pecado y he hecho lo malo ante tus ojos. Seas tú reconocido en tu palabra y tenido por puro en tu juicio.

Saúl desobedeció a Dios deliberadamente y, aun peor, a sabiendas le mintió sobre ello al profeta Samuel. Fue entonces que Samuel tuvo que comunicar el terrible mensaje de que Dios había rechazado a Saúl como rey.

¿Lo sintió Saúl? Sí, pero nunca aceptó toda la culpa de sus acciones. En su reacción notamos su intento por justificarse: "Yo he pecado, porque he quebrantado el mandamiento de Jehovah y tus palabras, temiendo al pueblo y accediendo a su voz" (1 Sam. 15:24).

Ahora veamos las palabras del rey David, a quien Dios había elegido para gobernar después de Saúl. David también había pecado gravemente, pero dijo esto: "Yo reconozco mis rebeliones, y mi pecado está siempre delante de mí. Contra ti, contra ti solo he pecado" (Sal. 51:3, 4).

¿Nota la diferencia entre estas dos confesiones? Saúl no se arrepintió de verdad porque se negó a reconocer como suyo el pecado cometido. En cambio David reconoció plenamente su pecado, y le pidió a Dios que lo perdonara.

Ese es el tipo de arrepentimiento que Dios espera de usted. Conoce su corazón y sus debilidades, y quiere que las admita. El Señor quiere que sienta el alivio y la paz de ser perdonado por medio de Jesús.

Amado Maestro, conozco mis transgresiones. Mi pecado está siempre delante de mí. Contra ti, contra ti solo he pecado. Me arrepiento. Gracias por la sangre de Jesús que limpia mis pecados.

El chivo expiatorio divino

LECTURA BÍBLICA: Levítico 16:1-22
VERSÍCULO CLAVE: Isaías 53:6

Todos nosotros nos descarriamos como ovejas; cada cual se apartó por su camino. Pero Jehovah cargó en él el pecado de todos nosotros.

*P*or su uso popular la expresión *chivo expiatorio* es común en nuestro mundo secular. Su significado: "un inocente que es culpado" tiene sus raíces en un antiguo ritual hebreo conocido como el día de la Expiación.

Ese día santo se celebraba una vez al año. El sumo sacerdote tomaba dos machos cabríos como ofrenda de pecado por las iniquidades del pueblo. Un macho cabrío era degollado y su sangre rociada sobre el propiciatorio. El otro era enviado al desierto después de que el sumo sacerdote hubiera puesto sus manos sobre la cabeza del animal y confesado los pecados del pueblo. Por medio de este rito con el "chivo expiatorio" Dios mostraba su misericordia hacia los israelitas, haciendo posible seguir su relación de pacto con ellos.

En una forma similar Jesús fue el chivo expiatorio divino de los pecados del mundo. Fue y es el "Cordero de Dios que quita el pecado del mundo" (Juan 1:29).

Nuestros pecados fueron colocados sobre él en el Calvario. De hecho, nuestros pecados lo clavaron en la cruz.

Jesús cargó con la culpa para que nosotros pudiéramos vivir. ¿Ha aceptado usted esta expiación? ¿Se ha acercado al Señor para que perdone sus pecados? ¿Ha sido curado de sus transgresiones por medio del sacrificio de él?

Dios todopoderoso, te doy gracias por el sacrificio de tu Hijo, Jesús, como el chivo expiatorio divino por mis pecados. Te alabo porque él asumió la culpa para que yo pudiera vivir. Me gozo en la verdad liberadora de su expiación por mí.

Sensibles al pecado

LECTURA BÍBLICA: Números 22
VERSÍCULO CLAVE: Salmo 139:23

Examíname, oh Dios, y conoce mi corazón; pruébame y conoce mis pensamientos.

En Números 22 leemos que Balac, el rey moabita, quiso convencer a Balam para que profetizara contra Israel ofreciéndole a este fin una buena suma de dinero para que maldijera al pueblo escogido de Dios.

Dios advirtió a Balam que no aceptara la oferta. Pero cuando los siervos de Balac se llegaron a su puerta con el dinero, cedió a la tentación. Balam se dirigió a Dios para ver si habría posibilidad de que cambiara de idea. El Señor le dio a Balam permiso para ir, pero estaba enojado con él porque no había obedecido su primer mandato.

Dios conoce las verdaderas motivaciones de nuestro corazón. Balam le dijo a los hombres que iría con ellos pero para hablar únicamente lo que Dios le mandara decir. La cuestión es que Balam quería el dinero más de lo que quería hacer lo correcto. Sabía que Dios no quería que fuera, pero estaba dispuesto a arriesgarlo todo con el fin de aprovechar al máximo la situación.

El asna de Balam fue lo único que lo salvó de la ira de Dios. Esta vio un ángel bloqueando el camino y se detuvo. Pero Balam se enojó tanto que la azotó.

El Espíritu de Dios siempre revela el pecado, pero podemos decidir no prestar atención a las advertencias de Dios al comprometer nuestras convicciones. Cuando esto sucede sufrimos por nuestra desobediencia. Pídale a Dios que le haga sensible al pecado. Prometa su devoción a Cristo, y él guardará su vida.

Querido Dios, hazme sensible al pecado. Revélame las verdaderas motivaciones de mi corazón. Prometo mi devoción a Cristo. Obra para que su poder y verdad me guarden y dirijan mi camino espiritual.

Consecuencias de las componendas

LECTURA BÍBLICA: Jueces 2
VERSÍCULOS CLAVE: Jueces 2:1, 2

"No invalidaré jamás mi pacto con vosotros, con tal que vosotros no hagáis una alianza con los habitantes de esta tierra, cuyos altares habréis de derribar". Pero vosotros no habéis obedecido mi voz. ¿Por qué habéis hecho esto?

*P*eter Marshall dijo en cierta oportunidad: "Somos demasiado cristianos como para disfrutar del pecado y demasiado apegados al pecado como para disfrutar del cristianismo. Sabemos perfectamente lo que debemos hacer; el problema es que no queremos hacerlo".

D. L. Moody escribió de una ocasión cuando tuvo que tomar una posición en pro de su convicciones más bien que traicionarlas:

Una vez me encontré en un lugar en donde tuve que levantarme y marcharme. Me habían invitado a una casa, y durante la cena sirvieron bebidas alcohólicas. Me da vergüenza decir que eran creyentes. Un diácono instó a una joven a que bebiera hasta el punto de embriagarse. Me levanté de la mesa y salí; sentí que ese no era lugar para mí. Dijeron que eso era ir contra las buenas costumbres; para mí era protestar contra algo infernal. Vayamos contra las costumbres cuando éstas nos llevan por mal camino.

Algunas convicciones son evidentes porque Dios las explica en su Palabra. Otras son personales entre usted y él. Sea como fuere, el principio sigue siendo el mismo. Cuando Dios le da una advertencia, y usted deliberadamente actúa contrariamente a su mandato, compromete su relación con él.

Dios no puede bendecir la desobediencia ni la traición a las convicciones. Si quiere lo mejor que él tiene reservado para usted, dígale que dondequiera que le guíe usted irá, renunciando a todo lo que no es para su gloria y honra.

Señor, no puedes bendecir mi desobediencia ni la traición de mis convicciones. Quiero seguirte a donde tú guíes, renunciando a todo lo que no es para tu gloria y honra.

León de Judá
CD / Reggae
13 integrantes Banda
costo: $800.00
oficial

Jennifer Cosme
manejadora
(trabajan pa
consalao)
Tel: 562-9841

$

~~100~~ Madres

$3000 Padres

———— Navidad

$ cumpleaños

1 2 $300.00
x3   ————
60   12⟌300

El remedio para el pecado

LECTURA BÍBLICA: 2 Corintios 5:14-21
VERSÍCULO CLAVE: Romanos 8:1

Ahora pues, ninguna condenación hay para los que están en Cristo Jesús, los que no andan conforme a la carne, sino conforme al Espíritu (RVR-1960).

D. L. Moody comentó en cierta ocasión: "Fijar la vista en la herida del pecado nunca salvó a nadie. Lo que uno tiene que hacer es fijar la vista en el remedio".

Preocuparse por las tentaciones y pecados del pasado sólo genera sentido de culpabilidad. Si realmente quiere romper el hábito de pecar, fije la vista en la cruz de Jesucristo. Esto es el único remedio para el pecado. Fue allí donde Dios demostró su amor y perdón incondicionales a toda la humanidad.

Quizá cree que lo que usted hizo es demasiado horrendo para que Dios le perdone. Pero nada puede separarlo del amor de Dios. Su perdón y sanidad espiritual son para todos los que se acercan a él. Quizá usted sea un creyente que ha cedido a la tentación: Dios quiere liberarlo de esta esclavitud. Él no quiere condenarlo (Rom. 8:1).

Él nos atrae a sí mismo brindándonos su amor. Uno puede regañar a alguien porque ha hecho algo malo, y sus acciones quizá cambien, pero su corazón sigue igual. Dios se dirige al corazón. La Palabra de Dios instruye sobre cómo vivir una vida piadosa; a esto él agrega su amor incondicional. Dios sabe que en cuanto alguien tiene un encuentro con Jesús, su vida cambia eternamente.

Al tener trato con alguien que ha caído, ore pidiendo una actitud semejante a la de Cristo: firme pero cariñosa. Sea el perdonar una característica de su vida. Desarrolle una disposición por ayudar a restaurar al que ha pecado.

Querido Padre celestial, fijo mi vista en la cruz de Jesucristo como el remedio para mis pecados. Tú mostraste allí tu perdón incondicional. Gracias por ese inconmensurable sacrificio, el regalo de tu amor.

La solución para el pecado

LECTURA BÍBLICA: Gálatas 6:4-9
VERSÍCULO CLAVE: Gálatas 6:4

Examine cada uno su obra, y entonces tendrá motivo de orgullo sólo en sí mismo y no en otro.

¿Podemos escapar del pecado? Podemos copiar en el examen en la escuela, y pasar el examen y el curso, y hacerlo sin que el maestro descubra el engaño. Uno también puede secretamente tener una conducta inmoral y ser falsamente percibido como de buena moral.

Las autoridades quizá nunca descubran la falsedad en su declaración de la renta. Su empleador quizá nunca sepa que usted se lleva a casa los útiles de la oficina. Pero en cada caso sus acciones tienen una consecuencia. Aun cuando los demás no se den cuenta, Dios ha establecido una ley moral inviolable sobre el pecado y sus consecuencias. Aunque las consecuencias tarden, es seguro que las habrá.

Pablo aplicó a nuestra conducta la metáfora agraria de sembrar y cosechar. La cosecha se recoge mucho después de que se ha plantado, pero es seguro de que llega el tiempo de la siega. Tarde o temprano nos llegan las ramificaciones de nuestros pecados ya que, en última instancia, tenemos que rendir cuentas a Dios.

Nunca subestime el precio interno que paga por el pecado. El peso de culpabilidad es enorme. La amargura y depresión se asientan incómodamente en su alma mientras usted trata de suprimir el redargüir del Espíritu Santo.

La confesión y el arrepentimiento son dádivas de Dios, su solución, para tratar con esta transgresión. Reconozca las suyas ante Dios (y otros, en caso que deba). Reciba su perdón. No tiene usted que rogar que se lo dé, sencillamente reciba el regalo de su perdón. Confíe en que él le ayudará a enfrentar las consecuencias.

Padre Dios, gracias por tus dádivas de confesión y perdón. Confío en que me ayudarás a enfrentar las consecuencias de cualquier semilla mala que he sembrado en el pasado.

Consecuencias y castigo

LECTURA BÍBLICA: Hebreos 12:5-11
VERSÍCULOS CLAVE: Hebreos 12:5, 6

¿Y habéis ya olvidado la exhortación que se os dirige como hijos? "...no tengas en poco la disciplina del Señor ni desmayes cuando seas reprendido por él. Porque el Señor disciplina al que ama y castiga a todo el que recibe como hijo."

*U*n error común sobre el nexo entre pecado y consecuencias se debe a una noción distorsionada del carácter y la naturaleza de Dios.

Son demasiados los que ven a Dios como un agente de policía celestial, siempre procurando aplicar medidas punitivas estrictas a nuestra mala conducta. Un Dios así no puede ser disfrutado. Esta trágica conclusión existe debido a la confusión entre consecuencias y castigo. Es tan cierto que Dios ha establecido la ley moral de pecados y consecuencias en el ámbito espiritual, como lo es que puso la ley de gravedad en el ámbito temporal.

Dios ha establecido consecuencias para nuestro comportamiento que usa como medio para enseñarnos conductas sabias y provechosas. Cuando erramos, los resultados desagradables de nuestras acciones nos ayudan a evitar repetirlas. Las consecuencias no son castigos. El castigo es retribución o venganza. El castigo de Dios por el pecado fue aplicado a su Hijo en la cruz, y su justicia y santidad quedaron tanto demostradas como satisfechas. Él usa las consecuencias como una expresión de amor para corregirnos y apartarnos del mal.

Así como nuestro padre terrenal usa las consecuencias para enseñarnos, nuestro Padre celestial permite los resultados del pecado a fin de instruirnos en caminos de justicia. Su motivación es el amor, nunca el castigo; y las consecuencias siempre están combinadas con la misericordia.

Amado Dios, gracias por las consecuencias que nos enseñan a andar en caminos de justicia. Cuán agradecido estoy porque tu motivación es el amor en lugar del castigo, y tus juicios están combinados con tu misericordia.

Hay que podar los brotes

LECTURA BÍBLICA: Juan 15:1-8
VERSÍCULO CLAVE: Juan 15:5

Yo soy la vid, vosotros las ramas. El que permanece en mí y yo en él, éste lleva mucho fruto. Pero separados de mí, nada podéis hacer.

Los pequeños brotes cubiertos de hojitas de las plantas de tomates se llaman "cupones". Aunque al principio parecen inofensivos, uno tiene que podarlos constantemente de las ramas principales a fin de producir tomates sanos y abundantes. Si se dejan crecer, desvían el alimento de la tierra hacia las hojas y ramas en lugar del fruto.

Cristo, al podar nuestra vida, quita cuidadosamente hábitos, adicciones, prioridades equivocadas y otras materias extrañas que impiden nuestro crecimiento espiritual. Programada divinamente, la poda se lleva a cabo de manera que la vida de Cristo pueda saturar nuestra alma. Cuanto más poda Dios, más sentimos el poder del Espíritu Santo y producimos fruto agradable.

¿Anhela usted más de la vida de Cristo? ¿Más de su paz, gozo, bondad y paciencia? ¿No desea ser más como él? Sepa que su poda es con este gran propósito.

Nunca olvide este factor fundamental: usted ha sido puesto en Cristo por Dios, y él ha sido puesto en su vida al habitar el Espíritu Santo en usted. Este es el significado de la ilustración de la vid y las ramas que presentó Jesús.

Usted está permanente e inalterablemente unido a la vid. Las tijeras de podar de Dios que son señal de su cuidado cariñoso, no dificultan su comunión con Cristo. Al contrario, el que las use es señal de su unión vital con Jesucristo, la Vid. Usted le pertenece por toda la eternidad, y él está comprometido en obrar constantemente para bien de usted.

Padre celestial, toma las tijeras de podar divinas que es tu Palabra y poda los brotes inútiles de mi vida. Fortalece mi unión con la Vid y hazme más espiritualmente productivo.

Salvo por gracia

LECTURA BÍBLICA: 1 Juan 5:7-13
VERSÍCULO CLAVE: Juan 1:29

Al día siguiente, Juan vio a Jesús que venía hacia él y dijo: "¡He aquí el Cordero de Dios que quita el pecado del mundo!"

¿*H*a dudado alguna vez de su salvación? Muchos sí. Se preocupan porque hicieron algo que puede inducir a Jesús a no amarlos. Luchan con sentimientos de duda, confusión y temor. Leemos en 1 Juan 4:18: "En el amor no hay temor, sino que el perfecto amor echa fuera el temor. Porque el temor conlleva castigo". El apóstol Juan también nos recuerda que podemos amar a Dios "porque él nos amó primero".

Aun antes de que usted naciera Dios sabía cómo sería: el color de su cabello, el sonido de su voz, los éxitos y fracasos que enfrentaría. A pesar de todo lo que haya hecho o dejado de hacer, Dios sigue amándolo con un amor eterno.

Cristo vino al mundo con una meta clara: buscar y salvar a los perdidos. Nunca dijo: "Sé perfecto y recibe mi salvación". Somos salvos de una sola manera: por la gracia de Dios. Cuando aceptamos a su Hijo por fe, recibimos vida eterna.

Podemos esforzarnos una vida entera para ser buenos y perfectos y no estar mejor que al principio. La salvación se basa no en nuestras obras sino en la obra completa de Jesucristo en el Calvario. Él es el que llevó sobre sí nuestros pecados pasados, presentes y futuros.

Agradézcale por la obra que ha realizado, confiese todo pecado que recuerde y acepte su perdón y su amor incondicional como una bendición.

Oh Dios, antes de nacer tú ya me conocías. Conocías mis puntos fuertes y débiles, mis éxitos y fracasos. Aun así me amas con un amor incondicional, eterno. ¡Cuánto te lo agradezco!

La preciosa sangre

LECTURA BÍBLICA: 1 Pedro 1:17-21
VERSÍCULO CLAVE: Romanos 3:23

Porque todos pecaron y no alcanzan la gloria de Dios.

Leemos en Génesis cómo Dios sacrificó por primera vez a un animal: "Jehovah Dios hizo vestidos de piel para Adán y para su mujer, y los vistió" (Gén. 3:21).

Adam Clarke escribe que no es probable que "el sacrificio se le hubiera ocurrido a la mente del hombre sin la expresa revelación de Dios". Sacrificar los animales fue el modo que escogió el Señor para expiar la transgresión de Adán y Eva. Un sacrificio de sangre sería el único pago suficiente.

Muchos años después Dios les dio a los israelitas mandatos específicos sobre el sacrificio por los pecados, desde cómo preparar el animal hasta la ropa que los sacerdotes debían usar y qué hacer con las porciones sobrantes sobre el altar. Pero el requisito fundamental y definitivo siguió siendo el mismo: la sangre.

Cuando Jesús murió en la cruz literalmente tomó nuestro lugar convirtiéndose en el sacrificio supremo y definitivo por los pecados de la humanidad. En cuanto lo aceptamos como nuestros Salvador, nuestros pecados son cubiertos por su sangre preciosa, expiatoria.

Jesús sometió su vida al poder de la muerte por un tiempo a fin de que usted pueda tener vida por todo el tiempo. Satisfizo una vez y para siempre todos los requisitos de Dios para perdonar: "Porque la paga del pecado es muerte; pero el don de Dios es vida eterna en Cristo Jesús, Señor nuestro" (Rom. 6:23). La preciosa sangre de Cristo es lo único que puede limpiarnos del pecado.

Padre, haz que la sangre preciosa y limpiadora de tu Hijo Jesucristo fluya sobre mi vida hoy. ¡Oh raudal limpiador, cúbreme!

Un concepto correcto del arrepentimiento

LECTURA BÍBLICA: Lucas 3:3-6
VERSÍCULO CLAVE: Mateo 3:2

Arrepentíos, porque el reino de los cielos se ha acercado.

Cuando Juan el Bautista clamó: "Arrepentíos, porque el reino de los cielos se ha acercado", nadie sabía que estaba preparando el camino para la venida del Mesías.

Juan había sido escogido para predicar el arrepentimiento a fin de que cuando Cristo viniera, los corazones y las mentes estuvieran predispuestos hacia la verdad de Dios. Muchos de los que oyeron su mensaje se arrepintieron y se apartaron del mal. Otros lo rechazaron.

El arrepentimiento y una sincera devoción a Cristo separa al ser humano de los caminos del mundo. Muchos necesitan el perdón de Dios, pero se resisten a cualquier relación con él que interfiere en su estilo de vida.

El verdadero arrepentimiento es una experiencia humilde, silenciosa y transformadora entre usted y Dios. Involucra la renovación de la mente y ofrece una nueva perspectiva de la vida: una de esperanza y gozo duradero. Por medio del arrepentimiento nos apartamos del pecado.

W. E. Vine lo define como "la modificación de la visión y los pensamientos morales y espirituales para ser como los de Dios, lo cual tiene el propósito de ejercer un efecto transformador sobre la vida".

Pablo dice: "No os conforméis a este mundo; más bien, transformaos por la renovación de vuestro entendimiento" (Rom. 12:2). Este es el mismo tipo de llamado que Juan lanzó al comienzo del ministerio público de Jesús, y sigue siendo el llamado de Dios en la actualidad.

Maestro, respondo hoy a tu llamado. Cambia mi visión moral y espiritual. Alinea mis pensamientos con los tuyos. Renueva mi entendimiento. Transforma mi vida.

División entre creyentes

LECTURA BÍBLICA: Colosenses 3:1-17
VERSÍCULO CLAVE: Colosenses 3:10

Y os habéis vestido del nuevo, el cual se renueva para un pleno conocimiento, conforme a la imagen de aquel que lo creó.

El pecado perjudica y debilita el cuerpo de Cristo. También otros sienten los efectos del pecado del cristiano. El obrero cristiano que chismea durante el almuerzo e involucra a los demás en su conversación es culpable de calumniar. El triste resultado de su pecado es que tienta a otros a caer en el mismo pecado.

En una entrevista le preguntaron al evangelista E. V. Hill cuál era la mayor adversidad que enfrenta el cuerpo de Cristo. Sin titubear, contestó que es la división entre creyentes. El grupo que justamente posee el conocimiento para cambiar al mundo para bien eterno con frecuencia acaba por hacerle el mayor daño a sus miembros.

A los creyentes les gusta categorizar el pecado; cosas como el robo, homicidio e inmoralidad sexual están muy arriba en la lista de pecados. En cambio pecados "pequeños" como el chisme y las "mentiritas blancas" rara vez se incluyen en la lista. No obstante, ningún pecado escapa de la mano sancionadora de Dios, incluyendo el rencor, la amargura, ira, mentira, calumnia, avaricia, idolatría o inmoralidad (Col. 3:5-10).

El apóstol Pablo nos aconseja que nos revistamos "de la nueva naturaleza que se va renovando a imagen de Dios [Jesucristo], su Creador" (Col. 3:10 VP). Tenemos que ser sinceros sobre nuestra actitud hacia los demás. Cristo nos llamó a amarnos unos a otros (Juan 13:34). Pídale al Señor que le revele cualquier pecado que tenga en este sentido, y luego aprópiese de su perdón por fe.

Querido Señor, revélame cualquier actitud incorrecta que tenga hacia los demás. Quita de mi corazón todo rencor, amargura, enojo, malicia, mentira, calumnia, avaricia, idolatría o inmoralidad. Dame un amor puro hacia mi prójimo.

El camino a la vida

LECTURA BÍBLICA: Romanos 14:7-12
VERSÍCULO CLAVE: Gálatas 6:14

Lejos esté de mí el gloriarme sino en la cruz de nuestro Señor Jesucristo, por medio de quien el mundo me ha sido crucificado a mí y yo al mundo.

Siempre que nos enredamos en pecado nuestra primera reacción debería ser de tristeza y remordimiento, no sólo por lo que hemos hecho sino por los que hemos lastimado. Cuando cedemos al pecado, entristecemos el corazón de Dios.

Cuando se sienta tentado a pecar, pregúntese: "¿Quién es el jefe de mi vida?" Si la respuesta es Jesucristo, el deseo de involucrarse en cosas que no reflejan la naturaleza de Dios por lo general se va debilitando hasta finalmente desaparecer.

Aunque todos enfrentamos tentaciones de cuando en cuando, decirle "No" al pecado no debiera ser algo que tenemos que pensar. Decir "No" es fácil cuando comprendemos que decir "Sí" lastima a alguien sin cuyo amor no podemos vivir.

¿Ha pensado alguna vez en Dios de esta manera: como alguien que lo ama más que nadie? Jesús vino para demostrar a la humanidad el amor personal de Dios. Su muerte en el Calvario lo dice todo. Cargó con nuestros pecados por su amor eterno.

Oswald Chambers trató este tema: "La cruz no le sucedió a Jesús fortuitamente: Vino a propósito para ella. Él es 'el Cordero sacrificado desde la fundación del mundo'. El centro de salvación es la cruz de Cristo Jesús, y la razón por la que es tan fácil obtener salvación es porque le costó tanto a Dios. La cruz es el lugar donde Dios y el hombre pecador se encuentran en un violento choque y el camino hacia la vida es abierto, pero el impacto del golpe lo carga el corazón de Dios".

Padre celestial, tú eres el jefe divino de mi vida. Le digo un rotundo "No" al pecado y un "Sí" eterno a ti. Escojo andar por el camino que lleva a la vida.

La gracia transformadora de Dios

LECTURA BÍBLICA: 1 Timoteo 1:8-17
VERSÍCULO CLAVE: Efesios 1:7

En él tenemos redención por medio de su sangre, el perdón de nuestras transgresiones, según las riquezas de su gracia.

*P*reocupada por su salvación una señora fue a ver a su pastor. "No sé cómo Cristo me puede aceptar", dijo llorando. "Quiero entregarle mi vida, pero no estoy lista. Usted no se imagina lo que hice. Es imposible que Jesús me perdone".

Sentirse culpable de errores del pasado es comprensible. El pecado es feo a los ojos de Dios, pero él solucionó el problema en la cruz. Cuando coincidimos con Dios en que nuestro pecar es malo y aceptamos la paga de Jesús en nuestro lugar, somos liberados por su sangre: limpios y justos a los ojos de Dios. Nadie es tan malvado, tan horrible, tan desagradable, tan vil como para que Jesús no lo ame.

Pablo, el misionero y apóstol, dijo: "Cristo Jesús vino al mundo para salvar a los pecadores, de los cuales yo soy el primero. No obstante, por esta razón recibí misericordia, para que Cristo Jesús mostrase en mí, el primero, toda su clemencia" (1 Tim. 1:15, 16). Uno de los más grandes evangelistas de todos los tiempos había sido un cruel perseguidor de los cristianos en el pasado.

Sea lo que sea que usted ha dicho o hecho, puede aferrarse a esta promesa: "En él tenemos redención por medio de su sangre, el perdón de nuestras transgresiones, según las riquezas de su gracia" (Ef. 1:7).

Oh Dios, ¡me aferro a tu promesa! En Cristo tengo redención por medio de su sangre, el perdón de mis transgresiones, según las riquezas de tu gracia.

Tus pecados son perdonados

LECTURA BÍBLICA: Salmo 85
VERSÍCULO CLAVE: Salmo 85:2

Has perdonado la iniquidad de tu pueblo; has cubierto todos sus pecados.

El dueño de la juguetería escuchó atentamente a la niña que le contaba que su mamá le había dicho que podía comprar un sola muñeca. Pero le gustaban dos, y no podía decidirse por cuál comprar, así que compró una y robó la otra.

Al llegar a casa se hizo la sorprendida cuando aparecieron dos muñecas en la misma caja, pero no pudo engañar a su mamá. Cuando el papá llegó del trabajo, al hablar del asunto, la niña tuvo que admitir lo que había hecho. Entonces volvieron a la juguetería.

Con lágrimas en los ojos la pequeña miró al dueño y le pidió perdón por lo que había hecho. Su papá pagó por la muñeca y se la puso en el bolsillo. Camino a casa ella tocó la mano de su padre y dijo:

—Papá, lo siento. No lo volveré a hacer jamás.

Él tomó su manecita y le dijo:

—Cariño, fue una lección dura que tuviste que aprender. Pero espero que comprendas lo que sucede cuando haces algo malo. También quiero que sepas que tu mamá y yo te queremos muchísimo y Dios también.

Al llegar a casa él metió la mano en el bolsillo, sacó el juguete y lo tiró a la basura. La niñita reaccionó confundida:

—Papá, ¿por qué hiciste eso?

—Porque has sido perdonada. En cuanto le dices a Dios que estás arrepentida recibes su perdón, y él nunca volverá a recordar ese pecado y tampoco yo.

Señor, estoy muy agradecido de que mis pecados ya han desaparecido. Nunca jamás volverás a recordarlos. Me has perdonado; ahora, ayúdame a perdonarme a mí mismo.

Un concepto superficial del pecado

LECTURA BÍBLICA: Romanos 6:1-7
VERSÍCULO CLAVE: Romanos 6:7

El que ha muerto ha sido justificado del pecado.

Dicen que se puede hervir a un sapo hasta la muerte sin que ofrezca ninguna resistencia. Si uno lo coloca en un olla con agua fría y la va calentando sobre el fuego, el sapo se queda muy tranquilo sin sospechar nada a medida que se va incrementando el calor. Su temperatura interna sube con la temperatura del agua hasta que finalmente, ¡hierve vivo!

Abraham y Lot pudieron escoger entre dos territorios a ocupar. Lot, viendo la fertilidad del valle del Jordán escogió Sodoma, mientras que Abraham se asentó en la tierra de Canaán.

La avaricia y codicia fue la leña que encendió los deseos de Lot. F. B. Meyer comenta: "El hombre más joven (Lot) escogió según lo que sus ojos veían. Según su criterio salía ganando, pero el mundo está lleno de 'Lots': superficiales, impulsivos, condenados a ser descubiertos por lo que escogieron y el final que sufrieron".

Lot no tomó en cuenta el carácter de los habitantes de la región. Adoptó el concepto superficial del pecado que tenían, y por eso no veía el efecto de la presencia de ellos en su propia relación con Dios.

¿Ha adoptado usted la perspectiva que el Señor tiene del pecado, o es su actitud indiferente hacia lo que es impío ante un Dios pío? No se arriesgue a caer en un letargo espiritual mortífero debido al conformismo de nuestra sociedad. Dios odia el pecado y nos llama a hacer lo mismo.

Padre, no quiero tratar al pecado con superficialidad. Dame tu perspectiva divina del pecado. Guárdame de caer en un letargo espiritual debido al conformismo del mundo en que vivo. Hazme comprender que tú odias el pecado y me has llamado a hacer lo mismo.

Los peligros de un corazón duro

LECTURA BÍBLICA: Exodo 10
VERSÍCULO CLAVE: Exodo 8:19

Entonces los magos dijeron al faraón: "¡Esto es el dedo de Dios!" Pero el corazón del faraón se endureció, y no los escuchó, tal como Jehová lo había dicho.

Asistía al templo desde pequeño. Y, ya de adulto, tomaba apuntes de cada sermón. Cuando el pastor se refería a pecados específicos reconocía a algunos en su propio corazón y se decía: "Ese soy yo. Tengo que solucionar estas cosas". Pero, como tantos, para cuando llegaba a casa después del culto, ya se había olvidado de sus planes de pedirle a Dios que cambiara su vida.

Ese hombre tiene un corazón duro. "¿Cómo es posible?", quizá se pregunte usted. "Está oyendo lo que Dios dice". Cuando escuchamos la Palabra de Dios y no la llevamos a la práctica, nuestro corazón se endurece contra la verdad divina. Tarde o temprano, si seguimos haciendo caso omiso a su dirección, nos deja seguir por nuestro propio resbaloso camino.

Dios permitió que el faraón se negara repetidamente a la petición de Moisés. El faraón sabía lo que debía hacer: dejar marchar a los israelitas, el pueblo escogido de Dios, liberándolos de la esclavitud y la opresión. Al persistir en su desobediencia tuvo que aprender dolorosas lecciones que hubiera podido evitar.

Pídale a Dios que sensibilice su corazón y lo haga perceptivo a cualquier aspecto de su vida en que está endurecido y le ofrece resistencia. El ablandará su espíritu, renovará su entendimiento y lo encaminará por la senda de la verdadera sumisión.

Amado Señor, sensibiliza mi corazón. Hazme perceptivo a cualquier aspecto de mi vida en que estoy endurecido y ofreciéndote resistencia. Ablanda mi espíritu, renueva mi entendimiento y encamíname por la senda de la verdadera sumisión.

Cómo hacerle frente al fracaso

LECTURA BÍBLICA: Lucas 15:1-10
VERSÍCULO CLAVE: Lucas 15:7

Os digo que del mismo modo habrá más gozo en el cielo por un pecador que se arrepiente, que por noventa y nueve justos que no necesitan de arrepentimiento.

La agonía de la vida cristiana no es simplemente fracasar sino fracasar a pesar de esforzarse. En cuanto conocemos a Cristo queremos complacerle, queremos vivir a la luz de su verdad; queremos vivir victoriosamente. Dice el refrán que "Dios no nos enseñó a nadar con el fin de que nos hundiéramos". Dios nos salvó con el fin de que pudiéramos disfrutar y sentir en carne propia su vida abundante. Sí, hay luchas, pero podemos salir airosos.

Pero, ¿cómo superamos los pecados que constantemente parecen vencernos y someternos? Primero tenemos que llegar al punto de que nuestro arrepentimiento sea absoluto. ¿Con cuánta seriedad tomamos el pecado que nos acosa? ¿Vemos qué ofensivo es para Dios? ¿Hemos literalmente cambiado por completo nuestra manera de pensar con relación a él?

El arrepentimiento auténtico es un acto penetrante, profundo. La mayoría no hemos alcanzado ese nivel; flirteamos con nuestros pecados. Aun si nos hemos arrepentido, el segundo paso sigue siendo esencial: reconocer nuestra nueva identidad en Cristo. Jesús habita en nosotros con todo su poder y divinidad. Vencemos por medio de él porque él es el vencedor. Ningún pecado puede permanecer ante él cuando por fe nos apropiamos de la victoria total lograda en el Calvario. Cuando tomamos en serio nuestros pecados y reconocemos nuestra nueva naturaleza como creyentes, estamos cerca del triunfo.

Bendito Padre celestial, quiero reconocer y apropiarme de mi nueva identidad en ti. Ayúdame a entender que Jesús mora en mí con todo su poder y divinidad. Hazme entender que puedo vencer por medio de él porque él es el Vencedor.

La respuesta de Dios al pecado

LECTURA BÍBLICA: Juan 3
VERSÍCULO CLAVE: Juan 3:3

Respondió Jesús y le dijo: "De cierto, de cierto te digo que a menos que uno nazca de nuevo, no puede ver el reino de Dios."

La única respuesta de Dios al problema del pecado es Jesucristo. Nadie puede salvarse a sí mismo; nadie es "tan bueno" que por ello pueda llegar al cielo. Un día tendremos, cada uno de nosotros, que presentarnos ante Dios y explicar por qué debe dejarnos entrar en su reino. ¿Cuál será su respuesta?

Las razones como, por ejemplo: ser buenos y tratar de no perjudicar a nadie no dan resultado. Jesús le dijo a Nicodemo, un hombre reconocido por su gran conocimiento de la ley judía y su sensibilidad a los temas espirituales, que tenía que nacer de nuevo para entrar en el reino de Dios (Juan 3:3). Muchas veces los no creyentes reaccionan con cinismo a la frase "nacer de nuevo", pero Dios no se disculpa por su Palabra.

El nuevo nacimiento al cual se refirió Jesús en Juan 3 no es físico sino de naturaleza espiritual. W. E. Vines explica: "Nacer de nuevo se usa metafóricamente en los escritos del apóstol Juan, del acto de Dios que por gracia confiere a los que creen la naturaleza y disposición de 'hijos', impartiéndoles vida espiritual".

Sólo la gracia salvadora de Dios por medio de una experiencia personal con Jesucristo es la solución de los pecados de la humanidad. Dios no quiere que nadie se pierda las maravillas del cielo y el amor perfecto. Su mayor anhelo es que usted sienta en carne propia el amor y el perdón de su Hijo, el Señor Jesucristo. ¿Ha puesto ya su fe en él?

Padre Dios, vengo a ti por medio de Jesucristo. Te doy gracias por tu respuesta a mi pecado. Pongo mi fe eternamente en él.

Separado del pecado

LECTURA BÍBLICA: Salmo 103
VERSÍCULO CLAVE: Salmo 103:13

Como el padre se compadece de los hijos, así se compadece Jehovah de los que le temen.

Leemos en el Salmo 103:8-13:

Compasivo y clemente es Jehovah, lento para la ira y grande en misericordia. No contenderá para siempre, ni para siempre guardará el enojo. No ha hecho con nosotros conforme a nuestras iniquidades, ni nos ha pagado conforme a nuestros pecados. Pues como la altura de los cielos sobre la tierra, así ha engrandecido su misericordia sobre los que le temen. Tan lejos como está el oriente del occidente, así hizo alejar de nosotros nuestras rebeliones. Como el padre se compadece de los hijos, así se compadece Jehovah de los que le temen.

¿Se le ha ocurrido pensar por qué es importante saber que Dios lo ha separado de sus pecados? Hay una respuesta con base teológica: ya que Dios no puede tener nada que ver con el pecado, debe eliminarlo de usted por medio de la sangre de Jesucristo a fin de entablar una relación con usted.

Existe otra razón más sutil. Si no capta usted el hecho de que sus pecados realmente ya se han ido, psicológicamente todavía rondan a su alrededor. ¿Qué pasa cuando los pecados se han quedado? Usted se siente culpable, condenado y malo.

Por su posición en Cristo sus pecados se han ido, pero esta verdad debe ser absorbida por usted emocionalmente para ser una realidad viva. Por esto Dios dice que sus pecados están tan distanciados de usted "como está el oriente del occidente". ¿Cuán lejos es esto? Es una distancia imposible de medir y expresar.

Padre, gracias por separarme de mis pecados. No me siguen rondando. No están escondidos. Se han ido, tan lejos como está el oriente del occidente. ¡Mil gracias!

Conducta que coincide con su identidad

LECTURA BÍBLICA: 2 Corintios 6:14–7:1
VERSÍCULO CLAVE: 2 Corintios 7:1

*Así que, amados, ya que tenemos tales promesas, limpié-
monos de toda impureza de cuerpo y de espíritu, perfeccio-
nando la santidad en el temor de Dios.*

Una persona de Occidente en viaje de negocios en el Lejano Oriente difícilmente se asimilará a la cultura asiática; al contrario: La comida es diferente; existe una barrera idiomática; la manera de vestir es
distinta. Nota constantemente las diferencias. Su identidad está bien
establecida. Actúa y piensa como una persona de Occidente porque
lo es. Comprender nuestra identidad en Cristo es un principio fundamental para tener éxito en combatir la influencia del mundo.

Cuando usted fue salvo ocurrió una transformación dramática. Se
convirtió en una "nueva criatura" en Cristo (2 Cor. 5:17). Se convirtió en ciudadano del reino de Dios. Todavía vive en su ambiente original, con todos sus atractivos, pruebas, tentaciones y encantos; pero
usted ya no es la misma persona de antes.

Vivir de forma santa o diferente de los impulsos del mundo es posible únicamente cuando somos conscientes de la asombrosa meta-
morfosis que ha ocurrido en nuestro interior. Por supuesto que seguimos estando "en el mundo", pero ya no somos "del mundo".

La lógica para rechazar las rebeldías del mundo es que ahora no
coinciden con nuestra identidad. No actuamos como inconversos
porque somos una nueva persona en Cristo.

Aprender quién es usted en Cristo lleva tiempo, incluyendo sus
fracasos, para que su conducta coincida con su identidad; pero cuenta usted con un Maestro vitalicio, permanente, que es el Espíritu Santo, para ayudarle en el trayecto.

*Padre celestial, tú me sacaste del "Egipto" del pecado y en-
caminaste mis pies hacia la tierra prometida. Al seguir en
este camino espiritual ayúdame a lograr que mi conducta
coincida con mi nueva identidad.*

Conductas que encadenan

LECTURA BÍBLICA: 1 Pedro 1:13-16
VERSÍCULO CLAVE: 1 Pedro 1:13

Por eso, con la mente preparada para actuar y siendo sobrios, poned vuestra esperanza completamente en la gracia que os es traída en la revelación de Jesucristo.

¿Cómo encarar las conductas que encadenan? Primero, identifique la conducta que constituye un problema. Sea honesto consigo mismo, o pídale a un amigo de confianza que lo sea con usted. Negar que tiene un problema le impide vivir la victoria y esperanza auténticas.

Segundo, hágase responsable de su conducta. No importa lo insignificante o grande que parezca dicha conducta, admita que existe y que usted es responsable de que sigue con ella.

Tercero, rastree la conducta hasta su raíz. Pídale a Dios que le ayude a recordar cuándo fue condicionado para sentir o actuar de cierta manera. Tanto un concepto bajo de sí mismo, sentirse rechazado o impotente así como otros problemas, tuvieron su punto de origen. Y estas conductas guían a otros hábitos que debilitan el concepto que tenemos de nosotros mismos.

Cuarto, perdónese a sí mismo y perdone a otros que lo hayan perjudicado. Perdonar no significa que quien lo perjudicó siga adelante sin ser castigado. Perdonar es algo que usted hace para usted mismo a fin de poder sentirse libre de amarguras y resentimientos. Guardarse el enojo puede llevar a problemas físicos y emocionales. Dios nos dice que la venganza le pertenece a él. Deje que el Señor se haga cargo de su dolor y sufrimiento, y él se hará cargo de la situación.

Quinto, renueve su mente con la verdad de la Palabra de Dios. Cuando lo haga, descubrirá que Dios lo ama más de lo que se puede imaginar. También recibirá el poder y la esperanza que necesita.

Señor, quiero hacerme responsable de mi propia conducta. Revélame las razones que generan mis reacciones negativas y, luego, ayúdame a perdonarme a mí mismo y a perdonar a mis semejantes. Cura mi dolor y mi sufrimiento.

MARZO

El camino a la tierra prometida

QUE REPRESENTA: Apropiarse de las promesas de Dios

VERSÍCULO CLAVE: Filipenses 4:19

Mi Dios, pues, suplirá toda necesidad vuestra, conforme a sus riquezas en gloria en Cristo Jesús.

*I*srael había cruzado el desierto abrasador, batallado contra numerosos enemigos y vagado por el desierto durante cuarenta años. Ahora, al fin, se encontraban acampados en el linde de su tierra prometida. Pero tenían un problema serio: Jericó. Su imponente muralla protectora parecía ser un obstáculo insalvable que bloqueaba su camino.

Jericó era un obstáculo planeado por Dios en la vida de Israel. El resultado de la batalla glorificaría a Dios y brindaría a Israel una evidencia contundente de que él estaba realizando exactamente lo que había prometido realizar.

Este mes aprenderemos a reconocer los obstáculos en nuestro caminar por fe como oportunidades para descubrir nuestra verdadera identidad en Cristo y a recurrir a su suficiencia. Gozo, paz, sabiduría, seguridad, gracia, poder, amor incondicional, una herencia eterna. Todas estas son bendiciones que Dios nos promete.

Nos espera la tierra prometida en cuanto hayamos librado la batalla de Jericó. No sé qué piensa usted, pero yo ¡estoy listo para ponerme en marcha!

¿Obstáculos u oportunidades?

LECTURA BÍBLICA: Deuteronomio 11:18-28
VERSÍCULO CLAVE: Deuteronomio 11:26

Mira, pues; yo pongo hoy delante de vosotros la bendición y la maldición.

Josué y la nación de Israel se preparaban para entrar en la tierra prometida. Moisés no los acompañaría. Su última obligación como su líder sería dar directivas concernientes a la tierra a la que estaban a punto de entrar. Les explicó que si guardaban los mandamientos de la Ley, Dios quitaría a sus enemigos de su camino.

Muchas veces nos preguntamos por qué Dios no quita todos los obstáculos después de bendecirnos. El entusiasmo de un nuevo empleo se agria en cuanto descubrimos que el jefe tiene sus defectos. La casa soñada se convierte en una pesadilla cuando descubrimos que el techo tiene goteras y que hay que cambiar las cañerías.

Muchas veces Dios pone obstáculos en nuestra vida para mantenernos humildes y dependientes de él. Justamente el nombre que Dios dio a la tierra prometida —Canaán— significa "un lugar humilde". Los israelitas anhelaban entrar en ella; no obstante, sabían que las pruebas y dificultades de la vida acompañaban a la promesa.

Habrá momentos cuando usted siente que ha chocado contra una pared insalvable. El obstáculo que enfrenta puede parecer abrumador, pero no se desaliente. Estas son las ocasiones cuando Dios quiere que usted se acerque a él y confíe en que quitará el obstáculo que bloquea su camino.

Señor, cuando parezca que me amenaza una pared insalvable, déjame acercarme a ti. Ayúdame a comprender que los obstáculos me mantienen dependiente de tu poder. Confío en que, a su debido tiempo, quitarás toda barrera de mi camino.

Al enfrentar las Jericó de esta vida

LECTURA BÍBLICA: Josué 6
VERSÍCULO CLAVE: Josué 1:6

Esfuérzate y sé valiente... tú harás que este pueblo tome posesión de la tierra que juré a sus padres que les daría.

Ningún militar que valga sale a luchar sin prepararse, sin un plan de ataque claro y convincente. El riesgo sería demasiado grande y escasa la posibilidad de vencer. No obstante, eso es exactamente lo que Dios quería que Josué hiciera: que se dirigiera a la ciudad fortificada de Jericó sin un plan militar convencional. Lo único que Dios le dio a Josué fue su orden de marchar y la promesa de que los israelitas vencerían.

¿Cómo era que Josué podía mantener en alto su cabeza y avanzar hacia el campo de batalla con segura confianza? Sabía quién estaba al mando. No tenía que preocuparse de que podían fracasar o perder. Cualquier debilidad momentánea que hubiera podido tener se desplomó con los muros y fue olvidada en medio de la gloria de tomar la ciudad para el Señor.

Cuando enfrenta un Jericó en su vida —un problema que no puede resolver, la fortaleza aparentemente impenetrable de una relación quebrantada— confíe en que Dios le dará la victoria. Obedezca su Palabra y aplique sus principios a cada situación.

Quizá no comprenda cómo se irán resolviendo las cosas, y quizá no sienta la emoción del triunfo mientras espera los resultados. Pero con el Señor no puede perder. La victoria es suya.

Padre celestial, al enfrentar los Jericó de la vida, dame la seguridad de que la victoria es mía. Quiero responder a tus órdenes de marcha y no preocuparme por las fortalezas aparentemente impenetrables que veo por delante.

Las características del creyente

LECTURA BÍBLICA: Efesios 1:1-14
VERSÍCULO CLAVE: Efesios 1:11

En él también recibimos herencia, habiendo sido predesti-nados según el propósito de aquel que realiza todas las co-sas conforme al consejo de su voluntad.

*V*ivir una vida de santidad (que refleja la mente y el carácter de Dios) es posible sólo cuando estamos convencidos de nuestra identidad en Cristo. Las Escrituras atribuyen estas características a los creyentes:

- Somos la sal de la tierra, santos y coherederos con Cristo.
- Somos justificados por la fe.
- Somos embajadores de Cristo.
- Estamos eternamente seguros en Cristo.
- Somos triunfadores mediante Cristo.
- Somos hijos de Dios y aceptos en el Amado.
- Tenemos paz con Dios y estamos libres de condenación.
- Somos el templo de Dios.
- Estamos bendecidos con toda bendición espiritual.
- Somos ciudadanos del cielo y estamos completos en Cristo.

También cuentan con muchas otras características por medio de la fe en Cristo. Son dones del Padre, otorgados a cada discípulo para que su ministerio sea eficaz.

Saber quién es en Cristo es el punto de partida de la vida abundante. Puede vivir una vida santa porque es santo en Cristo. Coincida hoy con Dios con respecto a su nueva identidad en Cristo.

Oh Dios, declaro mi nueva identidad en Cristo: Soy la sal de la tierra, tu hijo, un santo que tiene paz contigo. Soy heredero juntamente con Jesús, libre de condenación y jus-tificado por la fe. Soy tu templo, un embajador de Cristo, y triunfante, completo y acepto en Cristo. ¡Soy ciudadano del cielo y bendecido con toda bendición espiritual!

La suficiencia de Cristo

LECTURA BÍBLICA: Efesios 1:15-23
VERSÍCULO CLAVE: Colosenses 1:18

El es la cabeza del cuerpo, que es la iglesia. El es el principio, el primogénito de entre los muertos, para que en todo él sea preeminente.

Al escribir sobre la deidad y el poder de Cristo en Colosenses 1, Pablo enfatizó continuamente la preeminencia de Cristo. Afirmó que éste era "el primogénito de toda la creación", "el primogénito de entre los muertos" y el que tenía "el primer puesto en todo" (vv. 15, 18 VP).

Pero el uso que Pablo hace de la expresión *el primer puesto* no era el término comparativo que a veces nos imaginamos. No estaba diciendo que Jesús era prominente, es decir, primero Cristo, segundo la familia, tercero la iglesia, cuarto mi empleo, etc. Esa no fue la intención del apóstol ni de Dios.

Lo que Pablo —y el Espíritu quien lo inspiró— estaba intentando comunicar es que Cristo es supremo. Él está por encima de todo y más allá de cualquier persona o cosa. Jesús ha de ser el primero en nuestro hogar, primero en nuestras finanzas, primero en nuestras relaciones, primero en nuestro trabajo, primero en nuestro tiempo libre, primero y supremo en todos los aspectos concebibles de la vida. Nada puede compararse con Cristo. No vino para estar al principio de una lista de prioridades sino para llenar todo con su plenitud.

¿Es Cristo el Señor indiscutible sobre todo en su vida, reinando supremo? ¿Ha dejado usted que tenga "el primer puesto en todo"?

Señor Jesucristo, tú estás sobre y más allá de cualquier persona o cosa en mi vida. Tú eres el primero en mi hogar, mis finanzas, mis relaciones, mi tiempo libre y mi trabajo. Eres, indiscutiblemente, el Señor soberano de mi vida.

Amor que no cambia

LECTURA BÍBLICA: Juan 6:32-40
VERSÍCULO CLAVE: Juan 6:40

Esta es la voluntad de mi Padre: que todo aquel que mira al Hijo y cree en él tenga vida eterna, y que yo lo resucite en el día final.

Aunque la vida cristiana es ciertamente una lucha de fe, no es de constantes afanes y tensiones. La diferencia entre permanecer en Cristo y afanarse es monumental, y entender la discrepancia puede significar una gran diferencia en el gozo, paz y contentamiento que sentimos al servir a Cristo.

J. Hudson Taylor, fundador de la Misión al Interior de China, luchaba por entender esta diferencia hasta que un día, a la edad de treinta y siete años, captó la suficiencia total de Cristo para suplir todas las necesidades. Lo que sirvió de catalizador de este descubrimiento liberador fue una carta personal de John McCarthy, un amigo misionero, quien escribió:

Dejar que mi amado Salvador obre en mí su voluntad, mi santificación es la razón de mi vida por su gracia. Permanecer, no afanarme ni batallar; poniendo mis ojos en él para que aplaque toda corrupción interior; descansando en el amor del todopoderoso Salvador. Esto no es nuevo, pero es nuevo para mí. Me siento como en el amanecer de un nuevo día para mí. Lo aclamo con temblor pero también con confianza.

Me parece haber arribado apenas a la orilla, pero de un mar que es inagotable; haber tomado sólo un sorbo, pero de aquello que satisface plenamente.

Cristo, literalmente, me parece ahora el poder, el único poder para servir; la única razón para sentir un gozo que no cambia.

Señor, ayúdame a permanecer en ti y a no ceder a los afanes y tensiones. Tú eres mi poder para servirte, mi única razón para sentir un gozo que no cambia.

Cristo en mí

LECTURA BÍBLICA: Juan 14:15-27
VERSÍCULO CLAVE: Juan 16:14

El me glorificará, porque recibirá de lo mío y os lo hará saber.

¿Cómo es que Dios mismo, cuya inmensidad no se puede medir, reside en cuerpos endebles como los nuestros? ¿Cómo es que el Cristo trascendente vive en templos humanos intrascendentes?

Quizá no comprendamos la inmensidad de este principio pero, en las Escrituras, el método por el cual Dios imparte su presencia es claro y sencillo. Cristo vive en nosotros por medio del Espíritu Santo que mora en nosotros. El Espíritu Santo, de un modo sobrenatural, pone la realidad de Cristo en nuestros cuerpos terrenales.

Como la tercera persona de la Trinidad, el Espíritu Santo es tan divino como el Padre y el Hijo. Nos imparte la vida de Cristo por medio de habitar en nosotros.

El Espíritu Santo revela e indica todo lo que Cristo es. Por medio de establecer su morada en nosotros, nos asegura la presencia y el poder del Cristo resucitado.

Porque el Espíritu Santo posee todos los atributos de la deidad y porque habita en nuestros cuerpos mortales, es infinitamente adecuado para suplir cualquiera de nuestras necesidades. No es un Dios lejano sino un Dios que está cerca.

El Cristo resucitado es su esperanza segura y firme para todos los aspectos de la vida, una esperanza que cada creyente puede tener debido al ministerio del Espíritu Santo que mora en él.

Ven, Espíritu Santo, y cumple tu obra. Revélame todo lo que Cristo es y quiere ser para mí. Dame la seguridad de su presencia y poder. Haz que el mismo Espíritu que levantó a Cristo de los muertos obre abundantemente en mí.

La sabiduría de Dios

LECTURA BÍBLICA: Proverbios 1:1-7
VERSÍCULO CLAVE: Proverbios 1:7

El temor de Jehovah es el principio del conocimiento; los insensatos desprecian la sabiduría y la disciplina.

El apóstol Pablo diferenció claramente la sabiduría erudita de su época y la sabiduría de Dios. Hoy sigue existiendo la misma diferencia en nuestra era supuestamente intelectual. Aunque enviamos hombres al espacio y dominamos los misterios del átomo, todavía tenemos que asegurarnos de echarle llave a las puertas por la noche.

La sabiduría de Dios es tan superior a la sabiduría del hombre como lo es una estrella a una lámpara de sesenta vatios. La sabiduría humana es conocimiento y utilización de información. La sabiduría de Dios es poder, rectitud de pensamiento y conducta para todos los seres humanos de todas las épocas y bajo todas las circunstancias.

Quizá la mejor definición de sabiduría es "ver la vida desde el punto de vista de Dios". Esto significa pasar nuestros desafíos, ambiciones, problemas y tareas por el filtro de las Escrituras, la verdad eterna de Dios.

Jamás se puede obtener sabiduría por medio de alguna fórmula mecánica. Si tal fuera el caso, cualquier persona —torcida o recta— podría disfrutar de sus beneficios. Recibir la sabiduría de Dios involucra entablar una amistad creciente, íntima con Jesucristo quien es nuestra sabiduría (1 Cor. 1:30).

Eso fue lo que Salomón quiso expresar al decir: "El temor de Jehovah es el principio del conocimiento" (Prov. 1:7). Al buscar a Dios, adorarle y someternos a él, vamos obteniendo más de su sabiduría.

Amado Señor, haz que vea la vida desde tu perspectiva. Ayúdame a pasar mis ambiciones, desafíos, problemas y tareas por el filtro de tu verdad. Dame sabiduría divina por medio de una relación íntima con tu Hijo, Cristo Jesús.

Paz que prevalece

LECTURA BÍBLICA: Juan 15:18-25
VERSÍCULO CLAVE: 2 Tesalonicenses 3:16

Y el mismo Señor de paz os dé siempre paz en toda manera. El Señor sea con todos vosotros.

Europa se estremeció. Las amenazantes tropas de Hitler se encontraban posicionadas para atacar a Polonia. Queriendo apaciguar al temible dictador, el primer ministro de Inglaterra, Neville Chamberlain, viajó a Alemania y, el 29 de setiembre de 1938, firmó el infame Pacto de Munich. Al regresar a su patria, Chamberlain anunció triunfalmente: "Creo que ésta será una época de paz". Al poco tiempo Alemania invadió Polonia y provocó la Segunda Guerra Mundial.

Lo que Jesús afirmaba de la paz, ¿era un alarde optimista como el de Chamberlain? Después de todo, ¿por qué hablar así cuando todavía abundan las guerras, la violencia, la avaricia y las malas actitudes? Aunque Jesús habló mucho de paz y les prometió a sus discípulos (y a nosotros) que les dejaría su paz, no negó la realidad de los conflictos del mundo.

Por esto su mensaje de Pascua sobre la paz fue seguido inmediatamente por esta aclaración: "En el mundo tendréis aflicción" (Juan 16:33). Jesús era realista. En su ministerio no hay nada de evasivas o idealismo ilusorio. ¿Cómo, entonces, podía prometer paz?

Cristo mismo es nuestra paz. Su presencia, fortaleza y consuelo están a nuestra disposición en cada tormenta, porque él siempre está con nosotros.

Bendito Padre celestial, te doy gracias porque a pesar de las tribulaciones en este mundo puedo tener paz. Me aferro a Cristo como mi paz ahora mismo. Acepto su presencia, fortaleza y consuelo al enfrentar las tormentas de la vida.

Seguridad auténtica

LECTURA BÍBLICA: Santiago 4:13, 14
VERSÍCULO CLAVE: Proverbios 27:1

No te jactes del día de mañana, porque no sabes qué dará de sí el día.

Con el pasar de los años vamos tomando mayor conciencia de que necesitamos seguridad. Tener que pagar los estudios de los hijos, contar con algo para la jubilación, tener ahorros e inversiones adquieren una importancia desmedida.

Pero, en realidad, nunca podemos asegurar nuestro bienestar. Un colapso financiero, una enfermedad, fluctuaciones políticas y ambientales, o cualquier otro factor desconocido puede perjudicar aun los planes mejor trazados.

Y puede suceder en cualquier etapa de la vida. Ese es el punto inquietante de Proverbios 27:1: "No te jactes del día de mañana, porque no sabes qué dará de sí el día".

Nuestra única seguridad auténtica radica en nuestra relación con Dios por medio de Jesucristo. Esto se aplica universalmente porque Dios es soberano, lo que significa que está al mando. Él "guía y determina los eventos, circunstancias y las acciones libres de ángeles y humanos, y dirige todo hacia la meta asignada por su propia gloria". Nuestra seguridad radica en su poder de hacer todo para nuestro bien y para su gloria.

Eso es también eternamente pertinente porque Dios es inmutable. Eso significa que Dios es siempre el mismo y actúa de acuerdo con principios que no cambian.

Dios todopoderoso, te alabo porque cada detalle de mi vida es dirigido por tu mano soberana. Descanso en la seguridad de que tú determinas cada evento y circunstancia. Descanso seguro sabiendo que tu poder teje los hilos oscuros y ásperos de la vida en una trama que es para mi bien y para tu gloria.

Gracia admirable

LECTURA BÍBLICA: Efesios 2:1-10
VERSÍCULO CLAVE: Efesios 2:13

Ahora en Cristo Jesús, vosotros que en otro tiempo estabais lejos habéis sido acercados por la sangre de Cristo.

No es de extrañar que el himno "Gracia Admirable" se cante con tanto entusiasmo en iglesias de todo el mundo. Sus vívidas descripciones nos recuerdan la preeminencia de la gracia y el papel indispensable que cumple en nuestra salvación y santificación. Pero, ¿por qué es tan admirable la gracia de Dios?

Lo es porque es *gratuita*. No hay ninguna cantidad de dinero ni riqueza que pueda comprar la gracia divina. Por lo general desconfiamos de todo lo que se nos ofrece gratis, pero el ofrecimiento de Dios no tiene motivos ocultos. Él cargó con el costo de nuestros pecados (por lo tanto, no es una gracia barata) a fin de poder otorgarla gratuitamente a cualquier ser humano en base a su fe, no de su intelecto, posición o prestigio.

La gracia de Dios es admirable porque *no tiene límites*. Nunca puede quedar totalmente consumida. A pesar de lo vil o de la cantidad de nuestros pecados, la gracia de Dios siempre es suficiente. Nunca se agota; nunca puede ser medida. Siempre da su gracia a plenitud.

La gracia de Dios es admirable porque *es siempre aplicable*. ¿Necesita usted sabiduría? La gracia de Dios la brinda por medio de su Palabra. ¿Necesita fortaleza y dirección? La gracia de Dios lo sostiene por medio de su Espíritu. ¿Necesita seguridad? La gracia de Dios la suple por medio de su soberanía.

¡La admirable gracia de Dios! ¡Plena y gratuita! ¡Sin medida! ¡Pertinente para cada una de sus necesidades!

¡Es gratis! ¡Es ilimitada! ¡Es aplicable hoy a cada una de mis necesidades! Oh Señor, mil gracias por tu gracia admirable. Te alabo porque fluye plena y gratuitamente en mi vida.

Fuerza sobrenatural

LECTURA BÍBLICA: Hebreos 12:1-3
VERSÍCULO CLAVE: 1 Pedro 5:7

Echad sobre él toda vuestra ansiedad, porque él tiene cuidado de vosotros.

Todos caemos presa alguna vez de la fatiga espiritual. En la carrera por conocer y servir a Cristo nuestro cuerpo, mente y espíritu pueden llegar al punto de sobrecargarse, haciendo que nos volvamos atrás. Dependiendo de su gravedad, la fatiga espiritual puede desanimarnos a participar en futuras actividades.

Hacemos nuestro el poder de Dios para perseverar cuando nos despojamos "de todo peso y del pecado que tan fácilmente nos enreda" (Heb. 12:1). Rindamos brevemente cuentas de nuestros pecados a Dios a diario.

Recibimos el poder de Dios cuando reconocemos que "a su tiempo cosecharemos, si no desmayamos" (Gál. 6:9). Nuestros esfuerzos darán resultado. La cosecha llegará. Nuestras labores serán recompensadas. Dios lo promete.

Recibimos el poder de Dios para acabar la carrera cuando no nos afanamos "por el día de mañana, porque el día de mañana traerá su propio afán" (Mat. 6:34). Vivamos un día a la vez. No nos preocupemos desmedidamente del mañana. La carrera se corre un paso a la vez.

Recibimos el poder de Dios cuando dejamos que convierta nuestra debilidad en su fortaleza: "Da fuerzas al cansado y le aumenta el poder al que no tiene vigor" (Isa. 40:29).

Cuando está usted cansado válgase de la provisión ilimitada del poder divino. No desmaye. No tema. No se afane. Él da fuerza sobrenatural para acabar la carrera.

Amado Señor, transforma mi debilidad humana en poder sobrenatural. No me dejes desmayar, ni temer, ni afanarme. Dame una fuerza sobrenatural para acabar la carrera.

El ciclo de bendiciones

LECTURA BÍBLICA: Salmo 145
VERSÍCULO CLAVE: Proverbios 10:22

La bendición de Jehovah es la que enriquece y no añade tristeza con ella.

Los ciclos en la naturaleza muestran el plan de Dios para bendecirnos. Todas las bendiciones vienen de lo alto (Gén. 49:25; Ef. 1:3). Como Creador de todo, el Señor es el Dador de la vida y de todo lo que nos sustenta (Sal. 145:15, 16).

El calor del sol, la humedad de la lluvia, el oxígeno en la atmósfera se originaron en la mente de Dios y existen por su sabiduría y poder (Gén. 1:1–2:3). Él es el diseñador de nuestro cuerpo: órganos, huesos, tejidos, músculos, nervios.

Nuestro Padre es también el originador de nuestras bendiciones espirituales. Podemos conocer a Dios sólo porque él primero optó por revelarse a sí mismo por medio de su creación, su Hijo (nuestro Señor Jesucristo) y la Biblia (1 Jn. 4:19).

Cuando recibimos las bendiciones de Dios por fe, el ciclo continúa conforme mostramos su presencia en nuestra conversación y nuestras acciones. Dios le dijo a Abraham: "Te bendeciré... y serás bendición" (Gén. 12:2).

El Señor nos otorga su ánimo, esperanza y gozo. A su vez, nosotros alentamos al desalentado, revivimos el alma que se apaga y alegramos al afligido.

¿Está participando usted en el ciclo de bendiciones de Dios? Concéntrense en él como su recurso; luego concéntrese en ayudar a otros.

Bendito Padre celestial, tú eres el originador de todas mis bendiciones espirituales. Ayúdame a ser parte de tu divino ciclo de bendiciones. Déjame concentrarme en ti como mi recurso divino en cada situación y, luego, revélame maneras en que puedo bendecir a otros.

Cómo contar sus bendiciones

LECTURA BÍBLICA: Salmo 34
VERSÍCULO CLAVE: Salmo 34:8

Probad y ved que Jehovah es bueno. ¡Bienaventurado el hombre que se refugia en él!

Cuando alguien le pide que haga un recuento de sus bendiciones, quizá su lista no resulte tan abundante. Hacer que el dinero alcance es una constante lucha; sus días son duros. Se siente agradecido por muchas cosas, pero el cansancio empaña su visión.

Haga una pausa para pensar en esto: cuando tiene usted al Señor Jesucristo, tiene la mayor de las bendiciones. Esto no es "espiritualizar"; es el fundamento de su existencia sobre esta tierra ahora y en el cielo un día en el futuro.

En Cristo tenemos la garantía de vida eterna. La vida puede ser angustiosa; pero un lugar de hermosura y gozo sin paralelos espera al que conoce a Cristo como Salvador, Señor y Vida. El cielo es una realidad y sus bendiciones son seguras.

En Cristo Jesús tenemos la fuente de la vida verdadera. Él brinda amor, gozo, paz, fuerzas, consuelo, esperanza y paciencia. Él alimenta su alma y da energía a su espíritu. Las posesiones son lindas, pero no pueden impartir vida, sólo Cristo puede.

En Cristo tenemos un amigo para toda situación. Él comprende sus desilusiones, se alegra con sus triunfos y lo apoya en sus pruebas. Puede confiar en él, llorar ante él y alegrarse con él.

Cuando haga un recuento de sus bendiciones, empiece con todo lo que tiene en Jesucristo. Son tantas que terminará por perder la cuenta.

Señor Jesucristo, tú eres mi mayor fuente de bendiciones. Tú eres mi vida. Me brindas amor, gozo, paz, fuerzas, consuelo y esperanza. Alimentas mi alma y das energía a mi espíritu. ¡Gracias, Señor!

Investido de poder

LECTURA BÍBLICA: Lucas 24:44-49
VERSÍCULO CLAVE: Juan 6:63

El Espíritu es el que da vida; la carne no aprovecha para nada. Las palabras que yo os he hablado son espíritu y son vida.

*D*espués de que Cristo resucitó y ascendió al Padre los discípulos estaban impacientes por extender su mensaje de salvación. Pero él les ordenó que esperaran hasta ser "investidos del poder de lo alto" (Luc. 24:49) el día de Pentecostés, cuando el Espíritu Santo se manifestaría para realizar un nuevo ministerio morando en ellos.

Piense en esto: Si el Espíritu Santo era necesario para que los apóstoles vivieran y cumplieran su ministerio eficazmente, ¿no lo necesitamos también nosotros? La vida cristiana es iniciada por el Espíritu en la experiencia del nuevo nacimiento y es continuada por él mismo.

Necesitamos al Espíritu Santo de Dios para capacitarnos de modo que podamos vivir victoriosamente sobre nuestras circunstancias. Sólo él da esperanza, fuerzas y paz en medio de las crisis. Sólo él nos suple la mente y la vida de Cristo cuando nuestras emociones y situaciones son imprevisibles e inestables.

Necesitamos que el Espíritu Santo cumpla los mandatos de las Escrituras por nuestro intermedio. Podemos amar a nuestros enemigos, dar gracias en medio del dolor, negarnos a nosotros mismos y poner la otra mejilla cuando somos objeto de burla, sólo en la medida en que el Espíritu expresa la vida de Cristo a través de nosotros.

El Señor da su todo suficiente Espíritu Santo para ser glorificado a través de usted. Entréguese diariamente a su soberanía a fin de que complete lo que inició en usted al salvarle.

Amado Señor, entrego mi vida a tu soberanía para que puedas completar lo que iniciaste cuando me salvaste. Capacítame para vivir victoriosamente sobre mis circunstancias. Dame la mente de Cristo cuando mis emociones y situaciones son inestables.

Una vida cambiada

LECTURA BÍBLICA: Juan 3:1-17
VERSÍCULO CLAVE: Salmo 62:1

Sólo en Dios reposa mi alma; de él proviene mi salvación.

Después de que somos salvos la constante presión de contemporizar con las normas del mundo nos puede producir una amnesia espiritual. Como todo el mundo, tenemos que pagar a tiempo la cuenta de la electricidad, luchar con el tránsito para ir al trabajo, cortar el césped, lavar los platos. El peligro es que la rutina que nos es familiar puede hacernos perder de vista la transformación radical que ocurrió cuando nacimos de nuevo.

En el momento de ser salvos recibimos un nuevo espíritu, el Espíritu Santo, que obra a través de nuestras experiencias ordinarias para alcanzar la meta sobrenatural de ir formándonos a la imagen de Cristo. Al pagar las cuentas podemos depender de su providencia. En las irritaciones del tránsito podemos meditar en las Escrituras (¡Pruébelo! ¡Da resultado!) Al trabajar en el patio podemos disfrutar de su creación. En la cocina podemos dar gracias por tantos dones que nos da.

Como nuevas criaturas con un nuevo espíritu tenemos un nuevo propósito: honrar a Dios en todo lo que hacemos, al trabajar, comer, beber, andar en la calle, jugar y pensar.

Si su experiencia cristiana es casi aburrida, recuerde el cambio monumental que ocurrió cuando fue salvo y la dimensión divina que es ahora suya para disfrutar por medio de la fe y la obediencia.

Padre celestial, cuánto te agradezco por el tremendo cambio ocurrido cuando fui salvo. Mil gracias por la dimensión divina que es mía para disfrutar en todas las áreas de mi vida. Quiero honrarte en todo lo que hago.

Obra de Dios

LECTURA BÍBLICA: Mateo 22:34-40
VERSÍCULO CLAVE: Mateo 22:40

De estos dos mandamientos dependen toda la Ley y los Profetas.

Algunos evangélicos tienen la idea errónea de que amarnos a nosotros mismos es egoísta e incorrecto.

Aunque es cierto que el creyente es llamado a amar a Dios y a sus semejantes, amarnos a nosotros mismos en el sentido bíblico, no narcisista, fomenta un santo equilibrio espiritual. Nos amamos correctamente cuando nos vemos a nosotros mismos como Dios nos ve.

Dios declara que sus hijos son su obra. Nos ve como hombres y mujeres de inestimable valor, de tanto valor que permitió el sacrificio de su propio Hijo en nuestro lugar.

Su ropa, casa, automóvil, profesión y amigos no determinan lo que usted vale. Dios lo determina. Lo valora tanto que desea pasar la eternidad con usted.

También nos amamos correctamente cuando nos tratamos bien. Como obra maestra de Dios hemos de cuidarnos. Nuestro cuerpo necesita alimentos y ejercicios balanceados. Nuestro arreglo personal debe ser pulcro. Lustramos los muebles y enceramos el auto porque son objetos de valor para nosotros. ¿No somos nosotros más valiosos que ellos?

Es usted la creación buena y hermosa de Dios. Cuanto más enfatice la evaluación que hace Dios de usted, más lo adorará a él y amará a sus semejantes.

Oh Dios, tú has declarado que soy de inestimable valor. Ayúdame a verme como tú me ves, tan valioso que ajusticiaste a tu Hijo en mi lugar.

Su verdadera identidad

LECTURA BÍBLICA: Efesios 4:17-24
VERSÍCULO CLAVE: Efesios 4:24

Vestíos del nuevo hombre que ha sido creado a semejanza de Dios en justicia y santidad de verdad.

*D*eterminar su identidad es una lucha de toda la vida para muchas personas.

El adolescente mira a sus amigos y progenitores al tratar de determinar su propia identidad. La posición y las posesiones son criterios que usan para llegar a la mayoría de sus conclusiones.

El adulto tiende a definir su identidad por su vocación y posición social o financiera. Determinar nuestra identidad afecta mucho nuestra conducta. Actuamos según lo que creemos que somos.

Uno de los más grandes valores con que cuenta el creyente es que su identidad tiene sus raíces en la persona de Jesucristo. Porque es un hijo de Dios —heredero de Dios, ciudadano del cielo tanto como de la tierra, un santo y obra de Dios— puede actuar como tal.

¿Sabe usted quién es en Cristo?

Su matrimonio, carrera, relaciones y ambiciones dependen de su nueva relación con Cristo Jesús, el Hijo de Dios.

Sus valores, prioridades y conceptos son determinados por esta nueva relación con Jesús. Usted está seguro en él. Está completo en él. Su pasado, presente y futuro están entrelazados con la persona de Jesucristo.

Padre, estoy agradecido de estar completo en tu Hijo, Jesucristo. Mi pasado, presente y futuro están entrelazados con él. Haz que mis valores, prioridades y conceptos siempre reflejen esta relación divina.

Cómo medir sus riquezas

LECTURA BÍBLICA: Romanos 10:8-13
VERSÍCULO CLAVE: Romanos 10:13

Todo aquel que invoque el nombre del Señor será salvo.

Si alguien le preguntara si es rico probablemente contestaría que no.

"Pago mis cuentas y me sobra un poquito. Me va mejor que a algunos, pero disto de ser rico".

Pero, ¿sabía que en Cristo usted es inmensamente rico?

"No me siento rico. Según todos los indicios, principalmente mi cartera, definitivamente no soy afluente".

Está usted usando una norma equivocada. Las cosas que el hombre honra, Dios las odia. Según su manera de calcular usted posee riquezas extraordinarias. Como creyente tiene las riquezas de la gracia de Dios otorgadas a usted por medio del regalo de su Hijo, Jesucristo.

No existe circunstancia, ni problema, ni obstáculo que usted enfrente en que no cuente con la gracia superabundante de Dios. Él da sabiduría, fuerzas, dirección, paciencia y amor sin límites. Usted es un santo rico porque cuenta, en la persona de Jesucristo, con todos los recursos que necesita para su vida terrenal y celestial.

La ayuda de Dios está a su disposición cuando quiera que la necesite. La vida eterna es suya para siempre. Sus bendiciones inmerecidas sobreabundan en su corazón todos los días.

Es usted un santo rico. Las riquezas de una nueva vida en Cristo son totalmente suyas.

Maestro, recibe mi gratitud por darme tus riquezas. Gracias por los tesoros de mi nueva vida en Cristo: vida eterna y las bendiciones de sabiduría, dirección, paciencia y amor sin límites.

Asuma su nueva posición

LECTURA BÍBLICA: Colosenses 3:1-17
VERSÍCULO CLAVE: Colosenses 3:3

Habéis muerto, y vuestra vida está escondida con Cristo en Dios.

*A*unque la pobreza material puede ocurrir por sucesos que escapan a nuestro control, la pobreza espiritual es inexcusable para el creyente nacido de nuevo.

Puesto que estamos y vivimos en Cristo por la gracia de Dios, tenemos acceso constante, ilimitado a la fuente de todas las bendiciones espirituales.

Siendo así, ¿por qué algunos se desenvuelven en un nivel muy por debajo del alto llamado de las Escrituras? ¿Por qué tantos creyentes sufren de carencia espiritual, viviendo en perpetuo fracaso y desobediencia?

Los principales culpables que causan desnutrición espiritual son la ignorancia y el descreimiento. Somos ignorantes en cuanto a los recursos con que contamos en Cristo. No captamos que ya no somos pecadores habituales, sino santos justificados.

Pero tenemos que creer. El descreimiento siempre mantiene al cristiano estancado en una pobreza espiritual. Mientras siga pensando de sí mismo en términos no bíblicos, sufriendo porque se condena a sí mismo y se tiene lástima, no disfrutará del gozo, la paz y el poder que produce la fe en Jesucristo. Usted es un santo rico. Dios tiene un alto llamado para usted.

Por fe y una confesión bíblica de lo que la Palabra de Dios dice de usted, asuma su nueva y rica posición en Cristo.

Señor, en base a tu Palabra y por fe, asumo mi nueva posición en Cristo. Soy rico. Tú tienes un llamado alto y noble para mí. ¡Me regocijo en mis riquezas espirituales!

Escogido por Dios

LECTURA BÍBLICA: 1 Pedro 1:3-12
VERSÍCULO CLAVE: 1 Pedro 1:3

Bendito sea el Dios y Padre de nuestro Señor Jesucristo, quien según su grande misericordia nos ha hecho nacer de nuevo para una esperanza viva por medio de la resurrección de Jesucristo de entre los muertos.

¿Recuerda el rechazo que sintió cuando no fue escogido para uno de los siguientes?

- Un equipo deportivo.
- Una promoción en el trabajo.
- La excursión de un grupo de amigos.
- La universidad que había escogido.

Ahora, recuerde la alegría cuando

- Se integró al equipo deportivo.
- Recibió la promoción.
- Lo incluyeron en la excursión.
- Lo dejaron inscribir en la universidad que había escogido.

Sintió gran gozo y alegría por haber sido escogido.

¿Sabe que Dios lo escogió desde antes de la fundación del mundo para ser salvo? ¿Sabe que ya estaba planeando en su mente el milagro de su nuevo nacimiento antes de empezar la creación?

Un amor tan inmerecido debe dejarlo pasmado, humillado e impulsarlo a una profunda adoración por la bondad, misericordia y gracia de nuestro Señor Jesucristo.

Dios lo escogió a usted. Piense en el valor que eso da a su vida. No importa donde vive, el aspecto que tiene, si tiene auto o no, ni su posición económica.

Regocíjese. Ha sido escogido por Dios y es de él para siempre.

Bendito Padre celestial, muchas veces me siento rechazado por los que me rodean. Te agradezco que me hayas seleccionado antes de la fundación del mundo para ser salvo. Fui aceptado. Fui escogido. ¡Gracias!

Un hijo de Dios

LECTURA BÍBLICA: 1 Pedro 1:13-21
VERSÍCULO CLAVE: Romanos 9:23

El hizo esto, para dar a conocer las riquezas de su gloria sobre los vasos de misericordia que había preparado de antemano para gloria.

*T*odos respondemos individualmente a la salvación que Dios ofrece (Ef. 1:13). Una vez que hemos respondido positivamente por fe, la maravillosa verdad de la obra soberana de Dios apenas ha comenzado. Como creyentes estamos predestinados para algo que escapa a lo más grandioso que pudiéramos imaginar: "Nos predestinó por medio de Jesucristo para adopción como hijos suyos" (Ef. 1:5).

Dios no lo salvó sólo para librarlo del tormento del infierno y la condenación de su castigo santo. Lo salvó para poder incluirlo en su familia. Usted es hijo o hija de Jehovah Dios. Como hijo de Dios tiene la emocionante perspectiva de vivir en íntima comunión con su Padre celestial a la vez que depende de su cariñosa providencia. Para siempre será usted hijo o hija del Padre.

También él lo "predestinó para que [fuese hecho conforme] a la imagen de su Hijo" (Rom. 8:29). El proceso de llegar a parecerse a Cristo empieza en el momento de ser salvo. Sigue a lo largo de su vida sobre esta tierra. Será consumado en el cielo. Dios está obrando irrevocablemente para hacer que usted sea como su propio Hijo. ¿Puede haber algo más glorioso?

Dios todopoderoso, te ruego que sigas formándome a la imagen de tu Hijo. Te alabo porque estás obrando irrevocablemente en mi vida.

Heredero de una fortuna incalculable

LECTURA BÍBLICA: Salmo 19
VERSÍCULO CLAVE: Hechos 20:32

Y ahora, hermanos, os encomiendo a Dios y a la palabra de su gracia, a aquel que tiene poder para edificar y para dar herencia entre todos los santificados.

"Si fuera un multimillonario, mi futuro estaría asegurado". Es probable que la mayoría hemos soñado lo que sería nuestra vida si heredáramos una fortuna.

¿Cómo cambiaría su manera de pensar y de vivir si hoy comprendiera que es heredero de tesoros junto a los cuales palidecen las más grandes fortunas terrenales?

La maravillosa verdad es que Dios lo ha designado a usted heredero de sus bienes: "Y ahora... os encomiendo a Dios y a la palabra de su gracia, a aquel que tiene el poder... para dar herencia entre todos los santificados" (Hech. 20:32).

¿Qué posee él? Lo posee todo. Como Creador del cielo y de la tierra y todo lo que en ellos hay, Dios es el propietario exclusivo del universo. En sus manos está el otorgarle a usted sus inconmensurables riquezas.

Dios es su Padre. Usted es su hijo o hija. Todo lo que es de él le pertenece a usted. Cuenta con una herencia que nunca desaparecerá ni se arruinará porque usted es heredero de la fortuna incalculable del Padre.

Oh Dios, tú eres mi Padre. Yo soy tu hijo. Todo lo que es tuyo me pertenece. Gracias por mi herencia que nunca desaparecerá.

Vida eterna

LECTURA BÍBLICA: Salmo 103
VERSÍCULO CLAVE: Salmo 103:4

*El que rescata del hoyo tu vida, el que te corona de favores
y de misericordia.*

Sea en las calles desiertas de Bombay o en una lujosa casa frente a
la playa, sea su ropa humilde o de la mejor, usted puede disfrutar de
la buena vida que Jesucristo imparte a todos los que creen y perma-
necen en él. La buena vida es vida eterna recibida como un regalo por
medio de la fe en el sacrificio de Cristo por nuestros pecados.

La vida eterna es lo mejor de lo mejor. Es la presencia perdurable,
perpetua del Dios eterno prodigando toda su bondad sobre usted en
su misericordia y gracia sin límite. Es una posesión permanente,
sobre la cual no tiene efecto la fluctuación de la moneda, las personas
o naciones. Está garantizada por la muerte, la tumba y la resurrección
de Cristo.

Pero usted puede hacer suya aquí y ahora, la realidad de la vida
eterna. Todos los que son uno con el Salvador tienen a su disposición
una nueva calidad de vida. Es la suficiencia abundante de Cristo para
toda situación.

Cada día es una oportunidad para valerse de la divina fuente de
paz, gozo, amor, fidelidad, mansedumbre, bondad, paciencia y dominio propio sin que la reserva baje ni un milímetro. No se engañe. La
vida verdadera está en Cristo Jesús, y él está en usted. Una vida inagotable, ilimitada para usted eternamente.

*Padre celestial, te agradezco la vida inagotable, ilimitada
que se encuentra en tu Hijo, Jesús. Haz que siempre me valga de tus recursos divinos.*

Vida abundante

LECTURA BÍBLICA: Isaías 43
VERSÍCULOS CLAVE: Isaías 43:18, 19

No os acordéis de las cosas pasadas; ni consideréis las cosas antiguas. He aquí que yo hago una cosa nueva; pronto surgirá. ¿No la conoceréis? Otra vez os haré un camino en el desierto, y ríos en el sequedal.

En su libro *The Root of the Righteous* (La raíz de los justos), A. W. Tozer insta a sus lectores: "Mantén tus pies en la tierra, pero deja que tu corazón se remonte tan alto como quiera. Niégate a ser mediocre o rendirte a la frialdad de tu ambiente espiritual".

Como creyentes hemos de poner en práctica la verdad que tenemos en Hebreos 11. Nuestra ciudadanía está el cielo donde tenemos un destino eterno. Cuando entendemos la vida desde esta perspectiva, nuestra actitud es positiva y vivimos llenos de esperanza.

Estamos plenamente vivos por medio de Jesucristo, quien vive en nosotros por el poder de su Espíritu. De hecho, estamos mucho más vivos ahora que hemos recibido a Cristo que cuando andábamos por la vida sólo físicamente. Estamos eternamente vivos a las cosas espirituales que antes no teníamos la capacidad de entender.

Los santos del Antiguo Testamento sólo se podían imaginar lo que vendría. Vivían y morían en su fe. No obstante, no se desilusionaban. Su devoción a Dios era suficiente para suplir sus necesidades.

¿Está usted viviendo como sugiere Tozer, con los pies plantados firmemente en la verdad de la Palabra de Dios, a la vez soñando y pensando en lo que Dios le tiene reservado en un futuro cercano? Esta es la fe que lo acerca aun más a la realidad del tierno amor de Dios. Jesús vino para que pudiéramos tener una vida abundante ahora, una pequeña muestra de lo que será.

Dios todopoderoso, quiero mantener mis pies en la tierra mientras mi corazón se eleva a alturas sin límites. Ayúdame a no rendirme a la frialdad de mi ambiente espiritual. Afirma mis pies en tu Palabra al soñar en el futuro ilimitado que has planeado para mí.

El templo de Dios

LECTURA BÍBLICA: 1 Corintios 3:9-17
VERSÍCULO CLAVE: 1 Corintios 3:16

¿No sabéis que sois templo de Dios, y que el Espíritu de Dios mora en vosotros?

Antes de ser salvos éramos un reflejo de una generación impía. Nuestros pensamientos y hábitos, aun siendo buenos, eran más caritativos que piadosos. En cuanto Cristo comenzó a vivir en nuestro corazón, nuestra vida cambió. Nuestro cuerpo, aún en su condición caída, se convirtió en el lugar de su residencia. Sabemos que aunque Dios habita en el cielo su Espíritu vive dentro de los que creen en él.

Más bien que vivir entre los árboles o en el viento, Dios, cuya naturaleza es personal e íntima, busca una morada donde se puede expresar. Quiere vivir con su creación y ha escogido como su hogar la vida de quienes ama.

En la época del Antiguo Testamento, los judíos adoraban a Dios en el templo. Pero la venida de Jesús abolió la necesidad de una morada hecha por manos humanas. Así como nuestro Señor caminó y dialogó con la gente de su tiempo, hoy también lo hace con los que le pertenecen por medio del poder del Espíritu Santo que mora en ellos.

¿Qué pasa si nosotros, templos de Dios, nos ensuciamos y oscurecemos por nuestra asociación con la impiedad de este mundo? El resultado más grave es perder nuestra comunión íntima con Cristo. Nada se compara a eso. Llenar nuestra vida con cosas que apenan a Dios tiene lamentables consecuencias.

No oscurezca la luz que Dios ha puesto dentro de usted. Usted es su templo, su hogar de este lado del cielo.

Señor, gracias por venir y vivir dentro de mí. Limpia continuamente cada rincón de mi templo espiritual. Haz que sea una morada digna de un Rey.

Amor incondicional

LECTURA BÍBLICA: 1 Juan 4:7-11
VERSÍCULO CLAVE: 1 Juan 4:7

*Amados, amémonos unos a otros, porque el amor es de
Dios. Y todo aquel que ama ha nacido de Dios y conoce a
Dios.*

$\mathcal{E}$l amor de Dios no tiene paralelos con nada que este mundo puede
ofrecer. Sólo su amor puede

- Calmar la inquietud de su alma.
- Curar cualquier odio que ha sentido.
- Transformar la inquietud y la duda en esperanza y seguridad.
- Resolver el enojo y la amargura que surgen de las desilusiones.
- Darle un sentido de propósito, valor propio y esperanza.

Dios nunca se cansa de usted. Él ve la totalidad de su vida. Su vista está puesta en las potencialidades que contiene su vida. Dedica tiempo a pensar en usted: para desarrollarlo, moldearlo y bendecirlo.

Con demasiada frecuencia nos perdemos sus bendiciones porque nos preocupamos de lo que deberíamos o no deberíamos hacer. Las preguntas inundan nuestra mente: *¿Lo hice bien? ¿Está Dios contento conmigo?*

Dios le ama, y su amor nunca cambiará. Él tiene un plan para su vida, y usted triunfará. La clave radica en mantenerse enfocado en él y no en quien usted cree que debe ser.

No pierda el tiempo comparándose con otros. Muchos solteros se preguntan por qué Dios no contesta su oración dándoles un cónyuge. Ha contestado. Se ha dado a sí mismo y, en el momento justo, satisfará el anhelo de su corazón en la forma que es mejor para usted.

*Señor, calma mi alma inquieta. Cura mi dolor y resuelve mi
enojo y amargura. Reemplaza mi preocupación y duda con
esperanza y seguridad. Dame un nuevo propósito para vivir.*

Una maravillosa creación de Dios

LECTURA BÍBLICA: Salmo 71
VERSÍCULO CLAVE: Salmo 71:5

Tú, oh Señor Jehovah, eres mi esperanza, mi seguridad desde mi juventud.

Cuando brota la esperanza la mayoría la reconocemos. Comenzamos nuestro día anticipando que algo bueno nos espera a la vuelta de la esquina, pero luego sucede que el desencanto roba nuestra esperanza, y nos preguntamos si el entusiasmo y alegría que sentimos eran de Dios o fruto de nuestra imaginación.

Los ladrones de la esperanza trabajan veinticuatro horas al día. Incluyen la crítica por parte de otros, situaciones difíciles, pruebas, sentido de rechazo e inseguridad y mucho más. ¿Qué puede hacer para protegerse contra estas maneras de pensar?

Primero, dígase la verdad sobre su situación. No se menoscabe. Dios nunca lo hace (Rom. 8:1). Segundo, recuerde que Dios es el Dios de posibilidades. A. W. Tozer afirma:

> Dios es bondadoso, gentil, bueno y benevolente en sus intenciones... Nosotros realmente sólo pensamos que creemos. Somos creyentes en un sentido, y confío en que creemos lo suficiente como para ser salvos y justificados ante su gracia. Pero no creemos tan intensa e íntimamente como deberíamos. Si así fuera, creeríamos que Dios es bueno y que sus intenciones son buenas y benevolentes. Creeríamos que Dios nunca piensa mal de nadie ni tiene pensamientos malos hacia nadie.

¿Qué piensa Dios de usted? Que es maravilloso. Magnífico. Su creación. Usted es su hijo, y él se enorgullece de usted.

Padre, al enfrentar hoy críticas, situaciones difíciles, pruebas y rechazos, ayúdame a recordar tu declaración en cuanto a mí. Soy tu creación. Acepto tu evaluación de mí y rechazo las opiniones negativas de los demás.

Contentamiento

LECTURA BÍBLICA: Filipenses 4:6-13
VERSÍCULO CLAVE: Filipenses 4:12

Sé vivir en la pobreza, y sé vivir en la abundancia. En todo lugar y en todas las circunstancias, he aprendido el secreto de hacer frente tanto a la hartura como al hambre, tanto a la abundancia como a la necesidad.

Lidiamos bastante con el tema del contentamiento, y muchos vivimos en condiciones bastante buenas con lo suficiente para comer y para vestirnos. Imagínese a Pablo en la cárcel, sin algunas de las cosas imprescindibles y privado de su libertad, y lea con cuidado estas palabras: "No lo digo porque tenga escasez, pues he aprendido a contentarme con lo que tengo. Sé vivir en la pobreza, y sé vivir en la abundancia. En todo lugar y en todas las circunstancias, he aprendido el secreto de hacer frente tanto a la hartura como al hambre, tanto a la abundancia como a la necesidad" (Fil. 4:11-13).

Pablo no era un optimista ignorante y necio que negaba la realidad. Ya había soportado muchos sufrimientos físicos; no obstante, podía seguir viendo sus negras perspectivas, humanamente hablando, y decir que tenía verdadero contentamiento. Cuando dijo que Cristo era su fortaleza para todo, quiso decir todo. No trató de listar lo bueno y lo malo con un espíritu preocupado y miedoso.

Pablo sabía que encontraría lo mejor que Dios le tenía reservado, si permanecía en Cristo diariamente, confiando en que supliría lo que necesitaba. Y de más importancia: Pablo sabía que mirar a su alrededor envidiando a otros creyentes lo llevaría a tener actitudes derrotistas y desalentadoras. Y eso no es lo mejor que Dios tiene reservado para nosotros.

Gracias, Dios, por lo que bondadosamente me has dado: alimento, un techo, amigos y familia. Confío en que suplirás cualquier cosa que me falte en la vida. Enséñame a contentarme.

Completo en Cristo

LECTURA BÍBLICA: Colosenses 2:6-10
VERSÍCULO CLAVE: Colosenses 2:10

Vosotros estáis completos en él, quien es la cabeza de todo principado y autoridad.

En una escala de uno a diez, ¿cuán completa diría usted que es su vida? ¿Qué persona, trabajo, objeto o logro haría que su vida fuera más satisfactoria? Es probable que la mayoría tengamos un puntaje bastante alto en la primera pregunta y que agregaríamos varios nombres o cosas a la segunda.

Pero, ¿sabía usted que el apóstol Pablo insistía en que una vez que hemos depositado nuestra confianza en Cristo como Salvador, en ese instante estamos "completos en él"? La palabra completo en el original griego significaba "lleno". Cuando alguien está lleno no tiene lugar para más. Piense en esto: si Cristo está en usted, su vida es un "diez". En Jesucristo se encuentra "la plenitud de la Deidad" (Col. 2:9). O sea que Cristo es la suma de toda perfección, sin mancha ni falta.

Ese mismo Cristo habita en usted y suple todas sus necesidades. Por lo tanto, cuando tiene a Cristo lo tiene todo. No le falta nada. Posee la vida eterna y abundante. En él se encuentra toda la sabiduría, el amor, la paciencia, bondad, fortaleza y consuelo que jamás necesite. Ninguna demanda queda sin atender por medio de los recursos ilimitados de Cristo que mora en usted. Ya que está usted completo en él, ha terminado su búsqueda de significado. Cristo es su vida, y eso basta.

Señor todopoderoso, te agradezco que estoy completo en ti. Mi vida es un "Diez". Tú suples todas mis necesidades. Lo tengo todo. ¡No me falta nada!

Su futura recompensa

LECTURA BÍBLICA: 1 Corintios 3:1-14
VERSÍCULO CLAVE: Apocalipsis 22:12

He aquí vengo pronto, y mi recompensa conmigo, para pagar a cada uno según sean sus obras.

Cuando Nicolás Copérnico, el astrónomo polaco del siglo XVI, propuso por primera vez que la tierra gira alrededor del sol, la reacción fue de desprecios y burlas. Pasaron años antes de que se descubriera que su teoría era totalmente acertada. En la vida muchas veces parece que los malos son tratados como reyes, mientras que los buenos son ignorados.

En el Salmo 73 el salmista meditaba en esta aparente discrepancia: "He aquí estos impíos siempre están tranquilos, y aumentan sus riquezas. ¡Ciertamente en vano he mantenido puro mi corazón!" (vv. 12, 13).

En el Sermón del monte Jesús indicó que sus seguidores serían perseguidos sobre esta tierra. Pero continuó diciendo que debían alegrarse al ser tratados así porque su "recompensa es grande en los cielos" (Mat. 5:12).

El creyente es recompensado con justicia en el cielo por su conducta y obras en la tierra, al confiar en que el Señor hará su obra por medio de él. Todas las iniquidades e injusticias son más que compensadas por las recompensas que Cristo repartirá a sus seguidores.

Sea que lo reconozcan o no ahora en el trabajo o en casa, sea que lo traten o no con el respeto que merece, recuerde que Dios honrará su obediencia por toda la eternidad.

Amado Padre celestial, me regocijo en el conocimiento de que todas las iniquidades e injusticias serán compensadas en la eternidad. Hasta ese momento, ayúdame a seguir haciendo tu obra a tu manera.

¡Usted lo tiene todo!

LECTURA BÍBLICA: Juan 1:1-18
VERSÍCULO CLAVE: Juan 1:4

En él estaba la vida, y la vida era la luz de los hombres.

Todo el que ha confiado en Jesús como Salvador ha recibido, en la persona de Cristo que mora en él, la fuente que suple sus más imperiosas necesidades.

Cristo es el Pan de vida. Es la sustancia que nutre nuestro ser interior. El deseo de encontrar el significado y propósito para nuestra vida es satisfecho en Cristo. Él es significado. Él es propósito. Nuestra vida tiene sentido cuando Cristo es nuestra vida.

Cristo es el Agua de vida. Canaliza su vida totalmente suficiente a través de nuestras vasijas terrenales, empapándonos de su gozo, paz, amor, esperanza, contentamiento, poder y firmeza. Sacia nuestra sed cuando buscamos la autoestima, asegurándonos que somos de inestimable valor para él. Nos da libremente su vida abundante.

Cristo es la Luz de la vida. Nos ilumina con la verdad eterna, otorgándonos sabiduría para el camino. Alumbra con su luz lo que realmente vale a fin de que podamos ir detrás de las cosas que son provechosas, no neciamente corriendo detrás de sueños ilusos o filosofías falsas, engañadoras.

Cuando usted tiene a Cristo, lo tiene todo: significado, propósito, la vida en su sentido más pleno, la verdad y la sabiduría. Pertenece a su Creador, Sustentador y el Fin de todas las cosas.

Amado Cristo, tú eres mi Pan de vida, mi Sustento. Tú eres el Agua de vida, canalizando tu suficiencia a través de mí. Tú eres la Luz de la vida, dando sabiduría para el camino que tengo por delante. En ti, Señor, ¡lo tengo todo!

ABRIL

TEMA

El camino a la cruz

QUE REPRESENTA: Confiar en Jesús

VERSÍCULOS CLAVE: Colosenses 2:6, 7

Por tanto, de la manera que habéis recibido a Cristo Jesús el Señor, así andad en él, firmemente arraigados y sobreedificados en él, y confirmados por la fe, así como habéis sido enseñados, abundando en acciones de gracias.

El viaje que hizo Jesús fue planeado desde la fundación del mundo. Fue el primero en hacerlo: "Aconteció que, cuando se cumplía el tiempo en que había de ser recibido arriba, él afirmó su rostro para ir a Jerusalén" (Luc. 9:51). Desde entonces, cientos de miles a través de los siglos, han seguido sus pasos.

Nuestro peregrinaje espiritual este mes nos lleva a la cruz. Le invito a acercarse y detenerse una vez más a los pies del Gólgota. Deje que la sangre limpiadora del Calvario vuelva a derramarse sobre usted. Preste atención a la exclamación que se oye desde la cruz: "¡Consumado es!" Sea testigo del amor en acción.

Como Jesús, debe afirmar su rostro para ir a Jerusalén. No deje que nada le impida hacer este viaje único en su vida. Vamos hacia un destino eterno. Vamos a la cruz.

La maravilla de la cruz

LECTURA BÍBLICA: Colosenses 2:6-15
VERSÍCULO CLAVE: Hechos 26:18

Para abrir sus ojos, para que se conviertan de las tinieblas a la luz y del poder de Satanás a Dios, para que reciban perdón de pecados y una herencia entre los santificados por la fe en mí.

El milagro de la cruz es que demostró tanto el amor como la santidad de Dios. Por un instante en el tiempo, el odio de Dios por el pecado y su compasión inquebrantable por el pecador se combinaron en la sangre de su Hijo, Jesucristo.

La cruz fue necesaria porque el hombre no se puede salvar a sí mismo del pecado, y el Dios santo no puede aprobar el pecado. Pero tan grande como la santidad de Dios fue su amor por nosotros que mandó a Cristo a morir en nuestro lugar, cargando con nuestra culpa, muriendo la muerte que nos tocaba a nosotros.

En su libro *The Cross of Christ* (La cruz de Cristo), John R. W. Stott comenta sobre la importancia de la gravedad del pecado y el admirable amor de Dios:

Todas las doctrinas inadecuadas de la expiación se deben a las doctrinas inadecuadas de Dios y el hombre. Si bajamos a Dios a nuestro nivel y nos elevamos al de él, entonces, por supuesto, no vemos ninguna necesidad de una salvación radical, y menos una expiación radical que la asegure.

Cuando, por un lado, hemos contemplado la gloria deslumbrante de la santidad de Dios, y hemos sido redargüidos de nuestros pecados por el Espíritu Santo, es que temblamos ante Dios y reconocemos lo que somos: "pecadores merecedores del infierno", es entonces —y sólo entonces— que la necesidad de la cruz se hace tan evidente.

Amado Padre celestial, en mi peregrinaje a la cruz durante este mes, revélame su verdadero significado. Ayúdame a entender su maravilla. Haz que sea real para mí.

Beneficios eternos de la cruz

LECTURA BÍBLICA: Romanos 3
VERSÍCULO CLAVE: Romanos 5:1

Justificados, pues, por la fe, tenemos paz para con Dios por medio de nuestro Señor Jesucristo.

*E*l que Cristo se entregara como sustituto para cargar con los pecados del ser humano es lo más importante de la cruz. Por su muerte en el Calvario Cristo hace posible que los creyentes disfruten los beneficios eternos de estas verdades centrales:

Propiciación. La ira de Dios contra el pecado se desató plenamente en su propio Hijo en la cruz. El creyente nunca debe temer airar a Dios. Nuestros pecados han sido perdonados, y aun los castigos de Dios por las conductas pecaminosas son motivados por su compasión.

Redención. La muerte de Cristo nos compró de la esclavitud del pecado. Su sangre derramada pagó la pena de muerte y nos rescató del pecado y el mal. Hemos sido liberados del reino de Satanás y colocados en el reino del hijo de Dios.

Justificación. Por la gracia de Dios ya no somos culpables ante Dios. La muerte de Cristo aseguró nuestro veredicto, librándonos de la sentencia de muerte. Nos declara justificados y acredita su justificación a nuestra cuenta.

Reconciliación. Habiendo sido enemigos, Dios y el hombre son ahora amigos. La cruz hizo posible un cambio permanente entre el hombre y Dios que antes estaban enemistados. El Hombre justo está ahora de nuestra parte, y nosotros estamos de la de él.

Señor Jesucristo, gracias por los beneficios eternos de la cruz: que mis pecados han sido perdonados, que estoy redimido de la esclavitud y la sentencia del pecado, justificado y reconciliado contigo.

El clamor de la cruz

LECTURA BÍBLICA: 1 Corintios 2
VERSÍCULO CLAVE: 1 Corintios 2:2

Porque me propuse no saber nada entre vosotros, sino a Jesucristo, y a él crucificado.

*P*ara algunos la cruz puede parecer un símbolo raro para una creencia religiosa. Tiene, después de todo, el mismo significado de una silla eléctrica o la soga de una horca: la muerte.

No obstante, esta horripilante forma de tortura romana es el centro mismo del cristianismo. Un emblema con la figura de un pez es una expresión legítima del Nuevo Testamento, pero la cruz de Jesucristo es la insignia auténtica del cristianismo.

La cuestión es que Dios lo amó tanto que Cristo murió por usted. No había escapatoria. El pecado —el estado y la condición en que todo ser humano nace— había formado un abismo entre Dios y el hombre que nada, fuera de la cruz, podía cruzar. El mensaje de la cruz es amor, el amor inconmensurable, maravilloso de Dios por el hombre. El amor santo de Dios envió a su Hijo al mundo en forma humana y lo clavó en dos trozos de madera.

Al pensar en la cruz y sus dolorosos accesorios: los clavos, las espinas, las burlas y los azotes, piense en el amor sobreabundante de Dios. Dios le ama. Murió por usted. Fue resucitado por usted. Salva a todos los que confían en él para el perdón de sus pecados. Reserva la eternidad en su nombre. Tal es el amor de Dios y la exclamación de consumación de la cruz.

Señor, gracias por tu amor sobreabundante demostrado en el Calvario. Tú moriste por mí. Resucitaste por mí. Me salvaste y reservaste la eternidad en mi nombre. Gracias porque he escuchado la exclamación de la cruz.

Un Salvador viviente

LECTURA BÍBLICA: Marcos 15—16
VERSÍCULO CLAVE: Lucas 24:6

No está aquí; más bien, ha resucitado. Acordaos de lo que os habló cuando estaba aún en Galilea.

$\mathcal{N}$o tomemos livianamente la tortura o agonía de la cruz. Cristo sufrió y murió por nuestros pecados, dando su vida voluntariamente por las transgresiones del ser humano. No descontemos tampoco el poder sobrenatural de la resurrección.

Ninguno de los beneficios de la cruz —perdón de los pecados, justificación del pecador— podría ser nuestro sin el Salvador viviente. La resurrección de Cristo fue la prueba más contundente que cualquier otra de su deidad plena y absoluta. Jesús enfrentó y superó la muerte, Satanás y el pecado, proclamando su naturaleza divina y demostrando su poder divino.

Ahora, el creyente puede disfrutar de la exquisita delicia de estar unido al Cristo resucitado. En el trabajo, en la tienda, en casa o en la calle, tiene a Jesucristo, Dios lo ha puesto en usted.

El Cristo resucitado vive en usted a fin de que usted pueda ser partícipe de su vida y tener comunión con él. Le ayuda, consuela, guía, ama y derrama su vida a través de usted. Jesús hace más que meramente vivir. Vive en usted, hace su morada en su corazón y llena su vida ordinaria de significado, poder y esperanza sobrenaturales. Resucitó tal como dijo que lo haría, y vive en usted la vida abundante que prometió.

Jesús, ¡vives en mí! Soy partícipe de tu vida. Puedo tener comunión contigo. Ven y consuélame, guíame y derrama tu vida a través de mí. Llena mi vida ordinaria de significado sobrenatural.

Gracia... y nada más

LECTURA BÍBLICA: 1 Corintios 15:1-28
VERSÍCULO CLAVE: Hebreos 10:12

Pero éste, habiendo ofrecido un solo sacrificio por los pecados, se sentó para siempre a la diestra de Dios.

*M*uchos creyentes carecen de gozo porque no están seguros de su relación con Cristo. Los judíos de la época de Jesús creían que la única manera de estar seguros de su posición ante Dios era guardando la ley. Esto les brindaba una evidencia medible de su devoción.

Pero Jesús ofreció una nueva teología, una basada en el amor y aceptación incondicionales de Dios. Los líderes judíos estaban atados a la ley y se negaban a aceptar que la salvación fuera un don de gracia. Imagínese su consternación cuando Jesús les dijo que él era el cumplimiento de la ley. Por medio de Cristo tenemos acceso personal a Dios el Padre sin llevar la carga de la ley y sus consecuencias. Únicamente la gracia nos asegura nuestra posición ante Dios.

Jesús le dijo a Nicodemo: "Os es necesario nacer de nuevo" (Juan 3:7). Sus palabras indican la necesidad de un nacimiento o regeneración espiritual. Es algo que las manos humanas no pueden lograr. No hay nada que podamos hacer para ganarnos la salvación. La salvación es igual a la gracia más cero.

La próxima vez que se sienta tentado a dudar de su salvación, piense en la cruz donde la gracia pagó el precio eterno por todos sus pecados. Somos salvos y tenemos seguridad por el poder de su gracia, nada más y nada menos.

Padre, soy salvo por gracia, nada más y nada menos. Lo acepto. ¡Gracias!

Asegurado por Cristo

LECTURA BÍBLICA: Gálatas 6:13-15
VERSÍCULO CLAVE: Efesios 2:14

Porque él es nuestra paz, quien de ambos nos hizo uno. El derribó en su carne la barrera de la división, es decir, la hostilidad.

Dios nos llama a servirle por amor y devoción, no por obras u obligación. Los fariseos se enorgullecían del hecho de que guardaban toda la ley. Creían que eso complacería a Dios y aseguraría su salvación.

Lo triste es que cuando basamos cualquier cosa —el matrimonio, una amistad, un puesto o, más importante que nada, nuestra relación con Dios— en las obras nunca sabremos realmente el estado de nuestra relación. Siempre habrá ciertas dudas porque nos sentimos impulsados a lograr normas impuestas por nosotros y los demás.

Jesús estableció una nueva norma para nuestra relación con Dios: "La ley fue dada por medio de Moisés, pero la gracia y la verdad nos han llegado por medio de Jesucristo" (Juan 1:17). La intención de Dios nunca fue que la ley se considerara un camino a la salvación. Más bien fue dada como una preparación para la venida de Cristo.

Podemos estar seguros de nuestra salvación porque somos asegurados por Cristo y no por nuestras acciones. Algunos dicen que la salvación por gracia es pura palabrería. Pero la cruz no es nada barata. Jesucristo, la persona más valiosa que jamás haya vivido, le ama tanto que dio su vida voluntariamente a fin de que usted pueda tener vida eterna con él. Es su regalo de amor a usted.

Señor, gracias por dar tu vida a fin de que yo pueda tener vida eterna contigo. Gracias por tu regalo de amor. Hazme comprender que tu gracia no es barata.

Cambios eternos

LECTURA BÍBLICA: 1 Corintios 2:1-5
VERSÍCULO CLAVE: Juan 18:37

Entonces Pilato le dijo:
—¿Así que tú eres rey?
Jesús le dijo:
—Tú dices que soy rey. Para esto yo he nacido y para
esto he venido al mundo: para dar testimonio a la verdad.
Todo aquel que es de la verdad oye mi voz.

Cada uno de nosotros tiene que llegar al momento cuando debe responder a la cruz de Cristo. No hay vuelta que darle. Los que siguieron a Jesús tuvieron que enfrentar esta realidad, al igual que los que se abstuvieron de reconocer su ministerio público. Nicodemo se acercó a Jesús protegido por la oscuridad de la noche.

En ese tiempo Nicodemo no pensaba en cuestiones eternas sino en las temporales. Pero, llegado el momento de la muerte de Cristo, todo eso había cambiado en gran manera. José de Arimatea y Nicodemo pidieron permiso para dar sepultura al cuerpo de Cristo. En cuanto Pilato puso su sello en el documento accediendo a su pedido, sus vidas cambiaron para siempre.

Camino del Gólgota luchaban con pensamientos agobiadores de temor, pero estaban decididos. Jesús recibiría una sepultura digna, y no les importaba quiénes, entre sus colegas, se enteraban de que ellos eran responsables de este último acto de devoción. José donó su propia tumba. Nicodemo dio todas las especias que había juntado como preparación para su propia muerte y sepultura.

Nicodemo nunca había reconocido a Jesús públicamente; tampoco José (Juan 19:38). Pero con cada puñado de mirra y áloe con que cubrían el cuerpo del Señor, demostraban la seguridad de la dedicación de sus corazones. La maravilla de la cruz no es la muerte sino los cambios eternos que produce.

Maestro, cuánto te agradezco por el cambio eterno que ha
ocurrido en mí. Mis pecados han sido perdonados, mi destino está asegurado, mi vida ha cambiado para siempre.

La decisión más importante

LECTURA BÍBLICA: Romanos 6:1-14
VERSÍCULO CLAVE: Romanos 6:11

Así también vosotros, considerad que estáis muertos para el pecado, pero que estáis vivos para Dios en Cristo Jesús.

Se había pasado todo el día gritándole órdenes a su destacamento de soldados. No podía pensar en un trabajo peor que éste. Nadie se presentaba como voluntario para esta tarea; los obligaban a realizarla. Una lluvia fría empapó el rostro del centurión al desatarse una intensa tormenta sobre Jerusalén. La tierra se estremecía y sacudía ante cada relámpago. Allí, en medio del viento y la lluvia, se encontró cara a cara con la cruz de Jesucristo.

Antes, ese mismo día, había observado las burlas de la multitud y el odio que brotaba de sus bocas. Y, aunque no lo demostraba, su corazón sufría pensando en la familia del hombre crucificado. Qué impotentes y vulnerables parecían. Luego, gritando a gran voz pidiendo que Dios perdonara a los que le habían dañado, Jesús expiró.

El centurión sabía lo que era la ira. La veía con frecuencia entre sus compañeros de milicia. También sabía lo despreciable de la traición y lo que significaba ser rechazado. Pero no veía nada de esto en el rostro de Cristo. Allí veía sólo amor y perdón.

Alzando su vista hacia la cruz, el centurión proclamó a viva voz: "¡Verdaderamente éste era Hijo de Dios!" (Mat. 27:54). Sea que entendiera o no todo lo que había pasado, lo cierto es que reconoció la identidad del Hombre en la cruz.

La decisión más importante que jamás tendrá que tomar se relaciona con la cruz de Cristo, donde el Hijo de Dios dio su propia vida por usted. Reconózcalo y reciba vida eterna.

Querido Señor, reconozco la cruz y lo que tú hiciste allí por mí. Diste tu vida por mí. Gracias por tu amor.

Dios nunca se da por vencido

LECTURA BÍBLICA: Colosenses 3:1-17
VERSÍCULO CLAVE: Colosenses 1:13

El nos ha librado de la autoridad de las tinieblas y nos ha trasladado al reino de su Hijo amado.

Cuando Cristo le dijo a Pedro que pronto lo negaría, Pedro se irguió y protestó: "Aunque todos se escandalicen de ti, yo nunca me escandalizaré" (Mat. 26:33). Pero Jesús sabía la verdad. Pedro lo negaría no una, sino tres veces.

Pedro prometió que nunca se apartaría de Jesús. Pero en cuestión de horas se vio dominado por el temor y se escondió de las autoridades. El mensaje alentador de la resurrección es que Dios nunca se da por vencido en lo que a nosotros se refiere.

Entre las últimas palabras antes de su muerte Cristo tuvo para Pedro palabras de restauración: "Pero yo he rogado por ti, que tu fe no falle. Y tú, cuando hayas vuelto, confirma a tus hermanos" (Luc. 22:32). Jesús sabía que Pedro iba a caer, y lo siguió amando a pesar de ello. Le dio a su entusiasta discípulo la esperanza de un futuro servicio cuando le dijo: "Confirma a tus hermanos".

Dios toma nuestras debilidades y las convierte en puntos fuertes y de honra para él. Jesús estaba totalmente dedicado a Pedro. Sabía que Pedro sufriría una amarga derrota, pero había un suceso futuro que revolucionaría su manera de pensar: la resurrección.

Imagínese la sorpresa de Pedro cuando Jesús se presentó en el aposento alto la noche de su resurrección. El gozo que sintió Pedro fue posible por el amor y la aceptación que demostró Jesús. Ese mismo amor es para usted hoy.

Amado Padre celestial, haz que el mensaje de la resurrección cambie mi vida, como cambió la de Pedro. Por medio del poder de la resurrección toma mis debilidades y conviértelas en puntos fuertes para tu gloria y honra.

El regalo de Dios para usted

LECTURA BÍBLICA: 1 Corintios 1:18-25
VERSÍCULO CLAVE: Colosenses 1:20

Y por medio de él reconciliar consigo mismo todas las cosas, tanto sobre la tierra como en los cielos, habiendo hecho la paz mediante la sangre de su cruz.

Desde la perspectiva de los discípulos la cruz parecía ridícula. Tal es así que nadie entendía por qué Jesús se sometió a semejante agonía. No podían comprender lo que estaba haciendo por ellos. Habían orado durante años pidiendo que viniera el Mesías; pero su idea de lo que era un Salvador distaba de ser lo que veían en Jesús. El hombre que esperaban tendría poder militar. Eliminaría de una vez por todas el constante hostigamiento del gobierno romano y, de hecho, a cualquiera que se atreviera a molestar al pueblo escogido de Dios.

Pero los propósitos de Dios rara vez giran alrededor de la fuerza y habilidad humanas. En cambio, él nos pide que nos neguemos a nosotros mismos, que tomemos su cruz y le sigamos. Esto nos lleva inherentemente a la vida crucificada: una vida donde reina Cristo. Es también una vida que demuestra el ejemplo del Señor a la vez que nos enseña a enfocar las actitudes de nuestro corazón totalmente en Dios y en su voluntad.

El único enfoque de Cristo era hacer la voluntad del Padre. Usted no puede salvarse a sí mismo. Cualquier esfuerzo o intento humano por alcanzar alguna medida de santidad fuera de reconocer lo que Cristo hizo por usted en el Calvario es en vano.

La cruz es el regalo de Dios para usted. Es algo que Jesús hizo por amor. Su mayor anhelo es tenerle a su lado por toda la eternidad. Durante esta Pascua de Resurrección permita que la cruz de Cristo encuentre su lugar en su vida al celebrar su resurrección.

Dios todopoderoso, te agradezco tu regalo de la cruz. Haz que la cruz de Cristo encuentre su lugar en lo profundo de mi vida al celebrar la resurrección en estos días.

La sangre del Cordero

LECTURA BÍBLICA: Lucas 22:7-20
VERSÍCULO CLAVE: Lucas 22:20

Asimismo, después de haber cenado, tomó también la copa y dijo:
—Esta copa es el nuevo pacto en mi sangre, que por vosotros se derrama.

Durante cientos y cientos de años los judíos se habían reunido para celebrar aquella espantosa y emocionante noche en Egipto cuando el destructor del Señor pasó por los hogares de los israelitas y perdonó la vida a sus primogénitos (Éxo. 11—12).

¿Por qué habría de ser diferente esta noche de Pascua? Los discípulos percibieron la intensidad de los sentimientos de Jesús y le escucharon atentamente: "¡Cuánto he deseado comer con vosotros esta Pascua antes de padecer! Porque os digo que no comeré más de ella hasta que se cumpla en el reino de Dios!" (Luc. 22:15, 16).

Los pensamientos se agolparon en sus mentes al escuchar las palabras de Jesús. Había hablado de su misión en el pasado pero, ¿qué significaba lo que decía ahora? Los discípulos observaron reflexivamente sus manos al levantar él la copa y decirles que bebieran con él: "Esta copa es el nuevo pacto en mi sangre, que por vosotros se derrama" (Luc. 22:20). Luego Jesús dijo que el pan era su cuerpo que sería partido y entregado por ellos.

En un instante, Jesús cambió para siempre el significado de la Pascua y de todo el sistema de sacrificios. Los discípulos no alcanzaron a comprender la importancia suprema del mensaje de Jesús. Era tarde, y había tanto que entender. Pero más adelante, cuando se les apareció después de la resurrección, la verdad se hizo clara.

La sangre del cordero de Pascua era la sangre del único Cordero eterno, suficiente para cubrir los pecados de todos para siempre (Heb. 9:11-14).

Oh Señor, de pie ante la cruz me acerco a ti para recibir tu perdón. Tu sangre es suficiente para cubrir mis pecados. Límpiame ahora mismo.

Con razón lo llaman Salvador

LECTURA BÍBLICA: Juan 19
VERSÍCULOS CLAVE: Filipenses 2:7, 8

Y hallándose en condición de hombre, se humilló a sí mismo haciéndose obediente hasta la muerte, ¡y muerte de cruz!

*D*e todos los métodos de ajusticiamiento ideados por el hombre a lo largo de la historia, la crucifixión se cuenta entre los más crueles y aborrecibles. Aunque la crucifixión la practicaron primero los fenicios y cartagineses, el Imperio Romano la adoptó como una forma universal de ejecución entre los países que había conquistado. Aun los escritores seculares de aquella época se abstenían de describir los detalles de este castigo cruel y degradante.

Jesús, nuestro Salvador, murió de esta manera, clavado en un tosco madero, a plena vista de una multitud, en su mayoría, llena de odio. Era una manera dolorosa de morir. Aun así, la agonía física de Cristo en la cruz, con todo lo horrible que fue, nunca debe empañar la razón por la cual Jesús se exhibía colgado allí. Murió por nuestros pecados a fin de que pudiéramos recibir su regalo de vida eterna.

Allí Dios el Hijo sufrió la muerte espiritual: la separación de Dios el Padre. El grito lleno de tristeza: "Dios mío, Dios mío, ¿por qué me has desamparado?" (Mat. 27:46), fue el más espantoso de la historia. Por un momento terrible en el tiempo, Dios el Padre abandonó a su Hijo unigénito.

Jesús "se humilló a sí mismo haciéndose obediente hasta la muerte, ¡y muerte de cruz!" (Fil. 2:8) a fin de que nosotros pudiéramos disfrutar del esplendor de la vida resucitada y de una comunión eterna con Dios el Padre. El autor Max Lucado escribe: "Con razón lo llaman Salvador".

Señor Jesús, gracias por tu sacrificio en la cruz del Calvario. Por ti yo puedo disfrutar de la vida resucitada y de la comunión eterna con Dios. ¡Con razón te llaman Salvador!

El fundamento del perdón

LECTURA BÍBLICA: 1 Juan 1:8—2:2
VERSÍCULO CLAVE: Romanos 6:6

Y sabemos que nuestro viejo hombre fue crucificado juntamente con él, para que el cuerpo del pecado sea destruido, a fin de que ya no seamos esclavos del pecado.

Los bomberos corrían, gritaban, extendían las mangueras que lanzaban agua a toda presión. Pero en contados minutos el edificio se vio envuelto en llamas. Justo cuando creían que todos estaban a salvo, oyeron que alguien clamaba pidiendo ayuda.

Un bombero decidió entrar. Sabía el riesgo que corría. El cielo raso estaba a punto de desplomarse pero, sin vacilación, respondió al clamor. Un momento después un hombre era empujado por la ventana cayendo en la red que lo esperaba, pero el bombero no salió.

Las anécdotas como ésta de heroísmo en medio de un peligro de muerte son ejemplos del tipo de compasión al cual se refería Jesús cuando dijo: "Nadie tiene mayor amor que éste, que uno ponga su vida por sus amigos" (Juan 15:13). Cuando Jesús dijo esto no se refería a un ideal abstracto que suena muy bien al decirlo.

Jesús sabía el costo. Mucho antes que usted naciera, en el momento de la creación, Dios estableció la sentencia por el pecado: muerte y separación eterna de él. Y aunque Dios le ama inmensamente, no puede hacer caso omiso de su propia ley; alguien tiene que pagar el castigo por su pecado. Cristo vino para tomar su lugar, dando su vida inocente por la suya culpable.

¿Ha aceptado el ofrecimiento misericordioso de su Rescatador, o lo ha apartado usted de su lado? Él es el único que verdaderamente puede salvarle.

Señor Jesús, tú diste tu vida por mí. Pagaste el castigo por mis pecados. Tomaste mi lugar. ¡Cuánto te alabo!

El libro de registro de pecados

LECTURA BÍBLICA: Romanos 6:15-23
VERSÍCULO CLAVE: 2 Corintios 5:21

*Al que no conoció pecado, por nosotros Dios le hizo peca-
do, para que nosotros fuéramos hechos justicia de Dios en
él.*

En una estricta escuela privada la administración usaba un sistema
de sanciones disciplinarias. Cuando un alumno desobedecía un regla-
mento o no cumplía las instrucciones recibidas, se le aplicaba una san-
ción equivalente a cierta cantidad de puntos. Los castigos se aplica-
ban según los puntos que se sumaban semanalmente en un libro de
registro negro.

Cierto día el director organizó una asamblea especial del alumnado. Con varios movimientos rápidos rompió el libro y desparramó los
pedazos en el suelo. Los estudiantes lo miraban atónitos mientras él
explicaba sus acciones: "Todos ustedes han sido totalmente perdonados. Ya no existe ningún registro de sus malas acciones del pasado.
No es que merezcan este perdón; las acciones asentadas en el libro
siguen siendo incorrectas. He hecho esto por amor a ustedes para
ilustrarles lo que Jesús hace cuando aceptamos su perdón".

En la cruz Jesús rompió el libro de registro de sus pecados y tomó sobre sí el castigo que le correspondía a usted. Su sangre cubre
sus pecados para siempre. Jesús lo ve sin mancha y absolutamente
justo, lavado de toda culpa.

¿Puede decir "borrón y cuenta nueva" en lo que a sus pecados se
refiere? Puede hacer que así sea. Acepte a Cristo como su Salvador
y él borrará todos sus pecados. De eso se trata su amor.

*Querido Señor, te alabo porque ya no existe un registro de
mis pecados. Fue borrado por tu sangre en el Calvario. Gracias por tu perdón que me quita toda mancha, me hace justo y me limpia de toda culpa.*

El que cargó con el pecado

LECTURA BÍBLICA: 1 Pedro 2:21-25
VERSÍCULO CLAVE: Isaías 53:6

Todos nosotros nos descarriamos como ovejas; cada cual se apartó por su camino. Pero Jehovah cargó en él el pecado de todos nosotros.

Un compañero de equipo de un jugador de fútbol parcialmente paralizado comentó por televisión que con gusto tomaría el lugar de su amigo lesionado. ¡Qué gesto tan noble! Por supuesto, sólo podía ser un deseo bien intencionado porque, a pesar de su empatía, le era imposible sustituir al amigo en su dolorosa condición.

Pero el milagro de la encarnación no fue meramente que el Dios ilimitado se hizo carne limitada, sino que lo hizo a fin de cargar con todos nuestros pecados en la cruz. En la magnificente misericordia de Dios nuestros pecados fueron amontonados sobre la deidad sin pecado de Jesús, en el madero del Calvario. Jesús no sólo simpatizó con la impotencia que nos aflige; cargó con la pena de nuestros pecados —la muerte espiritual y física— a fin de librarnos de las horribles cadenas de la muerte.

Dios lo hizo por medio del sacrificio vicario de su Hijo. Cristo fue castigado en nuestro lugar y murió por nuestros pecados, cargando con toda la ira del Padre. La deuda por nuestros pecados ha sido pagada. Jesús se hizo pecado por nosotros con el fin de restaurarnos a una relación correcta con él por medio de la fe en su gloriosa obra.

El que cargó con los pecados ha completado su tarea. ¿Ha puesto usted su confianza en él para recibir el regalo de la vida eterna? ¿Le ha dado gracias por colgar del madero en su lugar y por morir la muerte que a usted le correspondía?

Padre Dios, ¡mi deuda ha sido pagada! ¡Qué gozo! El que cargó con los pecados ha completado su tarea. Gracias porque he sido restaurado a una relación correcta contigo por fe en la obra de tu Hijo Jesucristo.

Cristo es lo que es su cruz

LECTURA BÍBLICA: Juan 1:19-29
VERSÍCULO CLAVE: Apocalipsis 5:9

Ellos entonaban un cántico nuevo, diciendo: "¡Digno eres de tomar el libro y de abrir sus sellos! Porque tú fuiste inmolado y con tu sangre has redimido para Dios gente de toda raza, lengua, pueblo y nación."

*H*ay algo en ver sangre que produce una reacción circunspecta en el hombre. Ya sean las imágenes de ropa ensangrentada en la televisión o un accidente con heridos, mirar sangre derramada nos recuerda gráficamente la realidad de la muerte.

Cuando la Biblia habla de la sangre derramada de Cristo siempre se refiere a su muerte en el Calvario como sacrificio por nuestros pecados. El escritor de Hebreos se explayó presentando a Cristo como el sacrificio totalmente suficiente de Dios. Aparte de la sangre derramada de Cristo no existe evangelio, no existe el perdón, ni la justificación, ni la santificación. La sangre de Cristo, su muerte, satisface la justicia de Dios y brinda el medio de reconciliación entre el hombre pecador y el Dios santo.

P. T. Forsyth, pastor escocés, escribió en *Cruciality of the Cross* (Lo crucial de la cruz): "Cristo es para nosotros justamente lo que es su cruz. Todo lo que Cristo era en el cielo y en la tierra se volcó en lo que allí hizo. Cristo, lo repito, es para nosotros justamente lo que es su cruz. No se comprende a Cristo hasta comprender su cruz".

La cruz de Cristo es su muerte. Su muerte es su sangre derramada. Su sangre derramada es el único pago aceptable por el pecado y la única vía de acceso al Dios santo.

Señor Jesús, tu sangre es el único pago aceptable por el pecado. Y es la única vía de acceso que tengo a un Dios santo. Me acerco a ti.

Un símbolo de vida

LECTURA BÍBLICA: Isaías 1:18-21
VERSÍCULO CLAVE: 1 Pedro 3:18

Porque Cristo también padeció una vez para siempre por los pecados, el justo por los injustos, para llevarnos a Dios, siendo a la verdad muerto en la carne, pero vivificado en el espíritu.

Por lo general a la gente no le gusta hablar de la sangre, y la mayoría nos alegramos si nunca la tuviéramos que ver. A menos que estemos en la profesión médica o en una ocupación que se relaciona con ella, es probable que muy pocas veces veamos sangre.

Pero en la época de Cristo Jesús la presencia de sangre era una parte real de la vida diaria; de hecho, era parte de la adoración en el templo basada en sacrificios. Según la ley mosaica Dios exigía la sangre de un animal sin defectos como expiación, o pago, por los pecados del pueblo. Las normas en relación con el sacrificio de los animales y el manejo de la sangre eran bastante complejas, y sólo los sacerdotes podían realizar tales ceremonias. Dado que la muerte de un animal no pagaba por todos los pecados, el sistema de sacrificios era continuo.

Pero lo que Jesús hizo en la cruz fue un sacrificio de sangre unavez-para-siempre (1 Pedro 3:18). Sin duda, éste era un concepto nuevo y difícil de comprender para los discípulos, y las palabras de Jesús en su última cena pascual eran críticas para que entendieran lo que estaba por ocurrir.

Cristo Jesús derramó su sangre por nosotros. Pasó agonía, su carne fue desgarrada por nosotros y sufrió una separación temporal de su Padre debido a nuestros pecados. La próxima vez que participe de la cena del Señor, piense en su sangre, no como un símbolo de muerte sino de una nueva vida que tiene a través de su sacrificio.

Padre celestial, te doy gracias por la sangre de Jesús que es el símbolo de vida. Gracias por la nueva vida que tengo debido al Calvario.

El alto precio de la gracia de Dios

LECTURA BÍBLICA: Romanos 5:17-21
VERSÍCULOS CLAVE: 1 Pedro 1:18, 19

Habéis sido rescatados de vuestra vana manera de vivir, la cual heredasteis de vuestros padres, no con cosas corruptibles como oro o plata, sino con la sangre preciosa de Cristo, como de un cordero sin mancha y sin contaminación.

*P*iense en las cosas en la vida que son las más importantes para usted. Porque es creyente probablemente piensa de inmediato en su relación con Jesucristo. Esto es muy importante. Reflexione en lo que sería la vida si no conociera el amor de Dios. Por cierto que sería sin esperanza y tenebrosa.

Es probable que luego piense en su familia y amigos o en algún favor de Dios. Todos estos tienen su gran importancia en relación con quién es usted. Dicen que el ser humano tiene tres necesidades básicas: ser amado, pertenecer y saber que vale, que su vida cuenta para algo.

Rara vez pensamos de qué se privó Jesús para cumplir con la voluntad del Padre. Por lo general pensamos en él gozando de la gloria y el poder del cielo. No obstante, Jesús renunció a todo para venir al mundo. Cedió su posición a la diestra del Padre, un lugar de extremo poder e intenso amor.

Abandonó lo que lo caracterizaba y la necesidad de ser parte de la gloria del cielo. Renunció a sus posesiones y derechos. Hizo a un lado todo lo que era suyo a fin de poder acercarse a usted. Este es el alto precio de la gracia.

Jesús siguió siendo el Hijo amado y todopoderoso de Dios. Su anhelo por ser obediente al plan del Padre fue más importante que sus propias necesidades. Se hizo pobre a fin de que pudiéramos ser eternamente ricos. Este es el alto precio de la gracia.

Señor, te doy gracias porque abandonaste la gloria del cielo para venir a este mundo pecador. Renunciaste a tu gloria, poder y posición a la diestra del Padre, todo por mí. ¡Cuánto te alabo!

Su valioso pasaporte

LECTURA BÍBLICA: Hebreos 9:11-15
VERSÍCULO CLAVE: Salmo 85:2

Has perdonado la iniquidad de tu pueblo; has cubierto todos sus pecados.

El mensaje de la cruz incluye mucho más que la salvación de su alma. Está entretejido en todo lo que usted hace y todo lo que es. El teólogo Henry Thiessen escribe:

> No sólo es el creyente justificado por la gracia [de Dios], sino también por la sangre de Cristo. Pablo escribió: "Luego, siendo ya justificados por su sangre, cuánto más por medio de él seremos salvos de la ira" (Rom. 5:9). La Biblia dice también: "Pues según la ley casi todo es purificado con sangre, y sin derramamiento de sangre no hay perdón" (Heb. 9:22).
>
> Esto establece la base de nuestra justificación. Porque Cristo cargó con el castigo por nuestros pecados en su propio cuerpo, Dios puede condonar la sentencia y restaurarnos de modo que contemos con su favor. En la justificación, los pecados no son excusados sino castigados en la persona de Cristo. La resurrección de Cristo es una prueba de que su muerte en la cruz ha satisfecho los cargos de Dios contra nosotros (Rom. 4:25; 1 Jn. 2:2).

La muerte de Cristo quitó su pecado. Cuando Dios observa su vida ve la obra salvadora de su Hijo. Este es su valioso pasaporte para entrar en la sala del trono donde el amor y la misericordia fluyen eternamente. Jesús abrió un camino para que usted pueda presentarse limpio y perdonado ante su altar. ¡Sea este su canto de alabanza hoy y siempre!

Padre, gracias por el pasaporte para entrar a la sala del trono. Cuánto te alabo porque puedo presentarme limpio y perdonado ante ti. ¡Este es mi canto de alabanza hoy y siempre!

Una definición del amor

LECTURA BÍBLICA: Efesios 2:1-10
VERSÍCULOS CLAVE: Efesios 2:4, 5

Pero Dios, quien es rico en misericordia, a causa de su gran amor con que nos amó, aun estando nosotros muertos en delitos, nos dio vida juntamente con Cristo. ¡Por gracia sois salvos!

*E*n su libro *The Cross of Christ* (La cruz de Cristo), John R. W. Stott explicó por qué la muerte de Cristo en el Calvario es la revelación más grandiosa de Dios de su amor divino:

No es sólo la justicia de Dios la que parece ser incompatible con las injusticias prevalecientes en el mundo sino también su amor.

Las tragedias personales, las inundaciones y los terremotos, los accidentes en que centenares mueren, el hambre y la pobreza a nivel global, la fría vastedad del universo, la ferocidad de la naturaleza, las tiranías y torturas, las enfermedades y la muerte y la suma total del sufrimiento de los siglos, ¿cómo pueden conciliarse estos horrores con un Dios de amor?

El cristianismo no ofrece respuestas fáciles a estas preguntas angustiosas. Pero sí ofrece una evidencia del amor de Dios, tan histórica y objetiva como las evidencias que parecen negarlo, a la luz de la cual las calamidades del mundo tienen que ser consideradas. La evidencia es la cruz.

Un solo acto de puro amor, sin la contaminación de segundas intenciones, ha sido realizado en la historia de la humanidad, y éste es el que Dios se diera a sí mismo en Cristo crucificado por cada indigno pecador.

Es por eso que si andamos en busca de una definición del amor, hemos de buscar no en el diccionario sino en el Calvario.

El Calvario define tu amor por mí, querido Señor. Lo acepto con gratitud y alabanza. Quiero anunciar su realidad a los que me rodean.

La victoria suprema

LECTURA BÍBLICA: Colosenses 2:13-15
VERSÍCULO CLAVE: Romanos 8:11

Y si el Espíritu de aquel que resucitó a Jesús de entre los muertos mora en vosotros, el que resucitó a Cristo de entre los muertos también dará vida a vuestros cuerpos mortales mediante su Espíritu que mora en vosotros.

La cruz de Cristo satisfizo la justicia santa de Dios pagando el precio del pecado —la muerte— y fue también el campo de batalla cósmico donde Cristo logró su victoria definitiva.

John Eadie, comentarista escocés del siglo XIX, escribió: "Nuestra redención es a la vez de precio y poder, de expiación y conquista. En la cruz se hizo la compra, y en la cruz se ganó la victoria. La sangre que borra la sentencia en nuestra contra fue allí derramada, y la muerte que fue el golpe de muerte para el reino de Satanás fue allí sufrida".

El teólogo F. F. Bruce agrega: "Al estar suspendido allí, clavados sus pies y sus manos al madero en aparente debilidad, se imaginaban que lo tenían bajo su poder, y se lanzaron sobre él con intenciones hostiles... Pero él luchó con ellos y los venció".

La vida cristiana es una vida victoriosa. Somos triunfantes sobre el poder de la muerte, el pecado, la ley, el infierno y Satanás porque Jesucristo, el Conquistador, los ha vencido y humillado a todos ellos. Jesús venció en el Calvario. En el preciso momento cuando parecía estar perdiendo debido a la crueldad y los prejuicios de los hombres, triunfó sobre todos sus contrincantes.

Maestro, gracias por tu victoria sobre la muerte, el pecado, la ley, el infierno y Satanás. Jesús los venció y humilló a todos. Logró la victoria para mí en el Calvario. ¡Te alabo!

Eternamente seguro

LECTURA BÍBLICA: 1 Juan 5:10-13
VERSÍCULO CLAVE: Efesios 1:13

En él también vosotros, habiendo oído la palabra de verdad, el evangelio de vuestra salvación, y habiendo creído en él, fuisteis sellados con el Espíritu Santo que había sido prometido.

Quizá más que nunca nuestra era tiene conciencia de la importancia de la seguridad. Queremos tener la seguridad de una buena cuenta de ahorros. Nos gustan los beneficios que se derivan de trabajar en una compañía estable. Atesoramos la comodidad y la estabilidad de un buen matrimonio. Aun así, tenemos que admitir que la mejor cuenta de ahorros puede quedar sin un centavo, la mejor compañía puede quebrar y el mejor de los matrimonios puede desmoronarse.

Dios quiere que nuestra seguridad dependa de él. Sólo él es la piedra fundamental, la roca, el baluarte, la fortaleza, el refugio en quien podemos encontrar seguridad, paz y protección.

Usted está seguro en su posición en él. Usted está "en Cristo", puesto allí por Dios mismo. Él lo retendrá para siempre. Porque es usted heredero juntamente con Cristo, cuenta con todas las bendiciones del cielo.

Su destino eterno está asegurado. El cielo es su hogar; ningún pecado puede cambiar esta realidad cuando ha puesto su fe en Cristo.

Sus pecados y errores pasados han sido totalmente perdonados por medio de la sangre derramada de Cristo. Usted es una nueva criatura en Cristo. Las cosas viejas han pasado.

Puede usted llevarle sus problemas y desafíos presentes a él en oración, y él promete ayudarlo y sustentarlo. Él lo sostiene y lo tiene asido eternamente con su amor. Si busca seguridad, búsquela en Cristo. Él nunca cambia.

Amado Señor, estoy seguro en ti, mi destino eterno está asegurado, mis pecados y errores han sido perdonados. Puedo llevarte mis problemas y desafíos y tú me tendrás asido eternamente con tu amor. Gracias, Padre.

Amor evidenciado

LECTURA BÍBLICA: Juan 8:1-11
VERSÍCULO CLAVE: Romanos 8:34

¿Quién es el que condenará? Cristo es el que murió; más aun, es el que también resucitó; quien, además, está a la diestra de Dios, y quien también intercede por nosotros.

*E*n su libro *The Cross of Christ* (La cruz de Cristo), John R. W. Stott explica cómo el amor de Dios se evidencia por completo en la muerte de su Hijo:

> Primero, Dios dio a su Hijo por nosotros... Al enviar a su propio Hijo, eternamente engendrado de su propio Ser, no estaba enviando a una criatura, una tercera persona, sino dándose a sí mismo. La lógica de esto es imposible de ignorar. ¿Cómo podría el amor del Padre ser demostrado si nos hubiera enviado a otro?
>
> Segundo, Dios dio a su Hijo para que muriera por nosotros... Se daría a sí mismo hasta lo sumo, a la tortura de la crucifixión y al horror de cargar con los pecados y de ser desamparado por Dios... Que el que era sin pecado se hiciera pecado, que el Inmortal muriera; no tenemos manera de imaginar el terror o el sufrimiento involucrados en dichas experiencias.
>
> Tercero, Dios dio a su Hijo para que muriera por nosotros, es decir, por pecadores indignos como nosotros... Pero Dios nos demostró su propia justicia y rectitud —su singular amor— en esto: que murió por pecadores, impíos, rebeldes e impotentes como nosotros (Rom. 5:8).

Nunca dude del amor de Dios por usted. Sus manos y pies desgarrados por los clavos y su costado atravesado por una lanza son evidencias eternas de su amor perfecto.

Amado Padre celestial, gracias por dar a tu Hijo para morir por mí. Dame una nueva visión de sus manos y pies desgarrados por los clavos y su costado atravesado por una lanza que evidencian tu amor eterno.

Validado por Dios

LECTURA BÍBLICA: Mateo 28:1-10
VERSÍCULOS CLAVE: Romanos 1:3, 4

Acerca de su Hijo —quien, según la carne, era de la descendencia de David; y quien fue declarado Hijo de Dios con poder según el Espíritu de santidad por su resurrección de entre los muertos—, Jesucristo nuestro Señor.

El alumno lleva a casa el boletín de calificaciones que su maestro u otra autoridad escolar ha firmado. Esa firma es la que valida la puntuación recibida. Esa validación es la clave que verifica las calificaciones consignadas. El diccionario define validación como "algo que tiene firmeza, fuerza, seguridad, que vale legalmente".

La resurrección de Jesucristo es una validación, o prueba, obligatoria de la deidad de Jesús. La resurrección corporal de Cristo testifica sin sombra de duda que Cristo era el "Hijo de Dios con poder" (Rom. 1:4). Ya no se puede pensar en él como un mero profeta, un evangelista ilusorio, un maestro sabio o simplemente el hijo de María y José.

Su resurrección también valida la veracidad de todo lo que dijo Jesús. A lo largo de su ministerio Cristo anunció su muerte y resurrección. El ángel en la tumba vacía anunció: "Ha resucitado, así como dijo" (Mat. 28:6).

Jesús afirmó que vencería sobre la muerte, y así lo hizo. Porque cumplió esta audaz promesa, podemos confiar en cada palabra que dijo y en cada acto que realizó. Si busca usted una evidencia irresistible de la deidad y autoridad de Jesús, la resurrección basta.

¡Oh Señor, creo! Has vencido sobre la muerte. Resucitaste tal como dijiste que lo harías. Ayúdame a vivir en el poder de tu resurrección y anunciar su mensaje a mi prójimo.

La eternidad está garantizada

LECTURA BÍBLICA: 1 Corintios 15
VERSÍCULO CLAVE: 1 Corintios 15:26

El último enemigo que será destruido es la muerte.

Es un día invernal. El viento sopla y, a pesar del abrigo que tiene puesto, lo cala hasta los huesos. Detrás suyo varios lloran en silencio. Los que están a sus costados tienen los ojos enrojecidos y sus rostros denotan tristeza.

Al frente un predicador se encuentra de pie junto al ataúd de su ser querido, aquel con quien, durante años, usted comía, reía, caminaba y compartía todo.

Pasan los minutos con una lentitud increíble. Después, todo ha pasado, sus amigos lo abrazan, el predicador lo consuela y usted camina hasta el auto para emprender el solitario regreso a su casa.

En este cuadro de una realidad sombría, innegable, se presenta la majestuosa esperanza, el consuelo y seguridad de la fe cristiana, por siempre engastada en la joya bíblica de Juan 11:25: "Yo soy la resurrección y la vida. El que cree en mí, aunque muera, vivirá."

La muerte no es el acto final. No es la escena del adiós definitivo.

Porque Jesús enfrentó a la muerte y salió vencedor, los que creemos en él viviremos también, aunque hemos de morir. Por la resurrección de Cristo nuestra eternidad está garantizada. Nuestra fe es válida, nuestra esperanza es segura, nuestras expectativas se cumplirán. Cristo, el Destructor de la Muerte, ha ganado la última batalla e invita a todos los que creen en él a gozar del delicioso fruto de su victoria: la vida eterna.

Amado Dios, te alabo porque mi eternidad está garantizada. Mi peregrinaje espiritual no terminará con la muerte. Seguirá para siempre.

El ofrecimiento de la gracia de Dios

LECTURA BÍBLICA: Romanos 7:5-25
VERSÍCULO CLAVE: Romanos 5:6

Porque aún siendo nosotros débiles, a su tiempo Cristo murió por los impíos.

*H*acc unos años una pequeñita llamada Jésica se ganó la simpatía de cuantos se enteraron de su problema, difundido ampliamente por los medios de comunicación. Se habia caído y quedado atrapada durante varios días en un angosto pozo de agua abandonado. De todas partes llegaron ofrecimientos para ayudar a rescatar a la niña y, todos los que seguían las noticias, se alegraron cuando finalmente la rescataron.

Es impresionante pensar que toda la humanidad, apartada de Dios, se encuentra en una situación similar. Pablo lo expresó así: "Porque aún siendo nosotros débiles, a su tiempo Cristo murió por los impíos" (Rom. 5:6).

La pequeñita Jésica, atascada en el pozo, no podía salvarse a sí misma. Sin ayuda hubiera perecido. Su única esperanza era que alguien con la habilidad de hacerlo la rescatara.

Atrapado en una situación imposible por sus pecados, el hombre puede recibir salvación únicamente por medio de la gracia de Dios. Somos tan impotentes como la pequeñita Jésica para salir de nuestro pozo de muerte espiritual. Es difícil admitir que somos impotentes, pero tal es nuestra condición delante de un Dios santo.

O aceptamos el ofrecimiento de su gracia por medio de Jesucristo, o moriremos en nuestros pecados. ¿Ha aceptado usted el ofrecimiento de la gracia de Dios, el perdón de sus pecados por medio de su muerte en la cruz? Sólo su gracia puede salvarle.

Padre celestial, me aferro al ofrecimiento de tu gracia por medio de Jesucristo. Acepto su verdad liberadora de sacarme del pozo de mis pecados. Gracias por rescatarme.

Un nuevo comienzo

LECTURA BÍBLICA: Romanos 5:6-11
VERSÍCULO CLAVE: Hebreos 13:5

Sean vuestras costumbres sin amor al dinero, contentos con lo que tenéis ahora; porque él mismo ha dicho: Nunca te abandonaré ni jamás te desampararé.

¿*S*e ha encontrado alguna vez en una situación en que hubiera deseado un nuevo comienzo? Podemos arruinar nuestra vida al punto de pensar: *Ojalá pudiera empezar de nuevo. Esta vez todo sería diferente.* Quizá sí, pero lo más probable sería que nos encontráramos en el mismo dilema.

Las buenas nuevas del evangelio es que podemos volver a empezar. Cuando aceptamos a Jesucristo como nuestro Salvador y le consagramos nuestra vida, Cristo perdona totalmente nuestros pecados. Quita nuestra culpa, nuestras manchas son lavadas por la sangre de Cristo. Aunque es posible que sigamos cosechando las consecuencias de nuestra conducta pasada, ya no nos encontramos bajo la condenación de Dios ni en el cautiverio del pecado.

También contamos con el poder de Dios para guiarnos y ayudarnos en el presente. Podemos ser diferentes porque el Espíritu de Dios mora en nosotros. Es nuestro Compañero diario; es más poderoso que nuestros hábitos emocionales o físicos y puede liberarnos.

Además, nuestro futuro está asegurado. Podemos mirar hacia adelante confiadamente porque Cristo nunca nos abandonará. Podemos encontrarnos en situaciones difíciles, pero tenemos a Cristo. Vamos rumbo al cielo por medio de su garantía; no nos soltará ni nos dejará caer. Su amor y gracia nos rodean y envuelven continuamente.

Usted puede disfrutar de un nuevo comienzo que nunca termina cuando recibe a Cristo como su Salvador, Señor y Vida. Nunca le fallará (Heb. 13:5).

Padre Dios, hoy es un nuevo comienzo para mí. El pasado ha sido perdonado. Mi futuro está asegurado. Este es el día que tú hiciste. ¡Me regocijaré y alegraré en él!

Una nueva mirada a la cruz

LECTURA BÍBLICA: Lucas 23:26-46
VERSÍCULOS CLAVE: Juan 10:29, 30

Mi Padre que me las ha dado, es mayor que todos; y nadie las puede arrebatar de las manos del Padre. Yo y el Padre una cosa somos.

El creyente que no está seguro si sus acciones afectan negativamente su seguridad en Cristo vive al borde del abismo, temiendo lo peor cada vez que se equivoca. Pensar que su salvación está en un limbo es un fundamento inadecuado para una vida cristiana segura.

El creyente que se siente inseguro de su relación con el Señor Jesucristo vive confundido. No está muy seguro de que Dios lo acepta. Se siente perplejo y temeroso sobre qué decisiones y acciones ponen en peligro su seguridad y cuáles no. ¿Cómo puede mantener una lista de todo esto? No puede despertarse cada mañana con la confianza de que un Dios amante, perdonador, lo tiene asido eterna y perfectamente en su mano. Depende de sus acciones:

- ¿Son lo suficientemente buenas?
- ¿He hecho lo suficiente?
- ¿Me he olvidado de algo?

Una nueva mirada a la cruz quitará toda duda:

Ahora pues, ninguna condenación hay para los que están en Cristo Jesús, porque la ley del Espíritu de vida en Cristo Jesús me ha librado de la ley del pecado y de la muerte (Rom. 8:1, 2).

Mi Padre que me las ha dado, es mayor que todos; y nadie las puede arrebatar de las manos del Padre. Yo y el Padre una cosa somos (Juan 10:29, 30).

Amado Señor, ayúdame a comprender que mi seguridad descansa en la cruz, no en mis acciones. Nadie —ninguna persona ni circunstancia— puede arrebatarme de tu mano.

Salvo y seguro

LECTURA BÍBLICA: Hebreos 9:23-28
VERSÍCULO CLAVE: Hebreos 9:28

Así también Cristo fue ofrecido una sola vez para quitar los pecados de muchos. La segunda vez, ya sin relación con el pecado, aparecerá para salvación a los que le esperan.

El creyente que depende de la obediencia o desobediencia para lograr salvarse subirá y bajará como la marea del mar. Solo cuando fijamos nuestra vista en la cruz podemos disipar las dudas y temores.

Cristo murió en la cruz por todos nuestros pecados: los del pasado, del presente y del futuro. Tan seguro como el ayer, el mañana está cubierto por la sangre de Cristo. El sacrificio de Cristo es totalmente suficiente:

De otra manera, le habría sido necesario padecer muchas veces desde la fundación del mundo. Pero ahora, él se ha presentado una vez para siempre en la consumación de los siglos, para quitar el pecado mediante el sacrificio de sí mismo. Entonces, tal como está establecido que los hombres mueran una sola vez, y después el juicio, así también Cristo fue ofrecido una sola vez para quitar los pecados de muchos. La segunda vez, ya sin relación con el pecado, aparecerá para salvación a los que le esperan (Heb. 9:26-28).

En la cruz somos justificados por Dios. Eso significa que Dios nos ha otorgado una buena posición ante él, absolviéndonos de toda nuestra culpa y capacitándonos para disfrutar de comunión con él.

Una vez que aceptamos a Cristo por fe, todo el mérito de la cruz es aplicado por Dios a nuestro favor. Nada de lo que hagamos o dejemos de hacer puede volver a ponernos bajo condenación. Somos salvos y estamos seguros.

Amado Padre celestial, fijo mi vista en la cruz. Me regocijo porque el pasado, el presente y el futuro han sido cubiertos. Te doy gracias porque soy salvo y estoy seguro.

Consumado es

LECTURA BÍBLICA: Isaías 61:1-3
VERSÍCULO CLAVE: Hebreos 12:2

Puestos los ojos en Jesús, el autor y consumador de la fe; quien por el gozo que tenía por delante sufrió la cruz, menospreciando el oprobio, y se ha sentado a la diestra del trono de Dios.

El tema dominante, exaltado, de la cruz es el triunfo. El grito todopoderoso: "Consumado es", declaró la victoria de Dios sobre el poder del pecado y del diablo.

No se equivoque, Cristo peleó y ganó la batalla cósmica de todos los tiempos en un pedacito de suelo judío. La muerte de Cristo en nuestro reemplazo expió nuestros pecados. Jesús mismo canceló y pagó nuestra deuda de pecado.

El diablo y sus huestes fueron igualmente aplastados por Cristo en la cruz. El poder de Satanás sobre el ser humano fue destrozado de manera que los que confiamos en el Salvador somos liberados de su dominio tenebroso y transferidos al reino de Dios.

El teólogo Lewis Chafer ha escrito: "Cristo logró claramente una victoria sobre Satanás en la cruz. Al ofrecer salvación al hombre, Cristo cumplió lo que Isaías 61:1 predijo, donde dice que él ha dado libertad a los cautivos".

El autor de Hebreos exclamó que Cristo "por el gozo que tenía por delante sufrió la cruz, menospreciando el oprobio, y se ha sentado a la diestra del trono de Dios" (Heb. 12:2).

La angustia de Cristo en la cruz —los clavos, las burlas, el dolor, el oprobio— forma parte integral de la conquista eterna.

Maravíllese de lo que Dios hizo con aquellas manos y aquellos pies clavados a un madero.

Oh Dios, estoy maravillado de lo que hiciste con aquellas manos y aquellos pies clavados a un madero. La angustia de tu Hijo se convirtió en conquista eterna. Gracias porque Satanás fue vencido en la cruz y he sido librado de su dominio tenebroso y transferido a tu reino. ¡Consumado es!

MAYO

TEMA

El camino al campo de batalla

QUE REPRESENTA: Tener confianza frente al enemigo

VERSÍCULO CLAVE: 2 Crónicas 20:15

Así os ha dicho Jehovah: "No temáis ni desmayéis delante de esta multitud tan grande, porque la batalla no será vuestra, sino de Dios."

Cuando alguien escoge el camino de Dios no pasa mucho tiempo antes de que su consagración enfrente un desafío, y eso es exactamente lo que le sucedió a Josafat. En 2 Crónicas 20 vemos a un gran y formidable enemigo avanzando hacia este piadoso rey de Judá para destruir el reino. Josafat no tenía un plan de batalla. Ni estrategia. Ni armas secretas. Pero Dios le prometió la victoria.

Tal como le sucedió a Josafat, su consagración tendrá constantes desafíos. Cuando surgen los conflictos tiene que enfrentar al enemigo espiritual con estrategias espirituales. Este mes tomaremos el camino hacia el campo de batalla espiritual y aprenderemos cómo confrontar al enemigo. Aprenderemos a usar armas espirituales. Descubriremos cómo ser victoriosos ante las tentaciones y presiones de la vida. Aprenderemos estrategias para vencer vanas imaginaciones, controlar la mente y ganar la victoria. De más importancia: ¡Aprenderemos a nunca darnos por vencidos!

¿Está listo? El ejército de Dios avanza hacia el campo de batalla. ¡En marcha!

Una reacción rápida

LECTURA BÍBLICA: 2 Crónicas 20:1-4
VERSÍCULO CLAVE: 2 Crónicas 20:3

Josafat tuvo temor, se propuso consultar a Jehovah e hizo pregonar ayuno en todo Judá.

Josafat recibió una noticia escalofriante. Judá estaba a punto de ser invadido: "Una gran multitud viene contra ti." Lo primero que hizo el rey fue acercarse a Dios en oración: "Se propuso consultar a Jehovah e hizo pregonar ayuno en todo Judá" (2 Crón. 20:2, 3).

Cuando atacan las pruebas o tragedias, que nuestra reacción sea de búsqueda de Dios en oración. El pueblo comprendió que nada que ellos pudieran hacer los salvaría del ejército que se acercaba. Solo Dios podía intervenir. Al orar hemos de estar dispuestos a que él haga lo que sea necesario para lograr la victoria.

Judá se libró del enemigo, pero no por medios convencionales. Dios mandó que el coro marchara delante del ejército y entonara cantos de alabanza a él. En medio del grito de batalla el Señor libró a su pueblo de la mano del enemigo, y hará lo mismo por usted.

Oración, alabanza y sentido de confianza son los elementos clave para lograr la victoria. ¿Está usted confiando en Dios para que le dé la solución al problema que enfrenta? Si no, puede empezar ya mismo. Entréguele sus cargas a él en oración, y alábele por la victoria.

Amado Dios, confío en ti para que me ayudes a resolver los problemas que hoy enfrento. Te entrego mis cargas y te pido que reines como Señor sobre cada situación.

Cuando lleva las de perder

LECTURA BÍBLICA: 2 Crónicas 20:5-12
VERSÍCULO CLAVE: 2 Crónicas 20:12

Oh Dios nuestro, ¿no los juzgarás tú? Porque nosotros no disponemos de fuerzas contra esta multitud tan grande que viene contra nosotros. No sabemos qué hacer, pero en ti ponemos nuestros ojos.

El rey Josafat y su pueblo llevaban indudablemente las de perder.

Los rodeaban los numerosos contingentes de tres ejércitos que eran muchos más que los israelitas. La reacción de Josafat nos brinda un plan de acción divino a todos los que nos encontramos acorralados:

Primero, Josafat reconoció el poder inigualable de Dios: "gobiernas en todos los reinos de las naciones y.. tienes en tu mano fuerza y poder, de modo que nadie te pueda resistir" (2 Crón. 20:6). Sean cuales sean nuestras circunstancias, Dios es superior. Su poder es suficiente, su gracia es adecuada, su misericordia es abundante.

Segundo, Josafat admitió su impotencia: "Nosotros no disponemos de fuerzas contra esta multitud tan grande que viene contra nosotros" (2 Crón. 20:12). Nuestra fuerza es limitada, pero el poder de Dios es ilimitado.

Tercero, Josafat se concentró en la presencia de Dios: "En ti ponemos nuestros ojos" (2 Crón. 20:12). No se obsesione con su problema. Concéntrese en la presencia y participación activa de Dios en medio de sus dificultades.

La batalla es de él y la ganará al confiar usted diariamente en él. Él luchará por usted si se lo permite. Hasta ahora, nunca ha perdido.

Padre celestial, el poder y la fuerza están en tus manos. Nadie puede prevalecer contra ti. No dispongo de fuerzas para enfrentar mis circunstancias, pero mis ojos están puestos en ti.

Derrame su corazón

LECTURA BÍBLICA: 2 Crónicas 20:13-17
VERSÍCULO CLAVE: 2 Crónicas 20:17

"En esta ocasión, vosotros no tendréis que luchar. Dete-
neos, estaos quietos y ved la victoria que Jehovah logrará
para vosotros. ¡Oh Judá y Jerusalén, no temáis ni desma-
yéis! ¡Salid mañana a su encuentro, y Jehovah estará con
vosotros!"

Josafat tenía un problema enorme. Los ejércitos moabitas, amoni-
tas y meunitas estaban a punto de marchar contra él y su pueblo (2
Crón. 20:1). Era una emergencia nacional. En su lugar, cualquier líder
hubiera llamado a sus consejeros o recurrido al ejército, pero no Josafat.

"Josafat tuvo temor, se propuso consultar a Jehovah" (2 Crón.
20:3). No vaciló, ni se quejó, ni perdió el tiempo con pensamientos
pesimistas. En cambio, convocó inmediatamente al pueblo para que
se reuniera con el objeto de orar y ayunar.

Note los atributos de Dios que mencionó al principio de su oración: "Oh Jehovah, Dios de nuestros padres, ¿no eres tú Dios en los
cielos, que gobiernas en todos los reinos de las naciones y que tienes
en tu mano fuerza y poder, de modo que nadie te pueda resistir?" (2
Crón. 20:6).

El rey reconoció el poder y la autoridad definitiva de Dios y, por
lo tanto, no temía lo que meros hombres pudieran hacerle. Es más,
demostró que estaba dispuesto a involucrarse en el proceso de la
respuesta de Dios. El rey no hizo una afirmación desganada, sin emoción; oró con interés y pasión y sinceridad.

¿Ha derramado alguna vez su corazón ante el Señor? Él quiere
que clame a él y busque activamente su intervención.

Oh Dios, hazte cargo de la estrategia. Dame los recursos pa-
ra librar mis batallas. Sé que aun mientras oro, mi libera-
ción está en camino.

La oración centrada en Dios

LECTURA BÍBLICA: 2 Crónicas 20:18-24
VERSÍCULO CLAVE: 2 Crónicas 20:6

Oh Jehovah, Dios de nuestros padres, ¿no eres tú Dios en los cielos, que gobiernas en todos los reinos de las naciones y que tienes en tu mano fuerza y poder, de modo que nadie te pueda resistir?

*L*a oración de Josafat se centró en Dios. No se dejó dominar por un negativismo, obsesionándose con los detalles de la dificultad que tenía por delante. Dios quiere que sea específico en cuanto a los problemas, pero su anhelo es que ponga su enfoque en el poder de él. Dígale cuál es su preocupación, y empiece con alabanzas por sus acciones y bendiciones en el pasado; luego exprese la verdad de su omnipotencia.

El rey no era un gobernante novicio, y aquel no era el primer problema de su reino. Había aprendido el valor de acercarse a Dios con humildad, reconociendo su dependencia total de él. Tan completa era su confianza que nunca volvió a caer en confiar en sí mismo.

Es decir, hubiera podido darle las gracias a Dios apresuradamente para luego extender sus mapas de batalla con el fin de trazar planes con sus generales. En nuestras propias situaciones la tentación de resolver las cosas por nuestra propia cuenta puede ser la misma, pero Dios quiere que dejemos en sus manos la estrategia.

Lo que es todavía más maravilloso es que mientras el rey oraba, Dios ya tenía la liberación en marcha. Cuando el ejército de Judá llegó al campo de batalla, estaba lleno de cadáveres. No quedaba en pie ni un solo enemigo. Dios no sólo les había provisto de lo que necesitaban, sino que lo había hecho con misericordiosa abundancia.

Confiar en que él proveerá los recursos necesarios para hacer frente a cada demanda es ser una persona centrada en Dios.

Oh Señor, Dios de nuestros padres, ¿no eres acaso el Rey en los cielos? ¿Y no eres el que gobierna en los reinos de las naciones? Tienes en tu mano fuerza y poder de modo que nadie te pude resistir. Líbrame de la mano de mi enemigo.

Su enemigo

LECTURA BÍBLICA: 2 Crónicas 20:25-30
VERSÍCULO CLAVE: 1 Pedro 5:8

*Sed sobrios y velad. Vuestro adversario, el diablo, como
león rugiente, anda alrededor buscando a quién devorar.*

*A*sí como Josafat enfrentaba al enemigo, usted tiene un enemigo
formidable. Se llama Satanás. Fue creado lleno de sabiduría y hermosura (Eze. 28:12-17). Le fue dado un lugar en el monte santo de
Dios. Fue creado como un ser santo, recto y justo. Pero el orgullo fue
el principio de su caída que, al final, lo llevó a querer tomar la posición de Dios. En su vanidad declaró: "Seré como Dios".

Él es nuestro adversario más feroz (Zac. 3:1; 1 Pedro 5:8); acusador (Apoc. 12:10); Lucifer, o portador de luz (Isa. 14:12), que significa "engañar"; dragón (Apoc. 12:7); devorador (1 Pedro 5:8); ase-
sino y mentiroso (Juan 8:44); engañador (Apoc. 20:10); príncipe de
este mundo (Juan 12:31); príncipe de los poderes del aire (Ef. 2:2);
destructor (Apoc. 9:11); maligno (Mat. 13:38) y el dios de esta edad
presente (2 Cor. 4:4).

Nunca tome con ligereza la habilidad o las intenciones malignas
de Satanás. Fue creado con un poder tremendo. Pero, por otro lado,
a nosotros el Señor nos equipó con armas espirituales "divinamente
poderosas" que, al ser usadas correctamente, pueden derrotar la obra
de Satanás en nuestra contra (2 Cor. 10:3-5).

El futuro de Satanás es de muerte eterna (Isa. 14:15; Apoc. 12:7-
10), pero en el presente es un poder con el cual tenemos que lidiar.
Nuestro único curso de acción eficaz es por medio del poder y la sangre del Señor Jesucristo. Nunca luche contra el enemigo por sus propios medios. Aun los ángeles usan el poderoso nombre de Jesús
cuando batallan contra su maldad (Judas 9).

*Señor, tu poder es mi defensa contra el adversario. Tu san-
gre asegura mi victoria. Haz que tu nombre, tu poder y la
sangre de Jesús reinen sobre las circunstancias de mi vida.*

Resista al diablo

LECTURA BÍBLICA: Ezequiel 28:12-17
VERSÍCULO CLAVE: Juan 8:44

Vosotros sois de vuestro padre el diablo, y queréis satisfacer los deseos de vuestro padre. El era homicida desde el principio y no se basaba en la verdad, porque no hay verdad en él. Cuando habla mentira, de lo suyo propio habla, porque es mentiroso y padre de mentira.

La guerra del golfo Pérsico se ganó no sólo por poderío militar. Los jefes militares y los líderes políticos dedicaron mucho tiempo a aprender todo lo posible sobre el enemigo. Ningún conflicto bélico se gana por fuerza bruta. Siempre es necesario contar con una estrategia y un conocimiento a fondo de lo que se enfrenta.

Si hemos de ganar la guerra contra Satanás y sus fuerzas tenemos que saber algo de él. Para empezar, él es nuestro adversario, un ángel caído, el príncipe de esta edad presente y el padre de mentira. Pero, sobre todo, es un enemigo derrotado.

Engaña al cuerpo de Cristo presentándose como un ángel de luz. Estratégicamente entremezcla el error en nuestro pensamiento con el propósito de confundirnos y desviarnos en nuestro andar espiritual. La meta principal de Satanás es hacernos dudar de Dios.

El mejor modo de hacerle frente es con la verdad de la Palabra de Dios y con el poder del Espíritu Santo. Si quiere ser espiritualmente victorioso en esta vida, empiece memorizando las Escrituras. Hasta un solo versículo puede tener un gran impacto cuando de la batalla espiritual se trata. Pídale a Dios que le revele cualquier pecado que tenga. Confiéselo y luego ore pidiendo su poder para apartarse del mismo. Dedique su vida a glorificar al Señor y no al mundo.

El enemigo siempre le recordará las ocasiones cuando fracasó, pero Jesucristo habla sólo de amor, poder y victoria. Puede cifrar toda su esperanza en él porque nunca le fallará.

Maestro, haz que tu Palabra more en mí abundantemente. Revélame cualquier pecado que haya en mi vida y dame fuerzas para apartarme de él. Te dedico mi vida para glorificarte a ti y no a las cosas del mundo.

El ropaje protector de Dios

LECTURA BÍBLICA: Efesios 6:10-18
VERSÍCULO CLAVE: Efesios 6:12

Nuestra lucha no es contra sangre ni carne, sino contra principados, contra autoridades, contra los gobernantes de estas tinieblas, contra espíritus de maldad en los lugares celestiales.

En algún momento se sentirá tentado a comprometer su andar con el Señor. Puede aparecer de un modo obvio e inmediatamente se negará usted a ceder.

Pero las más de las veces el engaño del enemigo es sutil. En cuanto acepta usted a Cristo como su Salvador, las metas de Satanás toman otro giro. Su nombre está escrito en el libro de la Vida del Cordero, y Dios le ha dado su sello de aprobación. No obstante, el enemigo sigue firme en querer lograr su destrucción espiritual y emocional.

"Nuestra lucha no es contra sangre ni carne", escribió Pablo, "sino contra principados, contra autoridades, contra los gobernantes de estas tinieblas, contra espíritus de maldad en lugares celestiales" (Ef. 6:12).

Por lo tanto, vístase cada día con el ropaje protector de Dios: el cinturón de la verdad, la coraza de justicia, el calzado de la preparación para proclamar el evangelio de la paz, el casco de la salvación, el escudo de la fe y la espada del Espíritu.

La oración es el cemento que sella la armadura de nuestra vida. Al enseñar este principio a sus discípulos, Jesús oró: "No nos metas en tentación, mas líbranos del mal" (Luc. 11:4).

Jesús sabía lo mortal que podían ser los dardos del enemigo. Pero no nos dejó sin esperanza. Vive en nuestro corazón. Por lo tanto, quiere que nos mantengamos firmes contra el enemigo por fe a través de la oración constante.

Padre, no me metas en tentación, mas líbrame del maligno. Protégeme de sus dardos mortales. Ayúdame a permanecer firme contra el enemigo por fe a través de la oración constante.

Vestido para la batalla

LECTURA BÍBLICA: 2 Corintios 10:3, 4
VERSÍCULO CLAVE: 1 Timoteo 6:12

Pelea la buena batalla de la fe; echa mano de la vida eterna, a la cual fuiste llamado y confesaste la buena confesión delante de muchos testigos.

No es de sorprender que el mal que hoy enfrentamos sea tan intenso: "Porque nuestra lucha no es contra sangre ni carne, sino contra principados, contra autoridades, contra los gobernantes de estas tinieblas, contra espíritus de maldad en los lugares celestiales" (Ef. 6:12).

Cuando el enemigo ataca asegúrese de estar vestido para la batalla apropiándose diariamente de la armadura de Dios:

El cinturón de la verdad. Cuando se apropia de la verdad de Dios él le da poder para resistir con éxito las falsedades del enemigo.

La coraza de justicia. Las acusaciones de Satanás son infundadas porque es usted justo por medio de Cristo.

El calzado de la paz. Sea lo que fuere que enfrenta, Jesús lo enfrenta con usted. Puede descansar en su paz porque él es quien gobierna.

El escudo de la fe. Dios es su escudo completo y perfecto contra los dardos de fuego del enemigo. El lo protegerá.

El casco de la salvación. Cuando su mente se concentra en Cristo, no podrá ser desviado.

La espada del Espíritu. No hay nada que sea más poderoso que la Palabra de Dios. Es su arma ofensiva contra los asaltos de Satanás. Reclame como suyo un versículo bíblico que se relacione con su necesidad y aférrese firmemente de él.

Amado Señor, me visto hoy con mi armadura espiritual. Tomo el cinturón de la verdad, la coraza de justicia, el calzado de la paz, el escudo de la fe, el casco de la salvación y la espada del Espíritu. Estoy listo para la batalla.

Una influencia dañina

LECTURA BÍBLICA: 1 Corintios 10:14-22
VERSÍCULO CLAVE: 1 Corintios 10:21

No podéis beber la copa del Señor y la copa de los demonios. No podéis participar de la mesa del Señor, y de la mesa de los demonios.

*E*l creyente pelea sin tregua —aunque no quiera— una batalla espiritual contra Satanás y sus demonios. Aunque usted ya no esté bajo el dominio del diablo, no es inmune a sus intrigas y complots.

La batalla no es con el fin de poseerlo, porque usted pertenece sólo a Cristo, sino de controlarlo. No tiene que ver con su destino porque su futuro con Cristo en el cielo es seguro, sino con sus victorias cotidianas.

El adversario busca una abertura desde la cual puede construir un baluarte espiritual e influenciar sus pensamientos y acciones para mal. Usted puede dar a las fuerzas demoníacas entradas innecesarias en su vida al participar en actividades cuestionables: ver cintas sobrecargadas de sensualidad y horror, leer materiales llenos de escandalosas referencias a un modo de vida carnal, escuchar música cuya letra promueve lascivia y rebelión.

Este no es un intento por ser legalista. Cualquier cosa que usurpa el papel de Cristo como Señor de su vida, compitiendo por su devoción y tiempo, puede ser pasto para la actividad demoníaca. Lo importante es examinar su vida, pidiéndole a Dios que le revele cualquier área de sus pensamientos o acciones que pudieran darle a Satanás y a sus poderes oportunidad de ser una influencia perjudicial.

Amado Padre celestial, sé que no soy inmune a las intrigas y complots del enemigo. Te ruego que me reveles cualquier área de mis pensamientos o acciones que pudieran dar a Satanás y sus poderes oportunidad de influenciar mi vida.

La verdadera batalla

LECTURA BÍBLICA: Romanos 8:35-39
VERSÍCULO CLAVE: Gálatas 5:17

La carne desea lo que es contrario al Espíritu, y el Espíritu lo que es contrario a la carne. Ambos se oponen mutuamente, para que no hagáis lo que quisierais.

Las guerras cambian el tenor de hombres y naciones. Durante las semanas que duró la guerra en el golfo Pérsico, los habitantes de los países representados por las fuerzas aliadas no pensaban en otra cosa. Tanto ciudadanos como soldados permanecían alerta ante lo que se iba desarrollando por más insignificante que fuera, muy conscientes de que la próxima maniobra podría significar victoria o derrota, vida o muerte. Al terminar el conflicto la preocupación disminuyó gradualmente y la mayoría volvió a su rutina de siempre.

Cada creyente en Jesucristo se encuentra involucrado en una lucha espiritual feroz. A diferencia de los soldados en las guerras que empiezan y terminan, enfrentamos en el diablo un enemigo incesante que nunca descansa de sus deseos malignos. Por esto nunca podemos dejar de estar en guardia contra las armas de Satanás que son las dudas y las decepciones. No puede afectar nuestro destino eterno porque éste ha sido asegurado por la muerte y resurrección de Cristo, pero sí puede alterar nuestro quehacer con sus rebeldes intrigas.

Permanezca alerta. Esté vigilante. Sea disciplinado. Libra usted una lucha de fe, una guerra verdadera con bajas de grandes proporciones. Despiértese cada mañana listo para la batalla, y encare al enemigo con una fe firme.

Dios todopoderoso, sé que estoy involucrado en una constante lucha de fe. Ayúdame a permanecer alerta, estar vigilante y ser disciplinado, listo para encarar al enemigo con una fe firme.

Controle sus pensamientos

LECTURA BÍBLICA: Colosenses 3:1-17
VERSÍCULO CLAVE: 1 Corintios 2:16

"¿Quién conoció la mente del Señor? ¿Quién le instruirá?"
Pero nosotros tenemos la mente de Cristo.

La edad de la computadora ha llegado y con ella un nuevo diccionario de términos técnicos. Uno que tenemos que saber a estas altura es *programa*, que es la base operativa de todos los sistemas de computarización. Vemos computadoras impresionantes en anuncios y oficinas; pero el *programa* compacto, oculto, es lo que logra que el sistema funcione.

En cierto sentido recibimos un *programa* enteramente nuevo cuando aceptamos a Cristo como Salvador, Señor y Vida. Somos extraídos de Adán (la manera antigua de vivir) y colocados en Cristo (la nueva manera de vivir). Por medio del Espíritu Santo que mora en nosotros tenemos ahora "la mente de Cristo" (1 Cor. 2:16) que nos permite alinear nuestros pensamientos con los de Cristo y ver la vida desde la perspectiva de Dios.

Pero tales pensamientos no se registran automáticamente. Nuestro antiguo *programa* de mentalidad egoísta, independiente, ha penetrado profundamente en nuestra personalidad. Nos encontramos diariamente ante la mentalidad de un mundo impío y los dardos del diablo, nuestro constante adversario.

Disfrutar de los beneficios de nuestra nueva naturaleza y nueva mentalidad depende de que nos valgamos cotidianamente de la programación espiritual que el Padre brinda para nuestra nueva vida en Cristo.

Querido Dios, gracias por haberme vuelto a programar, quitando lo antiguo, llenándome de lo nuevo. Te alabo porque tengo ahora la mente de Cristo que me permite alinear mis pensamientos a fin de ver la vida desde tu perspectiva.

Al enfrentar tentaciones

LECTURA BÍBLICA: Lucas 4:1-14
VERSÍCULO CLAVE: 2 Timoteo 2:22

Huye, pues, de las pasiones juveniles y sigue la justicia, la fe, el amor y la paz con los que de corazón puro invocan al Señor.

No es cuestión de pensar si el creyente enfrentará tentaciones sino cuándo. Mientras vivamos en un mundo donde Satanás y el pecado están activos, la tentación llamará a la puerta de nuestro corazón y nuestra mente. Pero con Cristo que mora en nosotros no tenemos por qué abrirla. Podemos resistir las tentaciones.

En muchos casos podemos tomar medidas preventivas. Si el chisme es un problema, evitemos los encuentros que se dedican a las habladurías. Si los pensamientos inmorales son un problema, apartémonos de relaciones cuestionables o actividades tentadoras.

Pablo le dijo a Timoteo: "Huye... de las pasiones juveniles" (2 Tim. 2:22). Si caemos en una situación tentadora o si luchamos con una atracción impía en particular, tenemos que atacar la tentación con firmeza.

Reconozcamos quién está detrás de nuestra tentación. En última instancia, es siempre el diablo el hábil perpetrador de las intrigas que llevan a las tentaciones. Procura hacer estragos en nuestra vida, disimulando sus tácticas en un resplandor de placer.

Luego, por un acto de nuestra voluntad, analicemos las consecuencias de ceder a la tentación. ¿Qué resultará de esto? ¿Ayudará a mi relación con Cristo? ¿Quién se verá afectado si caigo? Contemplar las repercusiones nos alerta al peligro.

Oh Señor, ayúdame a ser vigilante en guardarme de la tentación. Dame la habilidad de ver más allá de los placeres inmediatos del pecado para reconocer las acciones de Satanás destinadas a hacer estragos en mi vida.

Una vía de escape

LECTURA BÍBLICA: Santiago 4:1-8
VERSÍCULO CLAVE: 1 Corintios 10:13

No os ha sobrevenido ninguna tentación que no sea humana; pero fiel es Dios, quien no os dejará ser tentados más de lo que podéis soportar, sino que juntamente con la tentación dará la salida, para que la podáis resistir.

El himno "Pon tus ojos en Cristo", de Helen Lemmel, ofrece una palabra de aliento al enfrentar la tentación de darnos por vencidos. Hace la pregunta: "¡Oh alma cansada y turbada! ¿Sin luz en tu senda andarás?", y luego insta al alma angustiada a mirar al Salvador para tener una vida abundante. Al fijar nuestra vista en Jesús y contemplar su rostro, lo terrenal sin valor será a la luz del glorioso Señor.

El enemigo de nuestra alma envía las tentaciones con el propósito de desalentarnos y lograr que nos demos por vencidos. Dios permite las tentaciones. Sin sus golpes feroces y poderosos contra nuestra vida no podemos desarrollar plenamente la valentía que acompaña a la fe.

El Señor sabe que todos cometemos errores. Al encarar las tentaciones aprenda a decirle "no" al tentador. Hay Alguien más fuerte dentro de usted, y él lo llama a permanecer fiel al que puede salvarlo del dolor físico y emocional que producen las tentaciones.

Jesús comprende la confusión que generan las pruebas duras. Por lo tanto, ha provisto un plan de escape de las garras airadas de Satanás (1 Cor. 10:13). Pero primero debe negarse usted a ceder a las incitaciones del enemigo. Jesús se valió de las Escrituras cuando fue tentado a apartarse de Dios. La Palabra de Dios es su defensa segura. Guárdela en su corazón, y clame al Señor con toda su alma.

Amado Padre celestial, pongo mis ojos en ti para que me des fuerzas para mi peregrinaje. Capacítame para poder negarme a ceder a las incitaciones que el enemigo ponga en mi camino. ¡Clamo a ti para que me ayudes!

Algo importante en qué pensar

LECTURA BÍBLICA: Efesios 2:1-7
VERSÍCULO CLAVE: Mateo 26:41

*Velad y orad, para que no entréis en tentación. El espíritu,
a la verdad, está dispuesto; pero la carne es débil.*

*C*ontrolar nuestros pensamientos puede ser difícil, especialmente cuando damos lugar a pensamientos que no coinciden con los de Cristo. Muchos dicen: "En realidad, no es ese mi problema. No pienso en cosas pecaminosas ni en las que perjudican mi relación con Dios". Pero pasan por alto sus pensamientos y sentimientos negativos acerca de sí mismos y acerca de los demás.

Escondida dentro de los vastos recursos de nuestra mente existe una tremenda habilidad de archivar y usar información. El cerebro es tan complejo que la ciencia aún no ha descubierto toda su capacidad. Pero una cosa es cierta: nos vemos a nosotros mismos a la luz de lo que creemos ser la verdad. Si elaboramos un sistema negativo de creencias en relación con quiénes somos, actuaremos negativamente. Entonces, el antiguo adagio: "Los ganadores nunca pierden y los perdedores nunca ganan" tiene razón. No porque los ganadores ganen y los perdedores pierdan, sino por cómo cada uno en estos grupos se ve a sí mismo.

Durante la próxima semana niéguese a reaccionar a cualquier pensamiento negativo que tenga de usted mismo o de los demás. Si su ser interior le dice que es feo, mírese al espejo y dígase: "Soy hijo de Dios y me ama tal cual soy", ¡y punto final!

Dios nunca lo menoscaba ni lo avergüenza. Lo conduce al altar de su perdón para que pueda sentir personalmente su glorioso amor y cuidado. Es allí donde le da un comienzo totalmente nuevo. ¡Esto sí que es algo importante en que pensar!

Padre Dios, te alabo porque soy tu hijo y me amas tal cual soy. ¡Soy un ganador!

El punto crítico de las presiones

LECTURA BÍBLICA: Mateo 4:4-11
VERSÍCULO CLAVE: 2 Corintios 2:11

No seamos engañados por Satanás, pues no ignoramos sus propósitos.

La mayoría de las tentaciones aparecen cuando hemos alcanzado el punto crítico en algo que nos presiona. Después del bautismo de Jesús se le acercó enseguida el diablo y empezó a tentarle a depender de sus propias habilidades y no del poder y la fidelidad de Dios. Este es el mismo tipo de tentación que el enemigo por lo general nos pone delante. Ronda constantemente a nuestro alrededor, tratando de que confiemos en nuestros propios conocimientos y habilidades.

Dios nos llama a entregarnos a su voluntad mientras Satanás susurra que podemos lograr lo que sea por nuestros propios medios aparte de Dios. Otra mentira que usa Satanás para hacernos caer es la idea de que Dios se ha olvidado de nosotros. Por ejemplo, los que nunca han contraído matrimonio empiezan a dudar de la habilidad de Dios de darles un cónyuge. En lugar de seguir buscando a Dios y la satisfacción que él brinda, se apuran y se casan fuera de su voluntad.

Decídase a esperar lo mejor que Dios le tiene reservado y nunca quedará decepcionado. Cristo se mantuvo firme cuando fue probado por Satanás. No se centró en las necesidades personales sino en la voluntad del Padre. Obtuvo la victoria sobre las tentaciones porque le interesaba más complacer a Dios que satisfacer sus necesidades.

Si se encuentra usted en una situación difícil, sea su meta buscar la sabiduría de Cristo. Ore pidiendo fuerzas para resistir al enemigo, y confíe en que habrá de derramar bendiciones sobre su vida.

Señor, estoy sujeto a mi propia voluntad. Cámbiame para que me sujete a tu plan divino. Me comprometo a esperar lo mejor que tienes reservado para mí. Dame fuerzas para resistir al enemigo y a confiar en que derramarás tus bendiciones sobre mi vida.

Nuestra mejor defensa

LECTURA BÍBLICA: 2 Corintios 12:7-10
VERSÍCULO CLAVE: 2 Corintios 12:10

Me complazco en las debilidades, afrentas, necesidades, persecuciones y angustias por la causa de Cristo; porque cuando soy débil, entonces soy fuerte.

Uno de los más tristes ejemplos de la fiereza de la tentación es la negación de Pedro. Negó la idea de que abandonaría al Señor, pero eso fue exactamente lo que hizo (Mat. 26:33).

Pedro estaba acostumbrado a hacerse cargo de cualquier situación. Era intrépido, especialmente en medio del mar de Galilea, cuando el viento azotaba su embarcación pesquera y la proa se zarandeaba en las encrespadas olas. Pero ese era un ambiente que le era familiar, no como el de la noche cuando Cristo fue arrestado.

En realidad, ninguno de los discípulos estaba preparado para lo que sucedió, y menos para la crucifixión. Pedro terminó por negar al Señor tres veces, tal como Jesús lo había predicho. ¿Qué incluía esta tentación y por qué cedió Pedro a la trampa del enemigo?

Pedro se olvidó del principio de la fuerza divina. El apóstol Pablo más adelante enunció este principio en 2 Corintios 12:10: "Me complazco en las debilidades, afrentas, necesidades, persecuciones y angustias por la causa de Cristo; porque cuando soy débil, entonces soy fuerte". Jesús es la única fuerza de la que puede estar seguro. Cuando aparece una tentación su mejor defensa no es luchar contra ella con su propia habilidad, sino acercarse a Dios en oración. Reclame como suya su posición como su hijo, permanezca firme en su fe y admita como suya la fuerza de él.

Aunque Pedro cayó Jesús le animó a no darse por vencido. Cuando lo atrape una tentación sepa que Cristo lo perdonará y restaurará, tal como lo hizo con Pedro.

Padre celestial, tú eres mi fuerza y mi defensa contra las tentaciones. Soy tu hijo. Permanezco firme en mi fe y admito que cuando soy débil, ¡entonces soy fuerte!

Donde se gana la batalla

LECTURA BÍBLICA: Mateo 26:36-46
VERSÍCULO CLAVE: Lucas 5:16

Pero él se apartaba a los lugares desiertos y oraba.

Jesús ha de haber sentido que el mundo lo cercaba. Sabía lo que le deparaba el futuro, y en la plenitud de su divinidad y de su humanidad Jesús comprendía lo que involucraba morir en una cruz. A la humillación y agonía física de la crucifixión se sumaría el horror de sentir la ira de Dios por los pecados de la humanidad. Había una sola solución para vencer los sentimientos que lo acosaban: orar. Así que Jesús fue al Jardín de Getsemaní para desahogarse en oración a solas ante su Padre.

¿A dónde va usted cuando la vida parece inaguantable, cuando las presiones aprietan cada fibra de su ser hasta más no poder? Jesús se identifica con su dolor y sufrimiento. Sabe lo que es sentirse abrumado por emociones conflictivas. Pero piense esto: el peor problema que usted jamás enfrentará no es nada en comparación con lo que le pasó a Jesucristo. Y Cristo, que es Dios mismo, encaró su terrible experiencia sobre esta tierra acercándose al Padre a solas en oración.

Usted necesita de un momento a solas con su Padre celestial. Necesita aislarse para leer su Palabra, para comunicarle sus más profundos pensamientos y para descubrir sus respuestas. Sí, el momento de oración con otros es también importante para su desarrollo espiritual, pero a veces usted y el Señor necesitan estar juntos a solas. Busque un lugar donde pueda pasar un rato con él y descubrirá una intimidad incomparable.

Quiero pasar más tiempo a solas contigo, Señor. Ayúdame a encontrar momentos de aislamiento en que pueda estar ante tu presencia para recibir la renovación y el poder para librar las batallas de la vida.

Atrapado por el conspirador

LECTURA BÍBLICA: Salmo 25
VERSÍCULO CLAVE: 1 Pedro 4:7

El fin de todas las cosas se ha acercado. Sed, pues, prudentes y sobrios en la oración.

W arren Wiersbe comenta sobre nuestras luchas con el enemigo: "La palabra *milicia* en 2 Corintios 10:4 significa campaña. Pablo no luchaba en una simple escaramuza en Corinto; el ataque del enemigo allí era parte de una gran campaña satánica. Los poderes del infierno siguen tratando de destruir la obra de Dios (Mat. 16:18) y es importante que no cedamos terreno al enemigo".

Muchos creyentes no se dan cuenta de que su lucha espiritual es cotidiana. El enemigo libra una batalla sin tregua en nuestra mente, nuestros pensamientos y creencias. Nuestra escala de valores se encuentra bajo constante ataque al desafiarnos a ir con la corriente de una sociedad que hace mucho ha dejado muy atrás su fundamento espiritual.

No se adormezca mentalmente creyendo que ya que usted es miembro de cierta iglesia que pertenece a cierta denominación, no hay forma de que pueda caer ante las tentaciones engañosas de Satanás. Primera de Pedro 4:7 nos insta a ser "prudentes y sobrios".

Aun el creyente puede caer presa del enemigo, así que permanezca firme en Cristo. Cada pensamiento, cada cuestión que parece contraria a Dios tiene que ser llevado "cautivo... a la obediencia de Cristo" (2 Cor. 10:5). Usted es el único que puede hacerse responsable de su vida.

No se deje atrapar por el enemigo pensado que no necesita de Jesucristo. Él da vida a cada fibra de su ser.

Oh Dios, dame criterios correctos y un espíritu sobrio. Ayúdame a llevar cautivo cada pensamiento que surge en contra de ti. Llena de vida cada fibra de mi ser.

Esos momentos de prueba

LECTURA BÍBLICA: Santiago 1:1-8
VERSÍCULO CLAVE: Isaías 10:15

*¿Se jactará el hacha contra el que corta con ella? ¿Se enso-
berbecerá la sierra contra el que la maneja? ¡Como si el
bastón manejase al que lo levanta! ¡Como si la vara levan-
tase al que no es madera!*

Su reunión programada para las nueve de la mañana empieza en
treinta minutos, y usted está llegando tarde al trabajo. Los comenta-
rios radiales sobre el tránsito alertan a la población de que tomen otra
ruta porque ésta está bloqueada por un vehículo descompuesto.

Usted pone en marcha su auto y emprende su camino, tratando
de no perder la calma. Un auto deportivo, último modelo, decide cortarle el paso pero chocan. El choque es leve pero tienen que esperar
a que venga la policía y se haga el parte policial.

Llega al trabajo y se entera de que la reunión ha sido cancelada
debido a su ausencia, y su jefe quiere verlo inmediatamente en su oficina.

Las pruebas y los escollos son parte de la vida. Todos pasamos
por ellos. Muchas veces aparecen sin aviso y nos dejan sintiéndonos
impotentes. Pero Dios tiene un propósito para los momentos de
prueba.

Hannah Whitall Smith escribe: "A fin de conocer realmente a
Dios, la quietud interior es imprescindible". Cuando Dios es el ancla
de su alma, su fidelidad y poder siempre vencerán las presiones de la
vida. La quietud y confianza en él son nuestra fortaleza (Isa. 30:15).
Acérquese a Jesucristo y él calmará los vientos de la adversidad en su
vida.

*Señor, aquieta mi espíritu. Alivia mis ansiedades. Calma los
vientos de la adversidad en mi vida.*

Renovemos nuestra mente

LECTURA BÍBLICA: Romanos 12:1, 2
VERSÍCULO CLAVE: Colosenses 2:15

También despojó a los principados y autoridades, y los exhibió como espectáculo público, habiendo triunfado sobre ellos en la cruz.

En su carta a los Romanos Pablo escribía a creyentes de diversas procedencias. Muchos habían estado involucrados en cultos paganos. Habían aceptado a Cristo como su Salvador pero, mentalmente, seguían librando intensas batallas.

El blanco principal de Satanás es nuestra mente. Quiere que pensemos negativamente, que nos sintamos inseguros y que huyamos del lugar donde Dios nos ha colocado.

Hay estudios que demuestran que la moralidad y la esperanza están en su punto más bajo en nuestra época. Pero debe ser justamente lo contrario en el caso del creyente. Tenemos la mejor razón para vivir y avanzar, no por quienes somos, sino por quien mora en nosotros: Jesucristo.

Renovamos nuestra mente consagrándonos a pensar y ver la vida desde la perspectiva de Dios. Por lo general, tenemos que pedirle a Dios que nos ayude a lograr este cambio. También puede significar cortar el acceso de Satanás a ciertas áreas de nuestra vida. Analicemos todo lo que leemos, escuchamos y miramos por televisión.

Pídale a Dios que le muestre aquello a lo cual necesita renunciar. Cualquier cosa contraria a su verdad es un ardid de Satanás para desviarlo. Además, la verdadera batalla por la mente se libra en la voluntad. Dios puede renovar sus pensamientos, pero usted debe estar dispuesto a cambiar. Escoja lo puro en lugar de lo malo, la verdad en lugar de la mentira.

Maestro, ayúdame a cambiar mi manera de pensar. Quiero pensar tus pensamientos y ver las cosas desde tu perspectiva. Revélame cualquier área de mi vida en que necesito cortarle el acceso a Satanás.

La batalla de la oración

LECTURA BÍBLICA: Mateo 12:22-30
VERSÍCULO CLAVE: Salmo 143:8

Hazme oír por la mañana tu misericordia,
porque en ti confío.
Hazme conocer el camino en que he de andar,
porque hacia ti levanto mi alma.

¿Por qué nos es tan fácil descuidar la oración? ¿Por qué tantas veces buscamos soluciones en nuestras fuerzas y nuestros propios recursos en lugar de volvernos rápidamente a Dios en oración?

Es cierto, nuestra carne es débil; pero existe otra razón por la cual nuestra vida de oración puede ser inefectiva o esporádica: tenemos un enemigo acérrimo, el diablo, quien trabaja constantemente para impedir que nos pongamos de rodillas. ¿Por qué? Nuestro adversario —y él es exactamente eso— sabe que la victoria se logra cuando buscamos y confiamos en Dios con nuestra oración personal.

Satanás, con astucia, consigue que estemos demasiado ocupados para orar. Nos engaña haciéndonos creer que la vida se vive sólo en un plano físico. Como creyentes somos seres preeminentemente espirituales, en quienes mora el Espíritu de Dios. Por lo tanto, tenemos un enemigo espiritual —Satanás— y, para derrotarlo, tenemos que emplear armas espirituales.

No existe arma más poderosa que la oración. Es allí donde se pelea y gana la batalla. Cuando nos volvemos a Dios y confiamos en él, hemos puesto la cuestión directamente en las manos del que derrotó totalmente al diablo y del que guía a su triunfo seguro.

Su enemigo es demasiado fuerte para usted, pero no para el Señor que resucitó y ascendió al cielo. Acérquese a él en oración y observe cómo gana las batallas que usted no puede superar por sus propias fuerzas.

Amado Señor, el enemigo es demasiado fuerte para mí, pero tú eres más grande que todos sus poderes. Por favor, pelea mis batallas. No puedo ganar por mis propias fuerzas.

Las defensas de nuestra familia

LECTURA BÍBLICA: Salmo 140:1-8
VERSÍCULO CLAVE: 1 Tesalonicenses 5:17

Orad sin cesar.

Las guerras reales no se pelean con armas de juguete, y no peleamos contra Satanás con mera determinación o resolución. Dios da a nuestra familia defensas contra Satanás. Si hemos de triunfar, tenemos que tomar sus armas.

Ore hoy por cada integrante de su familia. Pídale a Dios que rodee a cada uno con un cerco sobrenatural de protección contra las tácticas del Maligno. Diga sus nombres ante Dios, dándole gracias porque están inscritos en la palma de su mano.

Especialmente, ore la Palabra de Dios. Encuentre versículos que se relacionan con sus problemas en particular, y ore esos versículos a Dios. Es la verdad de Dios, y la verdad siempre derrota las mentiras de Satanás.

Resista al diablo en el nombre de Cristo. Dios ya le ha dado la victoria sobre el enemigo por medio de su unión con Cristo. Jesús venció a Satanás por medio de su vida sin pecado, su muerte expiatoria y su resurrección triunfante. Satanás es un enemigo vencido. Aunque sigue luchando brutalmente, puede usted vencerle por medio del poder de Jesucristo.

Reprenda al diablo en el nombre de Cristo, ordénele que huya y permanezca usted firme. Pídale al Espíritu Santo que llene a sus familiares y que no dejen espacio para que el diablo obre en ellos.

Amado Padre celestial, ¡en el nombre de Jesús reprendo el poder del enemigo sobre mi familia y le ordeno que se retire! Espíritu Santo, llena a cada integrante de mi familia de manera que no dejen espacio para que Satanás obre en ninguno de ellos.

Poder vencedor

LECTURA BÍBLICA: Lucas 24:14-32
VERSÍCULO CLAVE: Juan 14:16

Y yo rogaré al Padre y os dará otro Consolador, para que esté con vosotros para siempre.

Lucas contó la anécdota de dos hombres que iban camino a Emaús después de la crucifixión. Estaban muy apesadumbrados y desanimados por lo que parecía el final de sus sueños. Habían pensado que Jesús liberaría a Israel del yugo romano. Ahora que había muerto toda esperanza parecía perdida, hasta que sus ojos fueron abiertos por el Salvador resucitado.

Todos hemos sentido alguna abrumadora desilusión, especialmente cuando creemos que Dios nos está guiando en cierta dirección y las cosas resultan distintas de lo que esperábamos. Pero la muerte de Jesucristo no era un final sino un maravilloso comienzo. Los discípulos todavía no habían recibido el poder del Espíritu de Dios. Por lo tanto, su perspectiva espiritual era limitada.

Antes de Pentecostés nadie, ni siquiera los discípulos, podían tener idea del poder a disposición de ellos. Sólo entonces fueron los seguidores de Cristo totalmente investidos del poder de lo alto.

El poderoso mensaje de la resurrección es que Dios ahora habita en el corazón de sus seguidores por medio de la presencia de su Espíritu Santo que mora en ellos. La próxima vez que se sienta con dudas o desanimado, recuerde el poder que Dios le dio por medio de su Hijo. Es el poder vencedor de lo alto —sobre todo poder del enemigo— y es dado a todo aquel que pone su fe en Jesucristo.

Dios todopoderoso, gracias por el poder de Pentecostés que fluye por mi espíritu hoy. Te alabo por tu poder vencedor de lo Alto que triunfa sobre las fuerzas del enemigo.

Los altibajos de la vida

LECTURA BÍBLICA: Juan 14:25-31
VERSÍCULO CLAVE: Juan 16:33

Os he hablado estas cosas para que en mí tengáis paz. En el mundo tendréis aflicción, pero ¡tened valor; yo he vencido al mundo!

*A*penas unas semanas después de su conversión una nueva creyente se lamentaba de las contradicciones en su vida:

"Si soy creyente, ¿por qué tengo tantos problemas?", se preguntaba sinceramente. Seamos creyentes nuevos o maduros, en ambos casos pasamos por ciclos espirituales, rachas cuando nos parece que tocamos el cielo con las manos y otras cuando "andamos por el suelo".

Jesús fue realista al describir el tipo de experiencias turbadoras que sus discípulos (incluyendo nosotros) encararían: "Os he hablado estas cosas para que en mí tengáis paz. En el mundo tendréis aflicción, pero ¡tened valor; yo he vencido al mundo!" (Juan 16:33)

Si usted está pasando por situaciones perturbadoras, tenga valor; lo mismo nos pasa a los demás. En dichas circunstancias seguimos teniendo contentamiento y estabilidad por medio de nuestra relación constante, inalterable, permanente, con Jesucristo.

Aférrese a Cristo por medio de su comunión personal, consecuente con él, llevándole todas sus necesidades y todos sus temores. El es el timonel de su alma en las rachas perturbadoras, y su seguridad y paz se hallan en sus manos firmes. Él lo mantendrá en su curso.

Oh Señor, en el mundo tengo aflicción, pero tú has vencido al mundo, y yo puedo vencerlo también por medio tuyo. Eres el timonel de mi alma en los momentos perturbadores. Mi seguridad y mi paz se hallan en tus manos. Me regocijo de que me mantendrás en curso con mi destino.

Confíe en Dios resueltamente

LECTURA BÍBLICA: Hebreos 2:14-18
VERSÍCULO CLAVE: Isaías 26:3

Tú guardarás en completa paz a aquel cuyo pensamiento en ti persevera, porque en ti ha confiado.

La bolsa de valores sube y baja. Los precios de los productos agrícolas aumentan y caen. Pasamos por tiempos de buena salud y de enfermedad.

Tal es la naturaleza inestable de nuestro ambiente: siempre cambiando, alterándose, variando. Pero el creyente tiene un ancla firme en tales fluctuaciones, una fe segura en un Dios inmutable que promete que nunca nos dejará impotentes.

Dios es soberano. Dios está siempre obrando en cada detalle de nuestra vida, usando cada revés y victoria con miras a su propósito principal: glorificarse por medio de conformarnos a la imagen de Cristo. Ningún evento o persona se encuentra fuera del poder y el mando de Dios.

Dios es sabio. Su sabiduría es nuestra al pedir humildemente y al recibir con esperanza. Su Palabra y Espíritu iluminan nuestra senda que nos lleva a cumplir su voluntad para nuestra vida.

Dios es amor. Venga lo que venga permanecemos seguros en el amor de Dios. Su amor asegura que él nos sustentará, guiará y sostendrá. Se interesa tiernamente en nuestras necesidades más profundas. Nada nos puede privar de su amor.

Porque Dios es soberano, sabio y amor, puede usted confiar en él sin reservas. Confiar en él resueltamente quitará sus temores, calmará sus dudas y estabilizará sus emociones. Él lo sujeta con firmeza y no lo soltará.

Padre celestial, tú eres un Dios inmutable que nunca me desamparas. Eres soberano y obras en cada detalle de mi vida. Usa cada contratiempo y victoria para cumplir tu propósito de conformarme a la imagen de Cristo.

En momentos de necesidad

LECTURA BÍBLICA: Hebreos 4:12-16
VERSÍCULOS CLAVE: 2 Timoteo 2:25b, 26

Dios les conceda que se arrepientan para comprender la verdad, y se escapen de la trampa del diablo, quien los tiene cautivos a su voluntad.

*P*or lo general pensamos en lo obvio: odio, lascivia, inmoralidad, como las armas principales de tentación y derrota. Pero nuestro acusador posee un instrumento de destrucción espiritual mucho más mortal y astutamente disfrazado: el desaliento.

En momentos de necesidad nos provoca a obsesionarnos con nuestros errores, nuestros repetidos fracasos, nuestra constante confesión de pecados y nuestra falta general de santidad, justicia y rectitud. Al diablo le cuesta poco desilusionarnos. Conocemos demasiado bien nuestras propias debilidades. Si no las superamos, el desaliento lleva a la desesperación que anula todo sentido de piadosa esperanza y confianza. Como un tanque de guerra sin combustible, nos neutraliza en el campo de batalla espiritual.

Si ha pasado usted por esta experiencia desconcertante, puede desarmar al engañador con esta verdad bíblica inmutable: la gracia de Dios nunca falla.

La gracia de Cristo lo salvó. Él lo favorece aun cuando se tambalea. Su gracia ha reservado para cada creyente un lugar en el cielo que ningún pecado puede quitar.

Su trono está adornado de gracia y misericordia. Como el Hijo del Hombre, Cristo comprende sus dificultades. Nunca lo apartará de su lado. En el instante en que clame a él y le agradezca su perdón, el desaliento pierde su poder. Acérquese a él con arrojo.

Padre Dios, me hago cargo de la herramienta del enemigo que es el desaliento en mi vida. Te entrego todos mis errores, fracasos y pecados recurrentes. Te agradezco tu gracia que nunca falla.

Permanezcamos firmes en su gracia

LECTURA BÍBLICA: Salmo 46
VERSÍCULO CLAVE: Salmo 46:1

Dios es nuestro amparo y fortaleza, nuestro pronto auxilio en las tribulaciones.

¿Qué es "gracia"?

Gracia es auxilio. Todos necesitamos el auxilio de Dios. No podemos ser salvos del pecado aparte del don de su Hijo. No podemos contar con su divina providencia aparte del don del Espíritu Santo.

Nunca sea demasiado orgulloso para pedirle a Dios que lo ayude. Rechazar su auxilio es como un hombre hambriento que rechaza suntuosos manjares. El salmista escribió: "Dios es nuestro amparo y fortaleza, nuestro pronto auxilio en las tribulaciones" (Sal. 46:1).

Gracia es aceptación. Si ha aceptado a Cristo como su Salvador no tiene que ganarse el beneplácito de Dios. Ya lo tiene. Aunque disciplina a sus hijos, él nunca nos rechaza por nuestras acciones. Contamos con el amor de Dios en abundancia por intermedio de Cristo. Nuestra aceptación como integrantes de su familia es irrevocable.

Gracia es compasión. Jesús se apiada de nosotros. Se identifica con nuestras debilidades, nuestros temores, nuestras ansiedades. Dios no está distante, no es frío ni indiferente. Cuando Cristo se encarnó tomó sobre sí todos los padecimientos de la humanidad. Aunque sin pecado, Dios llora con nosotros en nuestras aflicciones, se entristece por nuestros pecados y se alegra por nuestra obediencia.

Permanezca firme en su gracia. Reciba su auxilio. Descanse en su aceptación. Disfrute de su compasión. La gracia de Dios está con usted.

Amado Señor, tú eres mi amparo y mi fortaleza, mi pronto auxilio en las tribulaciones. Gracias por tu aceptación incondicional y tu compasión sin límites. Ayúdame a permanecer firme en tu gracia.

El campo de victoria

LECTURA BÍBLICA: Salmo 96
VERSÍCULO CLAVE: Salmo 96:4

Grande es Jehovah, y digno de suprema alabanza.
El es temible sobre todos los dioses.

*E*l general Norman Schwarzkopf comentó, después de la guerra del golfo Pérsico, que la batalla de cien horas se había decidido en los primeros minutos cuando los aviones aliados avasallaron las defensas aéreas iraquíes.

"Cuando vi que nuestros aviones destruían su radar, supe en ese mismo instante que los habíamos vencido", dijo Schwarzkopf.

Lo mismo pasa con el creyente. Aunque peleamos en una guerra muy real, con incentivos a pecar y un adversario que nos acosa, el resultado del conflicto ya se ha decidido.

Se decidió en el Calvario cuando Jesús "despojó a los principados y autoridades, y los exhibió como espectáculo público, habiendo triunfado sobre ellos en la cruz" (Col. 2:15). Jesús derrotó a Satanás en la cruz. Quitó el aguijón de la muerte al cargar con nuestros pecados, haciendo posible la reconciliación entre Dios y el ser humano.

El hombre o la mujer que ha creído en él y recibido perdón por sus pecados está del lado ganador. Pero encaramos a nuestro enemigo en el campo de victoria. No somos infantes impotentes, asustados, sino hijos e hijas de Dios quien triunfó sobre Satanás en la cruz.

No se acobarde ante la batalla. Ya fue ganada en el Gólgota, y comparte usted de su victoria por medio de su unión con el Vencedor, Cristo Jesús.

Oh Dios, te doy gracias porque la batalla ya ha sido ganada en el Gólgota. Comparto de aquel triunfo por medio de mi unión con Cristo. ¡Te alabo porque encaro a mi enemigo en el campo de victoria!

Lo que vale la debilidad

LECTURA BÍBLICA: Salmo 103
VERSÍCULO CLAVE: Juan 10:10

El ladrón no viene sino para robar, matar y destruir. Yo he venido para que tengan vida, y para que la tengan en abundancia.

Traian Dorz fue un influyente líder cristiano en la Rumania comunista después de la Segunda Guerra Mundial.

Por serlo fue azotado en muchas ocasiones por las autoridades comunistas que procuraban debilitar su fe. Después de cada golpiza que le daba un guardia en particular, miraba su rostro amenazador y decía: "Quiero que sepa que Dios lo ama mucho, y que yo también lo amo mucho".

Cierta noche llegó el guardia para lo que Dorz pensó sería otra golpiza. En cambio, el guardia le contó que había aceptado a Jesús como su Salvador.

Traian Dorz fue un ejemplo del concepto bíblico de la debilidad. Contrariamente a como el mundo la define, debilidad no es temor, cobardía ni derrota. Debilidad es una evaluación racional de nuestra fuerza en comparación con la fuerza de Dios. Nosotros somos finitos; él es infinito. Nosotros somos inconstantes; Dios es inmutable.

En vista de esta verdad es necio no confiar en que Dios nos brindará su ayuda y dirección. Acerquémonos a él sabiendo con seguridad que él puede solucionar nuestros problemas y que lo hará.

Tome de las reservas inagotables de sabiduría, gracia y misericordia divinas. Dentro de sus limitaciones cuenta usted con el poder ilimitado de Dios para sustentarlo.

Dios todopoderoso, recibo por fe tu sabiduría, gracia y misericordia. Te agradezco que dentro de mis limitaciones, cuento con tu poder ilimitado para sustentarme.

Defensa contra el engaño

LECTURA BÍBLICA: Judas 1-4
VERSÍCULO CLAVE: Juan 14:6

Jesús les dijo: "Yo soy el camino, la verdad y la vida; nadie viene al Padre, sino por mí."

Las herejías siempre contienen suficiente verdad como para hacerlas atractivas. Pero Satanás, el autor de las herejías, nunca nos presenta la verdad completa. Siempre presenta falsedades. Cualquier enseñanza que aparta al ser humano de Dios y lo lleva a cuestionar la validez de las Escrituras es mortífera.

Los falsos maestros de la época de Pedro enseñaban que Jesús era un hombre bueno, un gran maestro y un profeta de Dios. Aun imitaban sus enseñanzas, pero distaban de profesar su deidad.

En la actualidad los falsos maestros están penetrando nuestras iglesias, escuelas y lugares de trabajo. Se les permite presentar abiertamente sus creencias como si fueran la verdad. Enseñan creer en un dios, pero no en el Dios de la Biblia. Enseñan que podemos llegar a ser como dioses si practicamos el dominio propio y buscamos la verdad dentro de nosotros mismos.

No hay peor engaño que ese. Jesús dijo: "Yo soy el camino, la verdad y la vida; nadie viene al Padre, sino por mí" (Juan 14:6).

La mejor defensa contra el engaño del enemigo es contar con un conocimiento personal de Dios y su verdad. Propóngase conocer al verdadero Dios, y él le hará ver las enseñanzas falsas a su alrededor.

Padre, me acerco a ti por medio del camino: Jesucristo. Ayúdame a mantenerme en guardia contra los engaños del enemigo. Hazme ver todo lo que es falso. Revélame la verdad de tu Palabra. Me propongo conocerte más y más.

¡Nunca se dé por vencido!

LECTURA BÍBLICA: Apocalipsis 3:20-22
VERSÍCULO CLAVE: Mateo 16:18

Mas yo también te digo que tú eres Pedro, y sobre esta roca edificaré mi iglesia, y las puertas del Hades no prevalecerán contra ella.

El título de nuestra meditación para hoy: "¡Nunca se dé por vencido!" nos trae el recuerdo de los que lucharon en la Segunda Guerra Mundial. Al borde de la ruina el llamado a las armas de Churchill levantó el ánimo y dio nuevo impulso a sus tropas. El resultado fue un cambio en el modo como Inglaterra encaró el resto de la guerra.

Centrándose en una sola cosa: la victoria, Inglaterra se negó a dejarse dominar por el enemigo. Se levantó de las ruinas de la guerra para convertirse nuevamente en una nación grande y poderosa. Recordar aquel momento definitorio en la historia da un sentido de orgullo. Aquí tenemos a un pueblo que dijo: "No, no seremos derrotados. Creemos que tenemos un futuro, y marcharemos hacia adelante en la oscuridad hasta encontrar un rayo de esperanza".

Cuando se sienta tentado a darse por vencido recuerde ese momento histórico. ¿Qué hubiera sucedido de haber Inglaterra cedido a la maldad del gobierno de Hitler? La opresión y un sentido de pérdida hubiera arrasado a la nación con tal fuerza que recobrarse hubiera sido difícil, si no imposible.

Inglaterra había tomado su decisión aun antes de que los aliados intervinieran en la guerra. La fortaleza interior de la nación fue el factor motivador. ¿Enfrenta usted lo que parece ser una derrota segura? ¿Suenan a su alrededor las sirenas antiaéreas? Permanezca firme en su fe en Dios. Aférrese a él y declare que, con su ayuda, nunca se dará por vencido. La victoria que anhela ya es suya.

Padre celestial, lo declaro: ¡Nunca me daré por vencido! Al andar por los escarpados caminos de este mundo —frente a peligros o fracasos— permaneceré firme en ti. ¡Mía es la victoria!

JUNIO

TEMA

El camino al desierto

QUE REPRESENTA: Sobrellevar las adversidades

VERSÍCULO CLAVE: Salmo 145:18

*Cercano está Jehovah a todos los que le invocan,
a todos los que le invocan de verdad.*

*F*ue un destino ordenado por Dios: Jesús "fue llevado por el Espíritu al desierto, para ser tentado por el diablo" (Mat. 4:1). El desierto equivale a pruebas, adversidades, dificultades y quebrantos. A él se dirigió Jesús, y allí iremos nosotros. Es imposible pasar por la vida sin él. No hay atajos. No hay desvíos.

Pero tal como lo fue para Jesús, el desierto es un lugar que puede hacernos más fuertes y prepararnos espiritualmente para aprender a reaccionar correctamente.

Las meditaciones de este mes enfocan las experiencias en el desierto: adversidades, tormentas de la vida y quebrantos. No es un destino agradable, quizá piense usted. No, pero necesario, porque si no aprendemos a superar las dificultades de la vida podemos reaccionar como muchos de los discípulos de Cristo que lo abandonaron cuando hablaba de sufrir (Juan 6:60, 66).

Cuando su peregrinaje espiritual lo lleve por el desierto de las adversidades, recuerde que no viaja solo. Cristo Jesús, el Hijo del Dios viviente, camina con usted. ¿Con quién mejor puede viajar?

Cuando aparecen las tormentas

LECTURA BÍBLICA: Mateo 8:23-27
VERSÍCULO CLAVE: Mateo 20:28

El Hijo del Hombre no vino para ser servido, sino para servir y para dar su vida en rescate por muchos.

Jesús vino al mundo como Dios hecho carne. No estaba obligado a tomar la forma de la humanidad pero lo hizo. Dejó por un tiempo su gloria eterna para identificarse por completo con la condición y necesidades del pecador.

Nadie sabe el dolor y las pérdidas personales que sufrió Jesús. A dondequiera que iba se juntaban los nubarrones tormentosos. Dondequiera que hablaba se generaba una inquietud política. Por cada persona que se sumaba a su banda de discípulos docenas se ponían en su contra.

Cristo podía haberse obsesionado con las tormentas que atacaban su mente y corazón. En cambio, escogió calmar las vidas tormentosas de los demás: un centurión romano cuyo hijo agonizaba, un joven esclavizado por los demonios, una mujer sorprendida en adulterio, un mendigo minusválido, un ciego de nacimiento y un fariseo que se acercó a él encubierto por la oscuridad de la noche.

Aun cuando las tormentas empeoraban terriblemente Jesús no cedió en su fe. Nunca se olvidó de su propósito eterno. Muriendo en la cruz le ofreció salvación al ladrón crucificado a su lado.

Cuando los nubarrones tormentosos dominan su vida recuerde que Jesús personalmente comprende su dolor y sufrimiento. En ningún momento está usted fuera de su cuidado cariñoso.

Amado Señor, tú no desconoces las adversidades. Cuando se forman las tormentas, ayúdame a recordar que comprendes mi dolor y sufrimiento. En ningún momento estoy fuera de tu cuidado cariñoso.

Nada sucede por casualidad

LECTURA BÍBLICA: Romanos 8:28, 29
VERSÍCULO CLAVE: Isaías 55:8

Porque mis pensamientos no son vuestros pensamientos, ni vuestros caminos son mis caminos, dice Jehovah.

Un dique de tierra cede y envía una avalancha de agua por un barranco rocoso. En el paso de la inundación se encuentra una tranquila población cuya vida gira alrededor de un instituto bíblico que está allí establecido. Al bajar el nivel del agua informan de treinta y nueve muertos y un sinnúmero de heridos. ¿Dónde estaba Dios cuando sucedió esta tragedia sin sentido?

Dios, indudablemente, está en todo. Si algo estuviera fuera de su alcance no podría ser Dios. Todo permanece bajo su control, y ha prometido obrar de modo que todo ayude a bien.

Unos quince años después el pequeño instituto bíblico es ahora una gran institución en su apogeo, habiendo duplicado su alumnado. La prueba que potencialmente podía haber desbaratado el plan de Dios se convirtió en el camino a una fe más firme.

El dolor y el sufrimiento son parte natural de la vida. En los momentos de intensas pruebas aprendemos más del amor y la devoción total de Dios hacia nosotros.

Con Dios nada sucede por casualidad. Siempre tiene en mente un propósito cuando permite que seamos probados. A veces es para pulirnos. A veces es para atraernos a un andar más cercano con él.

Sea lo que sea que enfrenta usted hoy, Dios sabe la medida de su dolor. Ponga su confianza totalmente en él, y él le ayudará a cargar el peso de su adversidad.

Gracias, Señor, porque nada sucede por casualidad. Siempre tienes en mente un propósito cuando permites que yo sea probado. Haz que las adversidades me pulan y me acerquen más a ti.

¿Por qué?

LECTURA BÍBLICA: Génesis 50:15-21
VERSÍCULO CLAVE: Deuteronomio 29:29

Las cosas secretas pertenecen a Jehovah nuestro Dios, pero las reveladas son para nosotros y para nuestros hijos, para siempre, a fin de que cumplamos todas las palabras de esta ley.

Es posible que nunca sepamos por qué suceden ciertas cosas. Un amigo pierde la vida en un accidente sin sentido, un familiar sufre de una enfermedad mortal, un niño muere de un mal incurable. Nos preguntamos cómo puede resultar algo bueno de penas como éstas.

Hay ocasiones cuando Dios revela el propósito de nuestro sufrimiento. En otras ocasiones, no. Es en esas situaciones ocultas que nuestra fe es puesta a prueba al máximo.

Jesús sabía la voluntad del Padre. Comprendía que el dolor y el sufrimiento eran parte de su plan. Clamó desde la cruz: "Dios mío, Dios mío, ¿por qué me has desamparado?" (Mat. 27:46). Por un brevísimo instante en su vida Jesús sintió todas las emociones que sentimos nosotros en medio de nuestras tragedias: soledad, temor, confusión, abandono.

Por eso nos insta a acercarnos a él cuando nuestro corazón se está destrozando, cuando el temor nos ha absorbido, cuando no sabemos cómo enfrentaremos el mañana, cuando todo nuestro ser quiere cuestionar su criterio. Él comprende nuestra pena; conoce personalmente nuestro dolor.

La tragedia es un misterio para nosotros, pero no lo es para Cristo. Él conoce el plan. Es posible que no siempre le dé todas las respuestas que usted quiere oír, pero promete que nunca lo dejará solo en medio de las pruebas. Clame a él; él le está escuchando.

Padre celestial, cuando me siento solo, con miedo, confundido o abandonado, ayúdame a recordar que tú no desconoces estas emociones. Conoces mi dolor. Recibe mi gratitud porque nunca estoy solo en medio de mis pruebas.

Las llaves del triunfo

LECTURA BÍBLICA: Santiago 1:1-8
VERSÍCULO CLAVE: Santiago 1:2

Hermanos míos, tenedlo por sumo gozo cuando os encontréis en diversas pruebas.

Los problemas, las penas y las presiones han sido siempre parte de la vida cristiana. La iglesia primitiva sufrió mucho bajo el yugo de los líderes judíos y romanos. Sus miembros con frecuencia tenían sus cultos en secreto para evitar ser arrestados y perseguidos.

¿Cómo podía la iglesia primitiva vivir bajo presiones tan grandes? Aprendieron a convertir sus pruebas en triunfos por medio de alabar y adorar a Dios. De hecho, los historiadores dicen que si usaran una palabra para caracterizar a la iglesia primitiva ésta sería gozo.

A través de las edades Dios siempre ha actuando en respuesta a la alabanza y adoración de su pueblo. El poder de la alabanza y el gozo abrió para Pablo y Silas las puertas de su celda en la cárcel. Una exclamación de alabanza a Dios derrumbó los muros de Jericó. La alabanza llevó al ejército de Ezequías a una batalla victoriosa.

El mensaje de Santiago a la iglesia primitiva era sencillo: No dejen que sus pruebas los venzan. Por el contrario, conviertan sus pruebas en triunfos.

Las llaves del triunfo son un corazón alegre, una disposición para comprender los caminos de Dios, una vida entregada a él y una actitud llena de fe. No importa lo feroz de la prueba, la intensidad de la tentación, usted puede ser victorioso hoy por medio de elevar sus alabanzas a Dios.

Oh Dios, no quiero que mis pruebas me venzan. Dame la habilidad de convertirlas en triunfos por medio de comprender tus caminos y de regocijarme en ti. Dame un corazón gozoso y lleno de alabanzas.

Profundice sus raíces

LECTURA BÍBLICA: Hechos 16:22-34
VERSíCULO CLAVE: Hechos 16:25

Como a la medianoche, Pablo y Silas estaban orando y cantando himnos a Dios, y los presos les escuchaban.

El monte Mitchell, en Carolina del Norte en los Estados Unidos, es un lugar favorito de turismo. La gente va para saborear la hermosura del paisaje y la emoción del clima volátil en la cima.

Muchas veces las tormentas se forman de repente. La temperatura baja bastante, aun en el verano. Para mediados del otoño, por lo general se cierran todos los caminos cerca de la cima debido a la nieve. El espíritu recio de la montaña atrae a muchos. La actitud indómita parece echar a volar la imaginación.

La resistencia de los abetos es lo que más llama la atención. En tupidos grupos han aprendido a sobrellevar las tormentas de la vida. Retorcidos por los constantes vientos que azotan la montaña, afirman sus raíces alrededor de las rocas grandes. En lugar de oponerse a las tormentas invernales se doblan con el viento mientras emiten su dulce fragancia.

Cuando llegan las pruebas podemos reaccionar en una de cuatro maneras: (1) resistir, (2) rebelarnos, (3) retroceder o (4) cosechar las recompensas de haber pasado por la dificultad.

¿Cómo reacciona usted ante los vendavales de las pruebas que de pronto azotan su vida? Eche raíces profundas en Jesús, y él será su gozo y su fortaleza.

Padre, no quiero resistir, rebelarme ni retroceder. Quiero cosechar los beneficios de mis adversidades. Afirmo mis raíces en ti para poder permanecer firme ante los vendavales de la vida.

Él acudirá en su ayuda

LECTURA BÍBLICA: Mateo 14:22-32
VERSÍCULO CLAVE: Mateo 14:27

En seguida Jesús les habló diciendo: "¡Tened ánimo! ¡Yo soy! ¡No temáis!"

Jesús sabía que se avecinaba una tormenta. A pesar de ello observó pasivamente a sus discípulos cuando alejaron la embarcación de la costa y empezaron a remar mar adentro. Al rato el viento comenzó a empujar las velas y subieron los remos al bote.

Desde la ladera de un monte galileo Cristo siguió estudiando las acciones obedientes de sus discípulos. Quizá Pedro tripulaba el timón; Juan y Bartolomé, enfrascados en una conversación descansaban sobre la proa y Mateo, reflexivo, parecía concentrado en las entusiastas palabras de Tomás.

Para la cuarta vigilia de la noche todo había cambiado dramáticamente. El mar se había convertido en un feroz enemigo, y el temor dominaba a los discípulos. Acosada por grandes olas la pequeña embarcación escoraba, luchando por mantenerse a flote. Era indudable que Jesús había dejado a sus discípulos meterse en la tormenta.

Algunos de los momentos más tormentosos de la vida son producto de la obediencia. Aunque las tormentas de la vida no son fáciles, sí son necesarias. Jesús usó esta como catalizador para pulir la fe de los discípulos. No los dejó solos. En el instante cuando había desaparecido toda esperanza de contar con auxilio humano, Jesús acudió en su ayuda.

Sea lo que sea que enfrenta usted hoy, Cristo le acompaña. Y así como rescató a sus discípulos, le ayudará a usted.

Gracias, Señor, porque siempre estás a mi disposición para ayudarme. Al andar por el sendero de la obediencia, sea lo que sea que tenga que enfrentar, tú estás conmigo.

Cómo hacer frente a nuestras cargas

LECTURA BÍBLICA: Mateo 11:28-30
VERSÍCULO CLAVE: Salmo 55:22

*Echa tu carga sobre Jehovah, y él te sostendrá.
Jamás dejará caído al justo.*

Cuando ya no podemos aguantar nuestras cargas podemos echarlas en diversos lugares. Quizá tengamos un amigo dispuesto a escuchar nuestros problemas. Quizá podamos encontrar alivio tomándonos un breve descanso que nos renueve y vigorice. Hasta es posible que tengamos acceso a un consejero cristiano que nos pueda aconsejar bien.

Pero nada ni nadie puede brindarnos el descanso y alivio que Jesús da cuando nos acercamos a él con nuestras cargas. Nuestro Salvador tiene un corazón compasivo. Nos insta a entregarle todas las situaciones dolorosas o graves.

Si lleva usted una carga que ya no aguanta, acérquese a Jesús en oración. No se preocupe por las palabras que diga; simplemente clame a Dios. Cuéntele cómo se siente. La oración es sencillamente hablar con Dios, y eso es lo que tiene que hacer para entregarle su carga a Cristo.

Acérquese con una fe como la de un niño. Jesús prometió que le daría su carga ligera y fácil de llevar en lugar de la pesada que ahora lo abruma. ¿Miente él? ¿Es su actitud demasiado simplista?

No. Dios puede sostenerlo al confiar usted en él. Concéntrese en su poder y reciba su ayuda totalmente suficiente. Él no lo defraudará. No lo dejará caer. Jesús escucha su súplica. Aliviará su carga a fin de que pueda perseverar.

*Maestro, a veces parece que mis cargas son inaguantables.
Te agradezco tu corazón compasivo. Tú cambias mi pesada
carga por tu carga que es liviana y fácil de llevar.*

Cuando nuestro mundo se trastorna

LECTURA BÍBLICA: Juan 11:17-22
VERSÍCULO CLAVE: Juan 11:22

Pero ahora también sé que todo lo que pidas a Dios, Dios te lo dará.

*P*ocos son los que están preparados para lo peor. Muchas veces las tragedias aparecen sin previo aviso: la muerte súbita de un familiar, la pérdida del empleo o el diagnóstico de una enfermedad incurable.

Todo esto y muchas cosas más tienen la potencialidad de trastornar nuestro mundo. ¿Cómo encaramos esas circunstancias que, de pronto, nos hacen sentir que hemos perdido el control y nos llenan de temor?

Al morir su hermano Marta anhelaba que Jesús regresara a Betania. Su dolor era demasiado intenso para sobrellevarlo sola. Ella sabía que él era el Cristo, el Hijo de Dios, y aun así estaba emocionalmente destrozada por sus sentimientos humanos. Razonaba que si Jesús hubiera estado presente cuando Lázaro cayó enfermo, éste no habría muerto.

A veces aparece la fe en oposición a razonamiento humano, en este caso triunfó la fe. Luchando por contener las lágrimas, Marta dijo: "Pero ahora también sé que todo lo que pidas a Dios, Dios te lo dará" (Juan 11:22). Creía que Jesús tenía un control absoluto sobre la situación. No importa lo trastornado que parecía su mundo, la presencia de Cristo restauró el orden y le dio esperanza.

Es posible que Dios no quite totalmente el dolor de su situación, pero restaurará el orden y le dará paz si se acerca a él. Él es su pronto auxilio en las tribulaciones.

Amado Señor, cuando todo mi mundo parece trastornado y todo está fuera de control, ayúdame a confiar en ti. Aunque no quites el dolor de mi situación, me guiarás en los momentos de tribulación.

Estad quietos y reconoced

LECTURA BÍBLICA: Salmo 46
VERSÍCULO CLAVE: Salmo 46:10

Estad quietos y reconoced que yo soy Dios. Exaltado he de ser entre las naciones; exaltado seré en la tierra.

El autor del Salmo 46 sabía lo que era tener que enfrentar tormentas y tragedias. La guerra y la violencia eran parte constante de la vida del Antiguo Testamento. Naciones enteras eran arrasadas sin aviso. Imagínese el temor y la desesperación de aquellas peligrosas épocas.

Quizá sabe usted por experiencia lo que se siente al tener que vivir con los vaivenes de las penas y los sufrimientos. A veces ansía contar con algo o alguien que ancle y aquiete su corazón adolorido. Jesús es su ancla. Él es su esperanza segura.

El salmista nos dice que aunque nuestro mundo parezca descalabrado, trastornado y al borde de la desolación, Dios está con nosotros. Nunca abandona su puesto omnipotente.

Él es nuestro escondedero cuando nos acosan las tormentas de la vida. Él es nuestra morada de confianza, cubriéndonos con su velo divino de protección cuando poderosas fuerzas nos atacan. Martín Lutero expresó este pensamiento al decir: "Castillo fuerte es nuestro Dios". Dios es nuestro refugio, y no puede ser conmovido.

¿Cómo puede aprovechar su cuidado soberano? El versículo 10 del Salmo 46 tiene la respuesta: "Estad quietos [dejen de luchar], y reconoced que yo soy Dios". Abandone su esfuerzo humano y clame a su esperanza eterna: Jesucristo.

Amado Padre celestial, aunque este mundo parece estar al borde de la desolación, tú eres mi ancla. Tú eres mi segura confianza. Tú eres mi escondedero en las tormentas de la vida. Gracias por el velo de tu divina protección.

Dios está en control

LECTURA BÍBLICA: Salmo 121
VERSÍCULO CLAVE: Job 42:2

Reconozco que tú todo lo puedes, y que no hay plan que te sea irrealizable.

En su libro sobre el sufrimiento y la adversidad, *When Bad Things Happen to Good People* (Cuando a los buenos les suceden cosas malas), el rabí Harold S. Kushner afirma que Job tenía que llegar a la conclusión que Dios en realidad no era todopoderoso. Job se ve "forzado a escoger entre un Dios bueno que no es totalmente poderoso, o un Dios poderoso que no es totalmente bueno".

La premisa de su argumento es que cuando suceden cosas malas aparentemente Dios no puede o no quiere hacer nada. En otras palabras, afirma que Dios no es el Dueño Soberano del universo. Cuando aparece alguna adversidad nos suelen atacar pensamientos similares:

- ¿Por qué Dios no hace algo?
- ¿Por qué sucedió esto?
- ¿Acaso a él no le importa lo que me pasa?

Las Escrituras revelan a un Dios que siempre está al mando, sea cuales fueren las circunstancias. Vivimos en un mundo donde la maldad está presente; pero la providencia de Dios está sobre todo lo que existe, y usa su poder para cumplir sus propósitos (Gén. 50:20).

También a Dios le importa lo que nos pasa. Su Hijo murió en la cruz porque el amor de Dios trasciende el sufrimiento. Sea cual sea el problema que hoy enfrenta, sepa que Dios está en control de su vida y que lo ama. Nunca dude del poder o del amor de Dios.

Dios todopoderoso, me regocijo en que tú siempre estás al mando. Tu providencia reina sobre todo lo que existe. Tú tienes el poder de aprovechar cada situación para cumplir tus propósitos.

Cómo se refuerza nuestra fe

LECTURA BÍBLICA: Romanos 5:1-5
VERSÍCULO CLAVE: Romanos 5:3

No sólo esto, sino que también nos gloriamos en las tribulaciones, sabiendo que la tribulación produce perseverancia.

Se olvidó de una reunión a las 9:00 de la mañana a la cual tenía que asistir. Su computadora perdió medio día de trabajo. Cuando llega a casa encuentra que alguien rompió una ventana de un pelotazo. ¿Ha tenido uno de esos días —o semanas— cuando todo sale mal?

Nos gusta que nuestros días marchen lo mejor posible. Toleramos las adversidades, pero ciertamente no las apreciamos. Pero con frecuencia Dios puede lograr más de sus propósitos en esas ocasiones desconcertantes, irritantes que en los días sin nubarrones. Dios las usa para nuestro desarrollo personal.

- Cuando el jefe dice que no, desarrollamos perseverancia.
- Cuando nuestro cónyuge sufre una larga enfermedad, cultivamos la paciencia y mayor dependencia de Dios.
- Cuando nuestro vecino es áspero, el Espíritu Santo hace brotar bondad y amor.

Dios también usa las adversidades para aumentar nuestra confianza en él.

Jerry Bridges escribe en su libro *Confiemos en Dios* que muchas veces "es más fácil obedecer a Dios que confiar en él". Confiar en Dios bajo pesados nubarrones es la señal más segura de una fe creciente. Dios quiere que nos apoyemos en él, aun cuando no podamos percibir su presencia. Haga que sus días difíciles contribuyan a su desarrollo como persona y refuercen su fe. Posiblemente no los disfrute, pero no los desaprovechará.

Señor, nada se desaprovecha, ni siquiera los días duros y difíciles. Úsalos para desarrollarme como persona y para reforzar mi fe. Enséñame el valor de las adversidades.

Cómo encarar los conflictos

LECTURA BÍBLICA: 2 Corintios 4:7-18
VERSÍCULO CLAVE: 2 Corintios 4:17

Nuestra momentánea y leve tribulación produce para nosotros un eterno peso de gloria más que incomparable.

ᴸos conflictos afectan a distintas personas de diferentes maneras:

* Algunos se guardan sus dificultades, lo cual puede producir enojo y frustración permanentes.
* Otros se desahogan exteriorizando sus sentimientos y emociones, con lo que se sienten mejor de momento pero no resuelve sus problemas.
* Y otros tratan de ignorar sus problemas, esperando que desaparezcan con el correr del tiempo.

En el plan de Dios los conflictos siguen este cuadro bíblico:
1. Deberían impulsarnos a acercarnos más a Dios. Al hacerlo, dependemos de su Palabra como guía de nuestra conducta, buscamos su rostro para dar estabilidad a nuestro andar. Nos apoyamos en su poder, dependemos de su sabiduría y nos refugiamos en sus brazos.
2. Encomendamos nuestros problemas al cuidado del Señor. Dios es responsable de sus hijos. Nuestros conflictos le importan, y promete sostenernos si echamos nuestras cargas sobre él (1 Ped. 5:6, 7).
3. Damos gracias a Dios por cualquier desenlace que lo glorifica. El Señor aprovecha nuestros conflictos para producir resultados que nos benefician en esta tierra y en el cielo.
Al llevar nuestros problemas al Padre le comprometemos para obrar a nuestro favor. Los problemas se pueden resolver a medida que le dejamos a él actuar (Éxo. 14:14; Apoc. 19:11).

Señor, haz que cada conflicto me acerque más a ti. Guía mi conducta y estabiliza mi andar. Usa mis problemas para producir resultados que me beneficien en esta tierra y en el cielo. Gracias por los desenlaces que sean para tu gloria.

En medio de aguas turbulentas

LECTURA BÍBLICA: Mateo 6:25-34
VERSÍCULOS CLAVE: 1 Pedro 5:6, 7

*Humillaos, pues, bajo la poderosa mano de Dios para que
él os exalte al debido tiempo. Echad sobre él toda vuestra
ansiedad, porque él tiene cuidado de vosotros.*

*U*sted pierde su empleo. Su cónyuge quiere divorciarse. Descubre
que uno de sus hijos consume drogas. Un ser querido tiene cáncer y
le dan seis meses de vida. Las circunstancias como éstas son extre-
madamente desorientadoras. Atacan con tanta intensidad que las
emociones pueden quedar enterradas bajo una ola de temor y ansiedad.

Pero estas columnas de la verdad pueden ayudarle a sobrellevar
cualquier situación y triunfar:

Dios conoce sus problemas. Sus sinsabores no han tomado desprevenido al Señor. Él percibe cada detalle de sus dificultades: "Vuestro Padre sabe de qué cosa tenéis necesidad antes que vosotros le pidáis" (Mat. 6:8). A Dios le importan sus problemas.

Dios le ama sin limitaciones. Como Buen Pastor, lo protegerá y
defenderá: "No temáis ni desmayéis delante de esta multitud tan grande, porque la batalla no será vuestra, sino de Dios" (2 Crón. 20:15).
Dios tiene la capacidad de solucionar sus problemas.

Dios tiene el poder para resolver sus problemas. Porque Dios los
conoce y lo cuida, actuará de acuerdo con su sabiduría y voluntad:
"Humillaos, pues, bajo la poderosa mano de Dios para que él os
exalte al debido tiempo. Echad sobre él toda vuestra ansiedad, porque
él tiene cuidado de vosotros" (1 Pedro 5:6, 7).

*Querido Padre celestial, te estoy muy agradecido porque
comprendes mis problemas. No te han tomado desprevenido. Tú tienes el poder para resolver todas mis dificultades.*

Enojo contra Dios

LECTURA BíBLICA: Jonás 3:4–4:11
VERSÍCULO CLAVE: Job 13:15

Aunque él me mate, en él he de esperar. Ciertamente defenderé ante su presencia mis caminos.

Su hija falleció de leucemia después de años de dolorosos tratamientos. Lo dejaron cesante en la fábrica donde trabajó veinticinco años. Estos hechos —o aun otros de menos importancia— pueden haber dado lugar a un sentimiento común: enojo.

Pero el problema no es sólo su enojo sino el objeto del mismo: Dios. ¿Se sorprende Dios de sus arranques de ira? ¿Está enojado él con usted? ¿Lo castigará?

Dios nunca se siente amenazado por nuestro enojo. Nunca se desilusiona de nosotros. Nunca se altera por nuestros interrogantes.

Pero aunque contamos con la libertad de expresar nuestros sentimientos hacia nuestro Padre celestial, tenemos que cuidarnos de no fomentarlos. Nuestra ira hacia Dios nunca es justificada.

Es posible que no comprendamos por qué murió nuestra hija o por qué perdimos nuestro empleo. Vivimos en un mundo pecador, anormal, donde Dios todavía permite la maldad.

Pero su amor y justicia son incuestionables, demostrados supremamente en la muerte, el sepulcro y la resurrección del Señor Jesucristo. Él está de nuestra parte, no en contra de nosotros. No es injusto ni irresponsable.

Aferrarnos a nuestro enojo no hará más que perjudicarnos. Expresar nuestros sentimientos dentro del marco de nuestra confianza en Dios es la única opción aceptable, provechosa.

Querido Señor, no entiendo muchas cosas, pero te las entrego todas a ti. Sé que estás de mi parte y no en mi contra. Toma mi enojo y ayúdame a confiar en ti.

El proceso de superar los problemas

LECTURA BÍBLICA: Romanos 8:31-34
VERSÍCULO CLAVE: Salmo 118:6

Jehovah está conmigo; no temeré lo que me pueda hacer el hombre.

El creyente enfrenta los mismos dilemas que todos los demás.

El soldado creyente en el campo de batalla tiene que confrontar al mismo enemigo que el no creyente. El creyente en el mundo de los negocios tiene que tratar con las mismas presiones de una economía volátil que el no creyente. El creyente se encuentra ante las mismas tentaciones morales que el inconverso.

Pero comprender que nuestra fe no elimina nuestros problemas puede darnos una tremenda ventaja en el proceso de superarlos.

Porque somos creyentes Dios es "por nosotros" (Rom. 8:31). Nunca nos encontramos ante una circunstancia sin la ayuda, presencia y participación de Dios. Él se involucra íntimamente en nuestras situaciones.

Porque somos creyentes Dios "nos dará gratuitamente... todas las cosas" (Rom. 8:32). Dios no nos priva de lo que necesitamos en los momentos difíciles. Nos consuela, guía y sostiene. Contamos con sus ilimitados recursos de los cuales valernos en nuestras dificultades.

Porque somos creyentes tenemos a Cristo quien "intercede por nosotros" (Rom. 8:34). Quizá no sepamos cómo ni qué orar. Pero el Hijo de Dios está intercediendo siempre por nosotros, presentándonos constantemente delante del Padre celestial.

¡Qué alivio! ¿Dificultades? Sí. ¿Desesperación? ¡Nunca!

Padre celestial, ¡me regocijo porque estás en mí! Nunca encaro una circunstancia sin tu ayuda y presencia. Gracias por involucrarte íntimamente en cada situación de mi vida.

Vencedor en Cristo

LECTURA BÍBLICA: Salmo 77
VERSÍCULO CLAVE: Isaías 43:2

Cuando pases por las aguas, yo estaré contigo; y cuando pases por los ríos, no te inundarán. Cuando andes por el fuego, no te quemarás; ni la llama te abrasará.

La verdad más grandiosa a la que el creyente puede aferrarse en los momentos difíciles es que ningún problema, no importa su intensidad o naturaleza, puede impedir el paso libre, total, del amor de Dios.

El amor de Dios no es algo meramente sentimental. No es una sensación cálida ni una dulce expresión cristiana. El amor de Dios significa que está obrando para cumplir sus propósitos en nuestra vida en cada situación estresante.

Nuestros problemas no son fruto de la casualidad. No son meramente el resultado de potencias terrenales momentáneas en acción. Antes de nacer, antes de que se concibiera el universo, Dios conocía y daba su lugar a cada dificultad en particular en su plan maestro.

Quizá no podamos comprender qué sucede o por qué ha surgido un problema. Pero sí sabemos que Dios tiene las respuestas y el poder para hacernos vencedores.

Cada momento de prueba es una ocasión para ver a Dios en acción y para confiar en que él brindará la solución. Es una oportunidad para aumentar nuestra dependencia de él y descubrir su grandeza por experiencia propia.

Usted es un vencedor en Cristo en cada situación porque el Vencedor, Jesucristo, está en control de usted y de sus circunstancias. Nada ni nadie puede ser más listo que él ni derrotarlo.

Oh Señor, tú me conocías aun antes de nacer. Diste lugar a cada una de mis dificultades en tu plan maestro. Quizá yo no alcanzo a comprender todo, pero tú sí. Tienes las respuestas y el poder de hacerme vencedor en cada dificultad. Soy más que vencedor por medio tuyo.

El lo reanimará

LECTURA BÍBLICA: Job 42:1-6
VERSÍCULO CLAVE: Job 42:5

De oídas había oído de ti, pero ahora mis ojos te ven.

La fe obra en cualquier parte:

- Junto al lecho del enfermo en el hospital.
- A la mesa de la familia cuya siembra se arruinó con el granizo.
- En el trabajo antes de una importante reunión gerencial.
- A fin de mes cuando el dinero no alcanzó.
- En casa cuando el vecino no ceja en un malentendido.

La fe obra en todo momento y lugar, porque confía en Dios, quien siempre está obrando en el cielo y en la tierra para cumplir sus propósitos buenos y eternos. La fe que vence todo obstáculo triunfa cuando nuestro interés principal es que se cumpla la voluntad de Dios.

Hasta cierto punto cada uno de nosotros tiene sus propios intereses. Queremos que nuestro ser querido enfermo se cure, que nuestra granja sea productiva, que nuestro dinero alcance, que nuestras relaciones sean armoniosas. Aunque Dios planifica con miras a nuestro bienestar, entreteje nuestros dolores, desencantos, perplejidades y oraciones sin respuesta para cumplir su propósito definitivo: ser glorificado en todas las cosas.

Cuando está seguro de la fidelidad suprema de Dios hacia usted, su fe en él lo llevará a la victoria en las adversidades. Su fe en las promesas de Dios, en su carácter, en su amor que no falla le sostendrán y fortalecerán. Aunque usted caiga, él lo levantará. Aunque usted desmaye, él lo reanimará.

Amado Señor, cuando caigo, levántame. Cuando desmayo, reanímame. En las adversidades llévame a la victoria por medio de una fe dinámica que vence cada desafío.

La oración en momentos de crisis

LECTURA BÍBLICA: Santiago 5:13-18
VERSÍCULO CLAVE: Santiago 5:13

¿Está afligido alguno entre vosotros? ¡Que ore! ¿Está alguno alegre? ¡Que cante salmos!

Durante la guerra en el golfo Pérsico la oración volvió a popularizarse en los Estados Unidos. Los comentaristas la mencionaban regularmente. El presidente oraba por las tropas. Pero algunas de las oraciones más intensas surgieron de las cálidas arenas árabes.

"Orar me hace sentir mejor, un poco más seguro", explicó un teniente del ejército que en lugar de participar en un juego de cartas participó en un culto de adoración.

"Siempre he orado, pero ahora necesito hacerlo más que nunca", fue el comentario de un sargento.

La adversidad motiva a la gente a orar. Las crisis enseguida filtran lo trivial y exponen lo esencial. En medio de las crisis, tenemos que recordar varias verdades cruciales:

Tenemos que estar correctamente relacionados con el Dios a quien pedimos algo. El no creyente puede orar, pero hasta que no acepte con fe a Cristo como su Salvador, sus plegarias son en vano. Dios anhela que todos lleguen a tener una fe salvadora, pero no está obligado a responder a las oraciones de los no creyentes.

Otro principio importante es que aunque la oración mueve a Dios a actuar a favor del hombre, no garantiza respuestas preferenciales. No podemos manipular a Dios. Pero las crisis nos vuelven a él en busca de respuestas soberanas, siendo la más crítica lo que proveyó para nuestros pecados por medio de la fe en Jesucristo. En base a eso oramos en su nombre y confiamos en que él dará la solución.

Padre celestial, gracias por el privilegio que es la oración, que puedo pedirte que tú proveas y que puedo confiar en que darás la solución. Hazme correr a ti ante cada crisis.

Aliento para el corazón atribulado

LECTURA BÍBLICA: Salmo 138
VERSÍCULO CLAVE: Salmo 138:7

Aunque yo camine en medio de la angustia, tú me preservarás la vida. Contra la ira de mis enemigos extenderás tu mano, y me salvará tu diestra.

Cuando de jovencita Ruth Graham, esposa del evangelista Billy Graham, fue enviada a una escuela en Corea del Norte, tuvo que luchar contra la soledad y el desaliento. Sus padres misioneros vivían a cientos de kilómetros, algo especialmente temible para una adolescente criada en un ambiente cristiano y cariñoso.

Sola y con miedo, Ruth Graham aprendió una lección que le ha venido bien durante toda la vida: "En la escuela misionera aprendí a recurrir a la Biblia para recibir consuelo y aliento", comenta reflexivamente. "A lo largo de los años he seguido con esa práctica, y me ha brindado más aliento que ninguna otra fuente".

Las palabras de las Escrituras no son sólo para instrucción y corrección sino también para dar aliento. Si su corazón está afligido, abra su Biblia. Lea las expresiones que Dios inspiró para animarlo y sostenerlo.

Observe la vida de los personajes del Antiguo y Nuevo Testamentos, y confíe en un Dios inmutable que hará maravillas para beneficiarlo. La Biblia habla de paz. Está saturada de amor. Brilla llena de esperanza. Sus palabras son vivientes y vitales, el auténtico pan y agua para el débil y afligido.

Oh Dios, tu Palabra nunca cambia. Está cimentada eternamente en el cielo. Brilla llena de esperanza. Es viviente y vital. Es el pan que fortalece y el agua que derrama vida divina en mí.

Esperanza que perdura

LECTURA BÍBLICA: 2 Corintios 1:3-7
VERSÍCULO CLAVE: 2 Corintios 1:5

Porque de la manera que abundan a favor nuestro las aflicciones de Cristo, así abunda también nuestra consolación por el mismo Cristo.

En apenas su segundo partido después de regresar al equipo de béisbol de los Gigantes de San Francisco, después de una operación de cáncer en su brazo derecho, Dave Dravecky se desplomó en el campo de juego en las primeras entradas. El hueso del brazo, debilitado por el cáncer, se había quebrado. Tuvo que someterse a otra operación, y el béisbol tuvo que pasar a ser un pasatiempo.

Su fe en Cristo lo sostuvo durante los innumerables viajes a sus tratamientos y durante la incertidumbre de su futuro y su salud. Autografiaba cada foto suya tomada en el campo de juego con la afirmación llena de confianza de Pablo a los corintios.

"Mi esposa y yo hemos memorizado estos versículos —dijo—. Sabemos que nuestra vida aquí en la tierra es temporal y que nuestras circunstancias y aflicciones, por graves que sean, son leves y fugaces cuando se consideran desde la perspectiva de la eternidad".

No se desaliente cuando sufre. Dios está obrando en medio de sus tribulaciones en una forma misteriosa pero productiva. Al centrar su atención en su presencia eterna, tendrá usted una esperanza segura y fuerte.

David Dravecky tiene una esperanza que perdura. También usted puede cobrar ánimo al saber que Dios está en control de su vida, tanto ahora como en el más allá. Su mano es cariñosa, firme y capaz.

Señor, dame una esperanza que perdure sabiendo que tú estás en control de mis circunstancias ahora y en el futuro. Tú eres cariñoso, firme y capaz para guiarme. Te entrego todo control a ti.

Cómo beneficiarse del sufrimiento

LECTURA BÍBLICA: 1 Pedro 4:12-16
VERSÍCULO CLAVE: 1 Pedro 5:10

El Dios de toda gracia, quien os ha llamado a su eterna gloria en Cristo Jesús, él mismo os restaurará, os afirmará, os fortalecerá y os establecerá.

El mejor modo de encarar el sufrimiento es poner los ojos en Cristo, no en nuestras circunstancias. La mayoría no tenemos problemas con seguir a Cristo cuando todo anda bien, pero a la primera señal de una tormenta, instintivamente corremos para evitar el chapuzón.

Después de que Jesús calmara los rugientes vientos, se volvió a sus discípulos y preguntó: "¿Por qué teméis?" Nadie conoce lo largo y ancho del sufrimiento. No obstante, sabemos por las Escrituras que Dios quiere que pongamos toda nuestra confianza en él cuando llegan las dificultades y aflicciones.

Quizá esté usted luchando con una carga que ha tenido que soportar durante años. Está cansado, lleno de dudas y exasperado. Satanás lo está tentando para que se dé por vencido, pero Dios no se ha dado por vencido con respecto a usted.

Recuerde: Su propósito al permitir el sufrimiento es conformarlo a la imagen de su Hijo. Y no hay nada que lije y pula a un santo como las fuertes pruebas de la adversidad.

Pedro dijo: "Y cuando hayáis padecido por un poco de tiempo, el Dios de toda gracia, quien os ha llamado a su eterna gloria en Cristo Jesús, él mismo os restaurará, os afirmará, os fortalecerá y os establecerá" (1 Pedro 5:10).

No deje que nada le impida confiar en el Señor, no importa lo fuerte que soplen los vientos de aflicción. Profundice sus raíces en la gracia y el amor de Cristo.

Maestro, cuando me siento tentado a darme por vencido, ayúdame a recordar que tú no te has dado por vencido con respecto a mí. Confórmame a la imagen de tu Hijo. Lija y pule mi vida por medio de las pruebas de la adversidad.

Quebrantamiento: El camino a las bendiciones

LECTURA BÍBLICA: Juan 12:24-26
VERSÍCULO CLAVE: Salmo 119:75

Conozco, oh Jehovah, que tus juicios son justos,
y que conforme a tu fidelidad me has afligido.

$\mathcal{F}$rote semillas de maíz entre sus manos y enseguida le impresionará lo duras que son. Puede pisarlas, tirarlas o tratar de triturarlas pero, en la mayoría de los casos, seguirán intactas. Una fuente abundante de vida se almacena dentro de su dura cáscara. La potencialidad de miles de mazorcas se esconde en una pequeña semilla de maíz.

Como cualquier agricultor lo sabe, la vida empieza a proliferar sólo cuando el grano se entierra unos centímetros en un terreno preparado. Allí permanece en oscuridad y aparentemente en el olvido durante muchos días. Llegan las lluvias, y la semilla espera. Sale el sol, y la semilla espera.

Luego, un día, se acaba la espera. Aparece un pequeño brote en la tierra. En los meses que vendrán la planta crecerá, formará las mazorcas y producirá abundante alimento para hombres y animales. El gozo de la cosecha nunca se lograría sin quebrar la cáscara protectora de la semilla.

Existe un proceso espiritual similar que obra en el creyente. Es el quebrantamiento; el principio por el cual Dios obra gloriosamente con el fin de liberarnos de modo que vivamos una vida abundante. Es un camino doloroso, pero es el camino de Dios hacia las bendiciones, el gozo y la vida abundante.

Amado Señor, te doy infinitas gracias por el proceso del
quebrantamiento que obra en mí. Hazme entender que a
pesar del dolor que produce, es el camino a las bendiciones.

Quebrantado para sus propósitos

LECTURA BÍBLICA: Salmo 143
VERSÍCULO CLAVE: Salmo 143:11

Vivifícame, oh Jehovah, por amor de tu nombre;
por tu justicia saca mi alma de la angustia.

El quebrantamiento no es la excepción en la vida cristiana, es la norma.

Nos gusta recitar los triunfos de los conmovedores personajes bíblicos: Moisés y el mar Rojo, David y Goliat, Pablo y la extensión del evangelio. Pero sus proezas conmovedoras son incompletas aparte del sombrío contraste de sus aflicciones.

Moisés deambulando en la sequedad, David escondiéndose en las cuevas, Pablo yendo de una cárcel a otra. Sus épocas de inactividad forzada, incomprensión, rechazo y aislamiento eran una espinosa preparación para sus triunfos. Fueron llevados a la obra del reino no en medio de aplausos y expresiones de aprobación sino en las alas de tormentas.

El mismo principio se aplica al creyente en la actualidad. Seguir a Dios no es como pasear disfrutando de un hermoso paisaje y teniendo una majestuosa experiencia tras otra. El sendero del discipulado va muchas veces hacia abajo antes de ir hacia arriba, vaciando antes de llenar.

Dios usa hombres y mujeres que han sido quebrantados por él a fin de cumplir sus propósitos. El quebrantamiento puede ser agotador, pero el resultado es una vasija apta para uso del Maestro. ¿Y no es eso lo que más deberíamos anhelar?

Amado Dios, quebrántame a fin de cumplir tus propósitos.
Hazme una vasija apta para ser usada por ti. Eso es lo que
anhelo.

Saturados en su plenitud

LECTURA BÍBLICA: Exodo 3:1-10
VERSÍCULO CLAVE: Salmo 66:12

Hiciste que los hombres cabalgaran encima de nuestras cabezas. Pasamos por el fuego y por el agua, pero nos sacaste a abundancia.

$\mathcal{D}$ios utiliza el desconcertante camino del quebrantamiento para saturarnos de su plenitud.

- Moisés nunca hubiera visto los milagros del mar Rojo y del desierto si no hubiera sido destetado de la autosuficiencia de su juventud.
- David nunca hubiera conocido la intimidad y el cuidado de Dios si hubiera sido recibido instantáneamente en el palacio real después de su victoria sobre Goliat.
- José nunca hubiera captado la magnífica soberanía de Dios al dar alimento a las naciones si sus hermanos no lo hubieran vendido como esclavo.

A Dios no le faltan cosas grandes y portentosas para mostrarnos. Se queda en espera de hombres y mujeres hambrientos que hayan admitido su insuficiencia y no tienen otra esperanza fuera de él.

El Señor logra esa transformación atacando la raíz de la autosuficiencia: el orgullo. El orgullo se interpone en el camino de Dios. Se expresa en alguna forma de manipulación o demasiada seguridad en uno mismo. Busca exaltar el yo y quiere que los demás lo admiren.

Las riquezas en la bodega de Dios son distribuidas a los humildes de corazón, los débiles de espíritu. El puño apretado del orgullo no las puede recibir. Sólo el quebrantamiento puede abrir el puño.

Padre Dios, ayúdame a soltar las cosas de este mundo para poder recibir las riquezas de tu bodega. No tengo otra esperanza fuera de ti. Tú eres mi suficiencia.

Un corazón entregado

LECTURA BÍBLICA: Salmo 77
VERSÍCULO CLAVE: Salmo 77:6

Recuerdo mi canto en la noche. Medito en mi corazón, y mi espíritu investiga.

No ver a Dios obrando en las circunstancias que rodean el quebrantamiento puede resultar en reacciones nada beneficiosas:

- Muchos dan lugar a la amargura. Interiorizan emocionalmente su pesar, lo cual produce un espíritu crítico y quejoso. Espiritualmente, pierden su interés en Dios, se hacen indiferentes a su Palabra, la iglesia o los demás creyentes.
- Otros explotan o se acaloran dominados por su enojo. Se alteran porque Dios ha permitido esta dificultad. Reaccionan con hostilidad a la mera mención de su nombre.
- Algunos tratan de escapar de sus situaciones. O hacen caso omiso del problema, esperando que desaparezca, o se valen de elementos escapistas: drogas, inmoralidad, fanatismo.
- Y están los que procuran manipular su medio, esperando que su sagacidad pueda resolver el problema.

Lamentablemente, estas vías no incluyen la solución que Dios ofrece, encomendar nuestro ser y nuestros problemas a él, dependiendo totalmente de su ayuda y su gracia.

¿Puede identificarse con alguna de estas reacciones al quebrantamiento? De ser así, pídale a Dios que lo perdone y vuelva a confiar nuevamente en él. El corazón entregado es el comienzo de una nueva actitud basada en la perspectiva alentadora de Dios.

Oh Dios, quiero reaccionar correctamente al quebrantamiento. No dejes que me amargue o me llene de ira. No dejes que trate de escapar de las situaciones o de manipularlas. Te entrego mi corazón y mi vida a ti.

El hombre quebrantado

LECTURA BÍBLICA: Salmo 145
VERSÍCULO CLAVE: Salmo 145:14

*Jehovah sostiene a todos los que caen
y levanta a todos los que han sido doblegados.*

La pequeña semilla de maíz enterrada se transforma en una mazorca llena de granos. El creyente también, despojado de su propia suficiencia y colocado dentro de una dimensión de vida en Cristo, se encuentra en posición de dar máximos frutos en el reino de Dios.

El hombre quebrantado disfruta de una nueva medida de poder en el Espíritu Santo. Depende del Espíritu de Dios para que obre en él y por medio de él, no confía para nada en la carne. Está cargado de la vida y energía del Espíritu Santo.

El hombre sometido se goza en el Señor. Ya no lo dominan las circunstancias cambiantes ni los altibajos de sus sentimientos o de lo que suceda. El gozo del Señor es su fortaleza.

El hombre entregado permanece alerta a las necesidades de sus prójimos. Dios lo usa para servir a otros que sufren porque no está consumido por sus propios problemas. Depende, no de su propio razonamiento inútil, sino de la sabiduría y percepción dada por el Señor para brindar su ayuda.

Sigue teniendo que encarar las pruebas y los problemas de la vida cotidiana; pero hay optimismo en su semblante y seguridad en sus acciones. Depende enteramente de Cristo. Tiene libertad y una nueva devoción hacia Jesús y su obra.

Señor, me someto. Te entrego mi vida a ti. Dame gozo a pesar de las adversidades y percepción de las necesidades de mis prójimos. Brinda tu ayuda por mi intermedio a otros que sufren. Dame libertad y una nueva devoción por tu obra.

Los dulces frutos del quebrantamiento

LECTURA BÍBLICA: Salmo 34
VERSÍCULO CLAVE: Salmo 34:4

Yo busqué a Jehovah, y él me oyó, y de todos mis temores me libró.

El proceso del quebrantamiento no es interminable. Dios conoce sus limitaciones y no lo sobrecargará ni le dará pesares innecesarios.

Así como la semilla enterrada irrumpe en vida abundante, los dulces frutos del quebrantamiento brotan durante su aflicción y su pesar.

Quizá el fruto más preciado es la paz. Ya no queda usted a expensas de su propia sagacidad. Ya no tiene que depender de sus propias fuerzas. No lucha en vano con Dios para ver quién está al mando de su vida.

El Espíritu Santo llena el corazón quebrantado con la paz de Cristo. Es la paz del sometimiento, la paz de descansar en él, la paz de saber que sus tiempos están en sus maravillosas manos.

Hay una nueva intimidad con Jesús. Usted confía en él. Depende de él. Espera en él. No puede hacer nada aparte de él. Él es todo lo que usted necesita. Es suficiente. Se ocupa de todas sus preocupaciones y lleva todas sus cargas.

El hombre o mujer quebrantado entra a una nueva dimensión en su relación con Cristo. Es una dimensión de bendición, sanidad y nuevos comienzos. Es un momento de regocijo tanto en la soberanía como en la bondad de Dios.

Dios todopoderoso, ¡reclamo tu paz! Colócame en un nuevo nivel de mi relación contigo en que nada en este mundo pueda agitar mi espíritu. Quiero que mi andar contigo sea entrañable.

Sanidad del dolor del quebrantamiento

LECTURA BÍBLICA: 2 Corintios 12:7-10
VERSÍCULO CLAVE: Salmo 51:17

Los sacrificios de Dios son el espíritu quebrantado. Al corazón contrito y humillado no desprecias tú, oh Dios.

Las promesas de Dios son un tesoro para los que han sufrido quebrantamientos:

Los sacrificios de Dios son el espíritu quebrantado. Al corazón contrito y humillado no desprecias tú, oh Dios (Sal. 51:17).

Cercano está Jehovah a los quebrantados de corazón; él salvará a los contritos de espíritu (Sal. 34:18).

Sana a los quebrantados de corazón y venda sus heridas (Sal. 147:3).

El Espíritu del Señor Jehovah está sobre mí, porque me ha ungido Jehovah. Me ha enviado para... para vendar a los que brantados de corazón (Isa. 61:1).

Si se encuentra usted quebrantado y ha perdido toda esperanza, medite en estos versículos. Expresan el corazón de nuestro Padre Dios que anhela abrazarle y sanar su dolor. Promete estar cerca de usted, sostenerlo, cuidarlo y darle alivio con su mano de sanidad.

El final del quebrantamiento es el toque sanador de la gracia y misericordia divinas. Es el don del poder para su debilidad, de esperanza para su desesperanza, de contentamiento para su ansiedad.

Padre, cura mi corazón. Venda mis heridas. Quédate cerca de mí en medio de mi quebrantamiento y haz que sienta tu presencia. Transforma mi desesperanza en esperanza, mi ansiedad en contentamiento, mi debilidad en tu poder.

Cuando Dios guarda silencio

LECTURA BÍBLICA: Génesis 37
VERSÍCULO CLAVE: Salmo 54:7

Me has librado de toda angustia. Mis ojos han visto la derrota de mis enemigos.

Durante más de diez años las cosas habían ido de mal en peor para José. Aun cuando nació libre, sus propios hermanos lo vendieron como esclavo a gente extraña. A pesar de todo siguió obedeciendo a Dios y trabajando duro para su amo. Después, la esposa de éste lo acusó falsamente de acoso y fue a parar a la cárcel.

¿Dónde estaba Dios cuando sucedían estas cosas aparentemente negativas? En ningún momento había recibido José una palabra de aliento de sus familiares o amigos. Aunque sabía que Dios lo guiaba y bendecía, los tiempos de espera fueron un tremendo desafío a su fe.

Cuando Dios guarda silencio, cuando no interviene, puede parecer que no está involucrado en su vida. Pero Dios nunca está inerte. Siempre está en acción, especialmente en los "momentos cuando guarda silencio". Usa cada evento, cada situación y cada persona en su vida a fin de prepararlo para el futuro y cumplir su propósito perfecto.

Cuando por fin salió de la cárcel y gobernaba a Egipto como el segundo del reino, con el poder de salvar a su familia y pueblo, José por fin comprendió el plan especial de Dios. Aférrese a él en los momentos malos; confíe en que él está pendiente de cada detalle. Se regocijará a medida que manifiesta su fidelidad.

Señor, aun cuando guardas silencio estás obrando en mi vida. Ayúdame a confiar en los momentos de silencio, a sabiendas de que usas cada suceso, situación y persona a fin de prepararme para cumplir tus propósitos.

Sus planes se van cumpliendo

LECTURA BÍBLICA: Génesis 39
VERSÍCULO CLAVE: Génesis 45:8

*No me enviasteis vosotros acá, sino Dios, que me ha puesto
como protector del faraón, como señor de toda su casa y
como gobernador de toda la tierra de Egipto.*

Aunque el quebrantamiento es un proceso, podemos extenderlo innecesariamente. Prolongamos más de la cuenta los propósitos redentores, constructivos de Dios cuando nos negamos a ver la mano de Dios en nuestras circunstancias adversas.

José probó el fruto amargo de una esclavitud y un encarcelamiento injusto durante trece años antes de que Dios lo elevara a la posición de administrador de Faraón. Al enfrentarse con sus hermanos que lo habían maltratado, José dijo: "No os entristezcáis ni os pese el haberme vendido acá, porque para preservación de vida me ha enviado Dios... Así que no me enviasteis vosotros acá, sino Dios" (Gén. 45:5, 8).

¿Ve usted a Dios en todo, comprendiendo que envía o permite todas las circunstancias, sean buenas o malas? Si no es Señor de todo, entonces no puede ser Señor de nada. Él es el Soberano del universo. José tuvo la capacidad de ver la mano de Dios en medio de sus quebrantamientos.

Dios está obrando de modo que todo sea para bien en las circunstancias devastadoras por las que usted está pasando. Sabe de su dolor y dará consuelo a sus más profundos pesares.

Sus planes se van cumpliendo, aun en las tinieblas de la adversidad. Reconozca que Dios está detrás de ellas y contará con su luz para ir superando sus dificultades.

*Padre, este camino por el que ando no es siempre fácil.
Ayúdame a comprender que tus planes se van cumpliendo,
aun en las tinieblas de la adversidad. Haz que tu Palabra y
tu amor penetren las sombras y alumbren mi camino.*

JULIO

El camino a la libertad

QUE REPRESENTA: Ser liberado de lo negativo

VERSÍCULO CLAVE: Filipenses 4:13

¡Todo lo puedo en Cristo que me fortalece!

Era una escena trágica. El pueblo de Dios había caído ante fuerzas enemigas. Arrastrándose encadenados por el polvoriento camino como si fueran ganado, eran llevados cautivos desde su tierra prometida hacia la perversa ciudad de Babilonia (1 Crón. 9:1; Jer. 39:1).

Así exactamente es como Satanás nos quiere: encadenados por emociones, adicciones y hábitos negativos. Cautivos de errores del pasado. Enredados sin salida en una esclavitud emocional y espiritual.

Pero no tenemos que seguir en cautividad. Nuestra expedición espiritual este mes es un camino a la libertad. En las páginas que siguen aprenderemos cómo escapar de la infelicidad, el orgullo, demasiada seguridad en nosotros mismos, la impotencia, soledad y mucho más.

Durante este mes permita que Dios revierta su cautividad, liberándolo de sus emociones y actitudes negativas. Deje atrás el pasado. Deje que le dé un nuevo canto y llene su vida de alegría y risa. Entonces declarará con los israelitas: "¡Grandes cosas ha hecho Jehovah con nosotros!" (Sal. 126:3).

La gran escapatoria

LECTURA BÍBLICA: Tito 3:3-7
VERSÍCULOS CLAVE: Colosenses 1:13, 14

El nos ha librado de la autoridad de las tinieblas y nos ha trasladado al reino de su Hijo amado, en quien tenemos redención, el perdón de los pecados.

Harry Houdini era un escapista genial. Amarrado con cadenas y cuerdas y encerrado en espacios reducidos era seguro que encontraría la manera de soltarse y salir. Un día no logró escapar: murió.

Aunque el no creyente invente todo tipo de escapatorias para no tener que enfrentar su vida aquí en la tierra —drogas, vacaciones, riquezas, placeres, buenas obras— nunca se puede escapar de la muerte eterna. Nacido en pecado y separado de la Fuente de la vida, el Señor Jesucristo, el hombre está amarrado por las cadenas de la muerte. Todos sus intentos por evitar la sentencia divina del castigo eterno son totalmente inútiles.

Existe sólo una escapatoria del juicio de separación eterna del Dios eterno: fe personal y dependencia en el Salvador, Jesucristo. El instante en que uno se vuelve a Cristo para que perdone sus pecados, ha escapado de la muerte eterna a la vida eterna.

¡Qué escapatoria! Pasar de las tinieblas a la luz. De la desesperación a la esperanza. De la inutilidad a una vida con sentido. Del dominio de Satanás al reino de Dios (Col. 1:13, 14).

¿Se ha acercado a Cristo como su única escapatoria de la sentencia de muerte del pecado? Si no lo ha hecho, corra hoy a la cruz —donde Jesús derramó su sangre con el fin de pagar por todos sus pecados— para recibir liberación eterna.

Querido Señor, tú me libraste de las cadenas de la muerte que me amarraban y me diste vida eterna. Me llevaste de las tinieblas a la luz, de la desesperación a la esperanza, de la inutilidad a una vida con sentido. Gracias por haberme incluido en tu reino.

El mensaje de libertad

LECTURA BÍBLICA: Salmo 107:1-9
VERSÍCULO CLAVE: Salmo 119:25

Mi alma está pegada al polvo; vivifícame según tu palabra.

 Recibimos toda clase de mensajes en la vida. Mensajes sobre cómo vivir, dónde ir de vacaciones, qué comer, cómo preparar la comida y, luego, cómo librarnos de ella con ejercicios.

El interés principal de Dios es siempre por la parte espiritual de la vida humana, no la física. La depresión, los desórdenes alimenticios y la ansiedad encabezan la lista de problemas que tenemos que combatir debido al enfoque sin pausa en la necesidad de tener cierto aspecto y actuar de ciertas maneras.

Pero estos son sólo síntomas de un dilema más serio. Cuando intentamos llegar a ser algo aparte de Jesucristo, acabamos por perseguir cada mito que aparece. Aun si alcanzamos cierta posición o fama, siempre hay algo más en el horizonte que demanda más de nosotros. Siempre hay alguien que nos aventaja, que nos provoca a pensar que para ser felices necesitamos algo que no tenemos.

La persona que encuentra su identidad en Jesucristo tiene libertad y paz. Si se siente usted deficiente o insuficiente en algún sentido, pídale a Dios que le muestre su amor con claridad. Él nunca espera que usted haga algo malsano. Ni le dice que tiene que alcanzar cierta posición antes de poder amarle.

El instante cuando acepta a su Hijo como su Salvador, él entra en su corazón con perfecto amor y aceptación. Él lo creó y su amor lo une a usted para siempre.

Padre celestial, quiero encontrar mi verdadera identidad en ti. Líbrame de la esclavitud de mis deficiencias e insuficiencias limitadoras.

Libertad de emociones erróneas

LECTURA BÍBLICA: Juan 10:7-15
VERSÍCULO CLAVE: Juan 10:10

El ladrón no viene sino para robar, matar y destruir. Yo he venido para que tengan vida, y para que la tengan en abundancia.

Vemos un programa conmovedor en la televisión y nuestros ojos se llenan de lágrimas.

Un ebrio en el partido de baloncesto se inclina hacia adelante y vuelca su bebida sobre nosotros, eso nos enfurece.

Al ir llegando a casa vemos una ambulancia estacionada al frente y nos domina el pánico.

Cada reacción es una emoción, una parte intrínseca de la identidad personal de cada individuo.

Hablamos de momentos emotivos. Decimos que algunos parecen no sentir emociones mientras que otros las expresan libremente.

Aunque se repriman u oculten, la composición emocional del ser humano es parte integral de su conducta. Como tal, puede ser un área problemática para muchos creyentes.

La buena noticia para el creyente es que ahora mora en él la persona del Espíritu Santo. El Espíritu examina las partes más profundas de nuestro ser, queriendo intervenir en cada aspecto de nuestra personalidad. Puede curar progresivamente las emociones dañadas, controlar las pasiones descontroladas y someter los afectos egoístas.

Si sus emociones son frágiles y volátiles, el Espíritu Santo puede actuar como el médico interior, siendo una fuente invisible de consuelo. Sus enfermedades emocionales son la especialidad sobrenatural de él.

Oh Dios, te entrego mis emociones. Espíritu Santo, sé mi fuente de consuelo. Ayúdame a comprender que mis enfermedades emocionales son tu especialidad sobrenatural.

Desdicha

LECTURA BÍBLICA: 1 Timoteo 6:6-11
VERSÍCULO CLAVE: 1 Timoteo 6:6

Grande ganancia es la piedad con contentamiento.

El preámbulo de la Constitución de la mayoría de los países democráticos incluye la noble idea de que cada habitante posee derechos inalienables, entre los cuales se incluyen: vida, libertad y búsqueda de la felicidad. En las recientes décadas esa búsqueda se ha vuelto más frenética que nunca. Se cuentan en millones los que nos afanamos por tener una buena vida, por disfrutar todo lo que podamos.

Los redactores de la Constitución no explicaron que aunque tengamos derecho a la felicidad, encontrarla —y mantenerla— es otra cuestión. Cuanto más la buscamos, más parece eludirnos.

Moisés aguantó a miles de israelitas que distaban mucho de ser viajeros felices. Jeremías y Noé predicaron una vida entera bajo condiciones opresivas sin mayores resultados. Durante varios años el hogar de Pablo fue el interior de una celda.

Aun así, no podemos afirmar que estos y otros personajes de la Biblia eran hombres tristes, desilusionados. Al contrario, a pesar de la condición en que se encontraban, irradiaban gozo.

Quizá su definición de *felicidad* era distinta. *Contentamiento* es la palabra que mejor los describe.

La búsqueda de la felicidad es una experiencia llena de altibajos. Pero podemos constantemente lograr contentamiento.

Padre, quiero irradiar constantemente tu gozo, sean cuales fueren mis circunstancias. En lugar de buscar "la buena vida" quiero enfocarme en ti. Ayúdame a aprender a tener contentamiento.

Demasiada seguridad en sí mismo

LECTURA BÍBLICA: Salmo 28
VERSÍCULO CLAVE: 2 Corintios 12:9

Y me ha dicho: "Bástate mi gracia, porque mi poder se perfecciona en tu debilidad." Por tanto, de buena gana me gloriaré más bien en mis debilidades, para que habite en mí el poder de Cristo.

En *The Adventure of Prayer* (La aventura de la oración), la autora Catherine Marshall explicó el poder de la impotencia.

¿Por qué es la oración tan sorprendentemente eficaz cuando admitimos nuestra impotencia? Una razón obvia es porque la impotencia humana es una realidad básica. Dios es realista e insiste en que nosotros también lo seamos. Nos engañamos a nosotros mismos cuando pensamos que los recursos humanos pueden satisfacer los anhelos de nuestro corazón.

Este reconocimiento de nuestra impotencia es también la manera más rápida de llegar a tener una actitud correcta que Dios juzga esencial en la oración. Le asesta un golpe mortal al pecado más grave de todos: la independencia humana que ignora a Dios.

Otra razón es que no podemos aprender personalmente acerca de Dios —cómo es él, su amor y su verdadero poder— mientras dependamos de nosotros mismos y de los demás. Y la comunión con Jesús es el verdadero propósito de la vida y el único fundamento para la eternidad. Es auténtica esta comunión diaria que él nos ofrece.

Por lo tanto, si todos sus planes y cálculos humanos han fallado; si, uno a uno, sus apoyos humanos han sido derribados y las puertas se han cerrado en sus narices, ¡anímese! El mensaje es: "Deja de depender de recursos humanos inadecuados. Déjame que yo me encargue del asunto".

Señor, líbrame de estar demasiado seguro de mí mismo. Ayúdame a dejar de depender de recursos humanos inadecuados. Líbrame del tipo de independencia que te ignora a ti.

Insuficiencia

LECTURA BÍBLICA: Salmo 51
VERSÍCULO CLAVE: Salmo 60:12

Con Dios haremos proezas, y él aplastará a nuestros enemigos.

En el Salmo 51, su salmo de contrición, David declaró: "He aquí, tú quieres la verdad en lo íntimo, y en lo secreto me has hecho comprender sabiduría" (Sal. 51:6).

La verdad de Dios, entretejida abundantemente en lo más profundo de nuestro ser, es el fundamento de la libertad. Dios quiere que su verdad penetre muy hondo para establecer su sabiduría perfecta en nuestra mente y corazón.

Cuando comprendemos la verdad de nuestra posición en Cristo, comprendemos que hemos sido sellados por el Espíritu Santo, que estamos seguros en la familia de Dios. Ningún hecho ni pensamiento nos puede separar del amor de Dios. Ya no tenemos que depender de otros o de otras cosas para definir nuestra identidad. Pertenecemos a Cristo; somos suyos y él es nuestro.

Cuando comprendemos la verdad de la persona que somos en Cristo, nuestro sentido de inferioridad se desvanece. Somos de valor infinito para Dios, quien en la persona de Cristo murió en lugar nuestro. No es es la cantidad de dinero que ganamos ni nuestra posición social lo que determina nuestro valor; es la valoración que hace Dios de nuestra vida. Valemos tanto para él que desea contar con nuestra compañía por toda la eternidad.

Cuando comprendemos la verdad de nuestra posición en Cristo cualquier incapacidad o insuficiencia que podamos sentir es superada. En Cristo, que mora en nosotros, tenemos todo lo que necesitamos. Nos hace suficientes ante cada desafío.

Maestro, muchas veces me siento insuficiente, pero sé que tú eres más grande que mi insuficiencia. Soy de infinito valor para ti.

Orgullo

LECTURA BÍBLICA: Daniel 4
VERSÍCULOS CLAVE: Salmo 73:21, 22

De veras se amargaba mi corazón, y en mi interior sentía punzadas. Pues yo era ignorante y no entendía; yo era como un animal delante de ti.

Nabucodonosor se creía que lo tenía todo. No necesitaba a Dios; gobernaba toda Babilonia y todas sus riquezas estaban a su entera disposición.

El sueño inquietante que Daniel le había interpretado no se había cumplido; ciertamente todavía no vivía como un animal. De pie en la terraza de su palacio se deleitaba en todo lo que su vista abarcaba. Y dijo con orgullo en voz alta: "¿No es ésta la gran Babilonia que yo edifiqué?" (Dan. 4:30).

En el instante en que estas palabras salieron de su boca Nabucodonosor se dio cuenta de que se había sobrepasado. Se sintió caer de rodillas, se encontró entre los animales, comiendo hierba como los bueyes. Nadie podía acercarse al loco con pelo y uñas que le habían crecido como si fueran plumas y garras de aves de rapiña.

Pasados siete años, al final del período de castigo que Dios había prescrito, el rey alzó su vista hacia los cielos y empezó a alabar a Dios. Reconocer la verdad de la soberanía de Dios libró de su bestial aflicción al que fuera un orgulloso monarca.

Cuando no reconocemos el derecho de Dios de usar nuestra vida y posesiones como él quiere, Dios se entristece. Porque nos ama quiere que le honremos y seamos sumisos a sus planes. El rey que lo aprendió por las malas entendió la dura lección: "Todas sus obras son verdad y sus caminos son justicia. El puede humillar a los que andan con soberbia" (Dan. 4:37).

Señor, llévate esta plaga que es mi orgullo. Quiero que me libres de ella porque es una de las cosas que tú odias. Quiero andar humildemente ante ti.

Soledad

LECTURA BÍBLICA: Salmo 139
VERSÍCULO CLAVE: Mateo 28:20

Y enseñándoles que guarden todas las cosas que os he mandado. Y he aquí, yo estoy con vosotros todos los días, hasta el fin del mundo.

*P*ensar en la soledad por lo general trae a la mente la idea de estar físicamente solos. Pero muchos se sienten solos aun en medio de la gente. La soledad es una experiencia del corazón y no puede sencillamente ahuyentarse con bienes materiales o con las muchas posesiones. Sólo Jesús puede satisfacer realmente al corazón solitario.

Corrie ten Boom escribió sobre el tiempo que pasó aislada en un campo de concentración:

> Me esperaba una celda solitaria. Todo estaba vacío y gris... Aquí no había nada, sólo vaciedad, un vacío gris y frío. "Oh Salvador, tú estás conmigo, ayúdame; sosténme y fortaléceme. Quita esta ansiedad, esta desolación... Tómame en tus brazos y confórtame", oré. Y mi corazón se llenó de paz. Los extraños ruidos aún me circundaban, pero me quedé dormida silenciosamente.
>
> Pronto me acostumbré a la celda, y cuando las preocupaciones amenazaban vencerme, empezaba a cantar. ¡Qué cambio en mi vida! Hablaba con mi Salvador. Nunca había tenido una comunión tan íntima con él. Mi anhelo era que ese gozo siguiera sin cambiar. Estaba prisionera pero, a pesar de ello, ¡qué libre!

No importa lo oscura que parezca su soledad Dios le dará luz, esperanza y un sentido de total seguridad si clama a él con fe.

Amado Padre celestial, cuando la soledad me vence, hazme entender que no importa lo oscura que parezca, tu luz de esperanza y amor la penetrará. No estoy solo. Tú estás conmigo.

Fobias

LECTURA BÍBLICA: Salmo 46
VERSÍCULO CLAVE: Isaías 41:10

No temas, porque yo estoy contigo. No tengas miedo, porque yo soy tu Dios. Te fortaleceré y también te ayudaré. También te sustentaré con la diestra de mi justicia.

La Palabra de Dios rebosa de poder y valentía para ayudarnos a contrarrestar todas las fobias que nos atormentan. Isaías 41:10 es una receta eterna que ha ayudado a muchos cristianos a enfrentar y vencer sus temores porque la verdad que contiene arrasa con ellos.

"No temas... yo estoy contigo". No estamos solos con nuestros temores. Dios vive en nosotros para ayudarnos. Saber que Cristo nos acompaña brinda siempre gran consuelo y aliento.

"No tengas miedo, porque yo soy tu Dios". Dios con todo su poder, sabiduría, amor y misericordia está de nuestra parte. Nos conoce personalmente. Pertenecemos a su familia y nos cuida paternalmente.

"Te fortaleceré y también te ayudaré". Cuando nos sentimos débiles Dios promete darnos fuerza. Nunca se cansa ni vacila. Está siempre a nuestra disposición. ¿Cuánto nos puede ayudar? Cuanto le dejemos.

"Te sustentaré con la diestra de mi justicia". Dios es nuestro abogado. Nos guarda y protege. Es nuestra fortaleza, nuestro refugio. Aunque seamos sacudidos, él nunca lo es. Sus brazos eternos nos sostienen en los momentos más desesperantes.

Dios todopoderoso, te entrego todos mis temores y ansiedades que tantas tensiones me producen. No tengo que sentirme ansioso porque tú prometiste fuerzas y ayuda. Me sustentarás con la diestra de tu justicia.

Me siento indigno

LECTURA BÍBLICA: Salmo 103
VERSÍCULO CLAVE: Isaías 43:25

Yo soy, yo soy el que borro tus rebeliones por amor de mí,
y no me acordaré más de tus pecados.

Dios nunca se ríe de nosotros ni nos hace sentirnos indignos. Al contrario, leemos estas palabras de Jesús:

Como el Padre me amó, también yo os he amado; permaneced en mi amor (Juan 15:9).

Si vosotros permanecéis en mi palabra, seréis verdaderamente mis discípulos; y conoceréis la verdad, y la verdad os hará libres (Juan 8:31, 32).

Os he llamado amigos, porque os he dado a conocer todas las cosas que oí de mi Padre (Juan 15:15b).

Amor y verdad. Dios es amor y el origen de toda verdad. El amor que tiene por usted es el mismo amor que tiene por su Hijo, el Señor Jesucristo. Le brinda este amor por medio de su gracia y misericordia. Es un amor puro, sin mancha de culpa u obligación.

A pesar de lo profunda que haya sido su transgresión en el pasado, Dios está cerca para librarlo con la verdad de su Palabra. No hay nada más fuerte que su amor. Cuando perdona, olvida (Sal. 103:12; Isa. 43:25). Cuando haya confesado usted sus pecados, ya no tiene necesidad de rogar o suplicar su perdón. ¡Ya está perdonado!

Puede andar libremente en la luz de su amor porque él lo llama a ser su hijo. Su nombre está escrito en la palma de la mano de Dios.

Usted es la niña de sus ojos; los cielos se regocijan al ver su nombre escrito con la sangre del Cordero.

Querido Dios, ¡te doy gracias porque soy digno! Ando libre-
mente en la luz de tu amor. Soy tu hijo, la niña de tus ojos.
Mi nombre está escrito con la sangre del Cordero. Te per-
tenezco.

Deseos egoístas

LECTURA BÍBLICA: Salmo 106
VERSÍCULO CLAVE: Salmo 106:15

El les dio lo que pidieron, pero envió a su alma debilidad.

Un destacado evangelista lo dijo de esta manera: "Puede que usted reciba lo que quiere, pero es posible que no quiera lo que recibe". A veces queremos algo tanto que canalizamos todos nuestros esfuerzos para lograrlo.

Es lo que los israelitas hicieron en el desierto. Se cansaron tanto de la dieta de maná que pidieron quejosamente buena carne. Dios les concedió su pedido, pero esto trajo consigo muerte por la rebeldía de sus corazones.

Todos podemos identificarnos con aquel incidente. Después de mucho trabajo finalmente se cumplen nuestros deseos, para meramente descubrir que llegaron acompañados de mucho pesar. ¿Cómo podemos protegernos de buscar lo equivocado?

Primero, deleitándonos en amar, adorar y servir a Dios sobre todas las cosas: "Deléitate en Jehovah, y él te concederá los anhelos de tu corazón" (Sal. 37:4). Cuando queremos complacer y honrar a Dios más de lo que queremos cualquier otra cosa o a cualquier otra persona, nuestros pedidos concordarán con su voluntad.

Segundo, estando dispuestos a presentar nuestras peticiones al Señor. Sea lo que fuere que queremos, entreguémoslo enteramente al Señor para que él se encargue. Dejemos que él juzgue si nos concederá lo que pedimos. Dejemos la cuestión en sus manos: "Encomienda a Jehovah tu camino; confía en él, y él hará" (Sal. 37: 5).

Oh Señor, líbrame de mis deseos egoístas. Haz que me deleite en ti y te adore y te sirva sobre todas las cosas. Te presento mis peticiones, entregándote cada deseo y dejándolo en tus manos.

Inmoralidad

LECTURA BÍBLICA: Colosenses 1:1-10
VERSÍCULO CLAVE: Colosenses 2:10

Y vosotros estáis completos en él, quien es la cabeza de todo principado y autoridad.

*P*or lo general nuestra defensa contra pensamientos o acciones inmorales es resolvernos a ser disciplinados, castos o santos. Una fuerte determinación ayuda a controlar por un tiempo los pensamientos y acciones impuros; pero para los que sufren tentaciones constantes los deseos inmorales arrasan con toda apariencia de una vida cristiana plena de gozo y contentamiento. Dios conoce la gravedad de las pasiones como esas y ha provisto una defensa segura, aunque muy distinta a la de nuestras tácticas usuales.

La primera línea de defensa contra los ataques de cualquier tipo de inmoralidad es comprender nuestra nueva posición en Cristo. Considere este ejemplo: le han pedido que arme un avión en miniatura. La ilustración en la tapa de la caja muestra el avión, pero las piezas que contiene han sido cambiadas. Imagínese la frustración al tratar de que el avioncito concuerde con la ilustración.

Si no comprendemos nuestra nueva identidad en Cristo, nos pondremos nerviosos al tratar de hacer concordar nuestra conducta con esta nueva imagen parecida a Cristo. El doctor Martyn Lloyd-Jones, reconocido predicador evangélico, explica: "Usted antes era un niño. Ahora es un adulto. Por lo tanto, deje de comportarse como un bebé".

La inmoralidad nunca puede concordar con su nueva identidad en Cristo.

Amado Padre celestial, límpiame de pensamientos, palabras y acciones inmorales. Soy una nueva criatura en Cristo. Quiero que mi conducta concuerde con mi nueva identidad.

Falta de reconocimiento

LECTURA BÍBLICA: 2 Samuel 5:1-12
VERSÍCULO CLAVE: 2 Samuel 5:12

Entonces David comprendió que Jehovah le había confirmado como rey sobre Israel y que había enaltecido su reino por amor a su pueblo Israel.

¿Lo han pasado alguna vez por alto para una remuneración en el trabajo cuando sentía que se la merecía? ¿O no ha recibido el reconocimiento que creía merecer?

De ser así, le gustará saber de un principio dinámico a lo largo de la vida de David que lo mantuvo listo para recibir las bendiciones de Dios en circunstancias similares. Aunque había sido ungido rey, David pasó muchos años huyendo de su antiguo jefe, el rey Saúl. En diversas ocasiones tuvo la oportunidad de matar a Saúl y apoderarse del trono. En cada caso se negó a hacerlo.

Cuando Saúl murió en un remoto campo de batalla, David podía haberse declarado rey de todo Israel. En cambio, empezó por gobernar sólo a la tribu de Judá. Siete años y medio después las tribus restantes de Israel pidieron que David las gobernara.

El principio es éste: David dejó que Dios lo remunerara a su manera y a su tiempo. Se negó a tomar el toro por las astas. David dejó que Dios fuera quien lo exaltara.

Cuando no reciba el debido reconocimiento en su vida recuerde que Dios lo exaltará a su debido tiempo. Luego, como David, usted sabrá que Dios lo ha confirmado.

Padre Dios, límpiame de cualquier ambición egoísta. Confírmame y remunérame según tu sabiduría y tiempo. Dame paciencia para esperar.

La crítica

LECTURA BÍBLICA: Salmo 18:16-24
VERSÍCULO CLAVE: Proverbios 15:31

El oído que atiende a la reprensión de la vida vivirá entre los sabios.

Su día empezó de lo mejor. Su momento devocional fue espléndido, y todo andaba de maravillas en el trabajo, hasta que un colega se acercó a su escritorio y le criticó un memorándum que usted había escrito.

De pronto, Dios estaba lejos. Usted se llenó de furia y resentimiento. Su día estaba arruinado.

¿Le ha sucedido algo así? ¿Habrá alguien que no haya pasado por una transformación negativa similar al tener que aguantarse una reprimenda? Lo cierto es que nuestra reacción puede determinar si la crítica resulta constructiva o destructiva.

La crítica —sea justa o injusta— es constructiva cuando prestamos atención. Es destructiva cuando inmediatamente apretamos el torniquete emocional impidiendo su entrada.

La crítica es constructiva cuando la cernimos en un espíritu de querer examinarnos a nosotros mismos. Es destructiva cuando la guardamos como un depósito de resentimientos.

La crítica es constructiva cuando nos impulsa a confiar en Cristo como nuestro Defensor y ponemos en sus manos nuestra reputación. Es destructiva cuando tratamos de defendernos.

Cuando lo critiquen aprenda y corrija lo que pueda con un espíritu humilde: eso es sabiduría. Si es injusta, apóyese en Cristo como su Defensor: eso es confiar. De ambos modos usted gana.

Amado Maestro, limpia mi espíritu crítico, luego líbrame de la esclavitud de las críticas de los demás. Haz que preste atención a las críticas constructivas y dependa de ti como mi Defensor cuando son injustas.

Temor

LECTURA BÍBLICA: Salmo 56:1-11
VERSÍCULO CLAVE: 2 Timoteo 1:7

Dios no nos ha dado un espíritu de temor, sino un espíritu de poder, de amor y de buen juicio (VP).

*P*aul Tournier hizo una profunda evaluación de la vida cristiana: "La vida es una aventura dirigida por Dios".

En este concepto se encuentra la semilla de una fe que cambia la vida. Puede significar la diferencia entre una vida llena de confianza y satisfacción o una dominada por la timidez y la inseguridad. Confrontar situaciones desconcertantes puede ser el eje que hace girar su reacción hacia el temor o hacia la fe.

El temor aparece cuando nos abruman las implicaciones o la magnitud de una situación. Asume proporciones paralizantes cuando pensamos en la posibilidad de consecuencias desastrosas. Nos puede sumergir en olas de ansiedad e inseguridad.

Pero en cuanto entendemos y nos apropiamos de la verdad de que Dios está a cargo de nuestras circunstancias y nos ha capacitado para enfrentar cualquier desafío, es asombroso cómo nuestra fe en Cristo puede cambiar nuestra manera de ver las cosas. La vida no está libre de riesgos. Dios ha establecido un curso divino para cada creyente a quien gobierna y dirige con sabiduría y amor perfectos.

Nuestra fe es en su fidelidad hacia nosotros, en su poder que obra a nuestro favor, en su gracia que nos provee todo lo que necesitamos. Dios está al mando. La vida es un peregrinaje emocionante de confiar en él como nuestro guía y compañero.

Empiece hoy la aventura y deposite sus temores a los pies del Señor. No lo defraudará.

Padre celestial, aquí estoy con todos mis temores, entregándotelos a ti. Me has capacitado para enfrentar cualquier desafío. Sé que la vida no está libre de riesgos, pero, sea cual fuere mi camino, tú determinas mi destino.

Inconstancia

LECTURA BÍBLICA: Efesios 4:17-24
VERSÍCULO CLAVE: Salmo 57:2

Voy a clamar al Dios altísimo, al Dios que en todo me ayuda (VP).

Un pozo de agua fresca adorna una pradera junto a un camino de tierra. Fluyendo por un pequeño caño el agua ha brindado frescura a todos durante décadas. El chorro que brota de lo profundo de la tierra nunca ha disminuido ni variado, aun en épocas de sequías.

La mayoría de los creyentes anhelamos una constancia así porque muchas veces nos dejamos dominar por nuestras circunstancias o emociones. El día cuando nos va bien en casa o en el trabajo es espiritualmente fortificante. Un contratiempo con el transporte o el contratiempo de tener que estar en una larga fila puede ser debilitador, produciéndonos un bajón espiritual. Este tipo de cristianismo lleno de vaivenes afecta nuestra espiritualidad y hace que el inconverso dude de que nuestra fe sea digna de confianza.

Tal como en el pozo de agua fresca, la clave radica en la fuente. Cuando el amor y el espíritu de Cristo nos controlan por medio del Espíritu Santo que mora en nosotros, podemos ser siempre constantes. Cristo es nuestra vida, fluyendo a través de nuestra voluntad, emociones y personalidad con su pureza y poder, dándonos poder y afirmándonos en medio de los vaivenes y desencantos.

Cristo nunca cambia; siempre es el mismo. Su vida inmutable llega a ser parte de nuestra experiencia personal cuando dependemos firmemente de su presencia renovadora en cada circunstancia. Aparecen los momentos malos; pero nunca nos pueden separar del amor constante, firme, de Dios. El es nuestra fuente.

Padre, muchas veces me dejo dominar por las circunstancias y las emociones. Líbrame del cristianismo lleno de vaivenes. Hazme constante. Afírmame en medio de los problemas y desencantos.

Conflictos

LECTURA BÍBLICA: 2 Corintios 4:7-18
VERSÍCULO CLAVE: 2 Corintios 4:17

Nuestra momentánea y leve tribulación produce para nosotros un eterno peso de gloria más que incomparable.

Si se nos diera a elegir la mayoría optaríamos por ser parte del nivel promedio de la sociedad: "Señor, las cosas andan ahora bastante bien para mí. Prefiero que no aparezca ningún problema".

Este es un sentimiento generalizado. Queremos mantener nuestro bienestar. No nos gustan los cambios, especialmente los que causan conflictos.

El instante en que aparecen las fricciones —en nuestras relaciones o circunstancias— el bienestar y la paz del statu quo se desintegra. Pero si consideramos los conflictos como oportunidades en lugar de obstáculos, hacemos asombrosos descubrimientos.

Los conflictos generan una actitud de alerta tanto a la presencia de Dios como de Satanás. Cuando nos atacan los problemas comprobamos que estamos en una guerra espiritual. Percibimos que el adversario está en acción, pero, más importante aún, somos más sensibles a la Palabra de Dios y a su Espíritu.

Los conflictos generan acción. Nadie nos tiene que decir que abramos la Biblia; nadie nos tiene que forzar a orar. Nuestra motivación y movilización a escudriñar las Escrituras y a orar viene del Señor.

Los conflictos cambian nuestras actitudes. Nos hacen más agradecidos, más sumisos, más dependientes de Dios, más humildes y más comprensivos de las necesidades de nuestros prójimos.

Oh Señor, ayúdame a entender los beneficios positivos de los conflictos. Dame una actitud más alerta a tu presencia. Movilízame a orar y estudiar tu Palabra. Cambia mis actitudes negativas.

Distanciamiento

LECTURA BÍBLICA: Salmo 25
VERSÍCULO CLAVE: Hebreos 13:5

Sean vuestras costumbres sin amor al dinero, contentos con lo que tenéis ahora; porque él mismo ha dicho: "Nunca te abandonaré ni jamás te desampararé."

Pareciera que cuanto más populosos van siendo nuestros vecindarios, ciudades y nuestro planeta, más solos nos sentimos. La movilidad social y laboral, el alto índice de divorcios, la predisposición por el individualismo, las ansias de triunfar que consumen tiempo y energías, todo contribuye a un creciente sentido de distanciamiento unos de otros. Las consecuencias son graves: depresión, relaciones superficiales, letargo, crecimiento espiritual raquítico y aun el suicidio.

Si usted se siente solo y algunas de estas características lo describen, hay esperanza. Puede tomar medidas activas que mejorarán su situación ya que Dios lo ha creado para que disfrute de él e influya sobre sus prójimos.

Lo primero es lograr una comprensión real de lo que usted vale. Puede ser que los demás no lo noten, pero usted es un predilecto de Dios (Deut. 32:10). Los sentimientos de inseguridad e inferioridad producen mucha soledad.

Usted es importante (Isa. 43:4). Fue hecho a la imagen de Dios (Gén. 1:26). Usted es la obra de sus manos, singular y especial (Ef. 2:10).

Puede creer estas verdades de la Palabra de Dios porque son ciertas. Deje que el Señor Jesucristo cambie el concepto que usted tiene de sí mismo por medio de verse como él lo ve (Rom. 12:2).

Señor, quizá los demás no me noten, pero no estoy distanciado de ti. Me hiciste a tu imagen. Soy tu obra singular y especial. Ayúdame a verme a mí mismo como tú me ves.

Enojo

LECTURA BÍBLICA: Salmo 37:5-8
VERSÍCULO CLAVE: Efesios 4:26

Enojaos, pero no pequéis; no se ponga el sol sobre vuestro enojo.

Por lo general el enojo no es premeditado. Sucede que nuestras emociones estallan por incidentes imprevistos. El enojo, como emoción, no es pecado; pero si no lo controla puede convertirse rápidamente en conducta pecaminosa. Puede enojarse y no pecar (Ef. 4:26) cuando sigue estas pautas.

Sea lento para enojarse (Stg. 1:19). Si se enoja por cualquier cosa, el problema es que eso lo lleva a pecar. El Señor nos indica que seamos pacientes cuando hemos sufrido una injusticia y cuando somos maltratados (1 Cor. 13:4, 5).

No se aferre al enojo. Cuando secretamente alimenta su enojo, peca. Enseguida haga a un lado los episodios que causaron enojo por medio de confiar en Cristo para que reemplace su enojo con el amor de él. Deje los resultados de sus circunstancias en las manos del Dios soberano que puede lograr mucho más que la furia que usted siente.

No justifique su enojo. Aunque existen ocasiones cuando el enojo es justificado (ver a un delincuente atacando a un anciano), no son frecuentes.

¿Está usted manejando su enojo según las normas bíblicas o el enojo lo está manejando a usted? Si es lo segundo, admítalo como pecado y confíe en que el Señor Jesucristo le quitará el enojo por medio de amar por intermedio suyo.

Maestro, hazte cargo de mi enojo. Ayúdame a ser lento para enojarme. Ayúdame a dejar a un lado mi enojo y a negarme a justificarlo. Ayúdame a aprender a enojarme, pero no pecar.

Presión social

LECTURA BÍBLICA: Romanos 12:1-3
VERSÍCULO CLAVE: 2 Corintios 5:9

Por lo tanto, estemos presentes o ausentes, nuestro anhelo es serle agradables.

$\mathcal{R}$elacionamos, por lo general, el problema de la presión de los amigos con la adolescencia, pero los adultos somos también afectados por las acciones, estilos y costumbres de los que nos rodean. Por temor al rechazo, rara vez nos aventuramos a salir de las normas aceptadas. Buscar la aprobación de los demás es un factor muy motivador que influye aun sobre el creyente consagrado.

Esta actitud no debe parecernos rara. Dios nos pide en la Biblia que no nos conformemos a este mundo (Rom. 12:2).

Tenemos que confiar cada día en el Señor para que impida que seamos forjados por las normas financieras, morales y sociales del mundo. Sólo podemos ganar la batalla contra esta esclavitud cuando realmente procuramos agradar a Dios más de lo que procuramos agradar a los demás.

Agradar al Señor debe ser la ferviente ambición de cada creyente. Agradarle significa confiar en que el Espíritu Santo nos capacitará para seguir la Palabra de Dios como nuestra autoridad y nuestra guía en cada aspecto de nuestro diario vivir. Agradar al Señor es obedecerle cueste lo que cueste, aun si esto significa sufrir la desaprobación de quienes nos rodean.

Haga que su prioridad sea agradar a Dios. Al lograrlo, comprobará que se va conformando a su imagen, no a la imagen distorsionada de las normas vacías y vanas del mundo.

Señor, no quiero que mi vida se vaya forjando según las normas financieras, morales y sociales de este mundo. Quiero agradarte a ti. Confío en que tu Espíritu Santo me capacite para conformarme a tu Palabra en todas las áreas de mi vida.

Avaricia

LECTURA BÍBLICA: Proverbios 11:24-26
VERSÍCULO CLAVE: Santiago 1:17

Toda buena dádiva y todo don perfecto proviene de lo alto y desciende del Padre de las luces, en quien no hay cambio ni sombra de variación.

¿Qué impulsó a los dos negocios más grandes de los últimos años de la década de los ochenta: la lucha por el control de la compañía RJR Nabisco, valorada en 2.500 millones de dólares, y la fusión de Time Inc. y Warner Communications por un valor de 1.500 millones de dólares? ¿Fue la convicción que más es mejor? ¿Fue la búsqueda de "sinergias" corporativas? Teóricamente, quizá. Pero tres nuevos informes muestran claramente que las verdaderas fuerzas motivadoras fueron egocentrismo, avaricia y ambición.

Es así como la revista Time describió la gran fuerza motivadora de la avaricia en nuestra cultura.

Desde las adquisiciones corporativas hasta las ambiciones individuales, la avaricia es la principal motivación de millones. Queremos más de lo que tenemos; lo queremos ahora.

No cabe duda que el creyente debe ir contra la corriente prevaleciente de avaricia en lo que a un espíritu generoso se refiere. La generosidad no surge de sistemas educativos, gubernamentales o financieros. El contaminado poder del pecado dentro de cada uno de nosotros impide que la generosidad brote de nosotros como algo natural.

La generosidad es una cualidad piadosa porque Dios es el Autor del dar con alegría (2 Cor. 9:7). ¿Se siente usted tacaño? ¿Es lento para ayudar a su prójimo? Sólo un paso consciente de sometimiento al Señor Jesucristo, con el humilde pedido de que le dé un corazón dadivoso, puede empezar a generar las bendiciones de un espíritu generoso.

Querido Padre celestial, líbrame de la avaricia. Haz que sea un dador alegre. Bendíceme con un espíritu generoso.

No querer perdonar

LECTURA BÍBLICA: 2 Corintios 5:14-19
VERSÍCULO CLAVE: 1 Juan 2:10

El que ama a su hermano permanece en la luz, y en él no hay tropiezo.

El camino a la liberación de un espíritu que no quiere perdonar pasa directamente a través de la cruz de Cristo. Cuando él murió, Dios proveyó el perdón por los pecados —todos ellos— del ser humano.

Cuando por medio de la fe recibimos a Cristo como nuestro Salvador, ya no deberíamos guardar rencores ni "hervir" por las injusticias que sufrimos. Jesucristo nos ha perdonado. Nos llama a extender su perdón aun a nuestros enemigos. Nosotros no hicimos nada para ganarnos su perdón. Entonces no podemos obligar a otros a ganarse nuestro perdón, que puede ser la herramienta usada por Jesucristo para demostrar su amor incondicional tanto por el creyente como por el que no lo es.

En razón de la cruz y la presencia de Cristo en su vida por medio del Espíritu Santo, cuenta usted con la capacidad sobrenatural de extender su perdón. Como una nueva criatura en Cristo, ya no es prisionero de sus antiguos hábitos vengativos. Cristo en usted es su esperanza (Col. 1:27).

El amor de Dios no le permite guardar amarguras y resentimientos en su corazón y, a la vez, disfrutar de comunión con él. Este es el momento de perdonar decididamente al que lo ha lastimado, no dependiendo de su propio poder sino del perdón total provisto para todos por el Señor Jesucristo en el Calvario.

Quítese la carga. Deje que el amor de Dios fluya a través suyo y, luego, note cómo él obra.

Dios todopoderoso, te doy gracias porque me perdonaste. Ahora dame la habilidad sobrenatural de extender el perdón a los que me han lastimado. Haz que tu amor fluya a través mío hacia quienes me rodean.

Un concepto bajo de sí mismo

LECTURA BÍBLICA: Efesios 2:1-10
VERSÍCULO CLAVE: Efesios 2:10

Somos hechura de Dios, creados en Cristo Jesús para hacer las buenas obras que Dios preparó de antemano para que anduviésemos en ellas.

*E*n cierta ocasión el doctor James Dobson, psicólogo cristiano, realizó un sondeo entre mujeres que, según ellas mismas admitían, eran básicamente alegres y seguras.

Dobson listó diez razones que causan la depresión. La lista incluía temas como fatiga, aburrimiento, conflicto con familiares políticos y problemas económicos. Se les pidió a las mujeres que identificaran qué factor contribuía preponderantemente a los períodos de depresión.

La respuesta abrumadora fue la falta de amor propio. Si se realizara ese mismo sondeo entre creyentes en general, el sentimiento de que uno no vale nada probablemente habría ocupado el primer lugar.

Es posible tener una autoestima correcta y sana cuando recibimos la evaluación que Dios hace de nosotros, dependiendo de su estimación de lo que valemos, no de la opinión errada de otros ni de nuestro fluctuante comportamiento personal.

Dios nos creó a su imagen. Somos obra suya. Un violín Stradivarius es de valor porque él lo hizo. Nosotros valemos porque Dios nos hizo.

El apóstol Pablo dijo: "¡Todo lo puedo en Cristo que me fortalece!" (Fil. 4:13) Contamos con su suficiencia, su poder, su capacidad. Pensando en eso, ¿volveremos a sentirnos inferiores?

Amado Dios, te doy gracias porque lo que valgo no se basa en la opinión errada de otros ni en mi fluctuante comportamiento. Valgo porque tú me creaste y me amas.

Ansiedad

LECTURA BÍBLICA: Mateo 6:25-34
VERSÍCULO CLAVE: Mateo 6:34

No os afanéis por el día de mañana, porque el día de mañana traerá su propio afán. Basta a cada día su propio mal.

En su opúsculo *Overcome Your Worry* (Supere sus preocupaciones), Pamela Reeve explica cómo el carácter y la suficiencia de Dios son antídotos para cada forma de preocupación:

La providencia de nuestro Dios cubre el pasado, el presente y el futuro. La paz proviene de la posesión de recursos adecuados.

Dios puede mantener en paz nuestra mente, tal como lo prometió, porque tenemos recursos adecuados para solucionar los pecados y las culpas del pasado. Tenemos la cruz de Cristo.

Tenemos recursos adecuados para el presente: Ese gran recurso, el Espíritu Santo, quien nos da la sabiduría que necesitamos, la capacitación que necesitamos, el control que necesitamos: todo lo que necesitamos para el presente.

...Tenemos los recursos adecuados para el futuro si Cristo es nuestro Salvador.

...Toda preocupación es básicamente desconfianza en el carácter y poderío de Dios. Poner en práctica la fe en Dios es el antídoto para las preocupaciones. Fe es creer que Dios es bueno.

...¿Se preocupa por algo que sucederá: Falta de dinero, mala salud, pérdida de una amistad? Siga llenando su mente de la verdad, Dios sabe todo sobre cada situación. Tiene el poder para solucionarla para el bien de usted y, porque lo ama tanto, así lo hará.

Oh Señor, tu providencia cubre mi pasado, presente y futuro. Me regocijo en el hecho de que puedo dejar contigo todas mis ansiedades y preocupaciones.

Sentido de culpa

LECTURA BÍBLICA: Romanos 8
VERSÍCULO CLAVE: Romanos 8:1

Ahora, pues, ninguna condenación hay para los que están en Cristo Jesús, los que no andan conforme a la carne, sino conforme al Espíritu. (RVR-1960)

A. W. Tozer, el reconocido autor cristiano y pastor, habló en cierta ocasión de los que viven en la "perpetua penitencia del remordimiento".

¿Es usted uno de ellos? ¿Se siente constantemente culpable? ¿Los remordimientos lo acosan sin darle tregua?

¿Creer en Cristo, lo ha colocado en la escalera del gozo y la alegría, o lo ha arrojado al sótano de perpetuo remordimiento?

El modo de salir de su suplicio es recibir y extender la magnífica gracia de Dios. Crea esto de una vez y para siempre, su fe en Cristo ha borrado su cuenta con Dios. Ha sido perdonado de su conducta pasada, presente y futura. Su deuda ha sido pagada. Su penitencia no puede agregar absolutamente nada a la posición perfecta que ya ocupa ante su Padre celestial.

Pero dé un paso más. Así como ha recibido su perdón, páselo a los que lo han ofendido a usted. No le deben nada. No puede cobrar nada de ellos, ni aceptación, seguridad o aprobación.

Apropiarse de la gracia de Dios hacia usted y extender su gracia a los demás destruirá el ciclo destructivo del sentimiento de culpa, reemplazándolo con un festejo continuo del amor maravilloso, incondicional de Dios.

Amado Padre celestial, tengo que admitirlo: el sentimiento de culpa por mi pasado muchas veces me obsesiona. Líbrame de su ciclo destructor. Reemplaza mis remordimientos con un festejo continuo de tu amor incondicional.

Celos

LECTURA BÍBLICA: 1 Samuel 18:1-12
VERSÍCULO CLAVE: Santiago 3:16

Porque donde hay celos y contiendas, allí hay desorden y toda práctica perversa.

*T*anto Pablo como Santiago, con rara excepción, usaban invariablemente el mismo adjetivo o sustantivo al describir los celos. Donde hay celos, hay también choques. Los celos producen conflictos, incitan el enojo y la amargura, promueven hostilidad emocional y física.

¿Tiene envidia de los éxitos de alguien? ¿Codicia la belleza física o las posesiones ajenas? ¿Siente que usted no tiene nada mientras que los demás lo tienen todo?

Podemos prevenir el enredo emocional de los celos si comprendemos el principio divino del contentamiento. Contentamiento, según la Biblia, significa agradecer a Dios porque nos ha dado todo lo que necesitamos. A otros les pueden dar un ascenso mientras nosotros nos quedamos atrás. Otros pueden tener grandes talentos físicos o prestancia mientras nosotros somos poco agraciados y mediocres.

Pero Dios, nuestro Creador y Providencia, nos dará todas las cosas buenas al confiar en él. Podemos sentirnos enteramente satisfechos cuando sabemos que nuestro Padre no es imparcial ni injusto, sino que nos da a cada uno toda la gracia que necesitamos para vivir una vida productiva, gozosa.

Padre Dios, líbrame de los tentáculos de los celos que me quieren atrapar. Ayúdame a comprender que tengo todo lo que necesito para vivir una vida productiva y gozosa.

Depresión

LECTURA BÍBLICA: 1 Reyes 19:1-18
VERSÍCULO CLAVE: Salmo 42:11

¿Por qué te abates, oh alma mía, y por qué te turbas dentro de mí? Espera a Dios, porque aún le he de alabar. ¡El es la salvación de mi ser, y mi Dios!

Martín Lutero, el gran líder de la Reforma, caía con frecuencia en períodos de gran depresión. La depresión sigue siendo un problema sin fronteras educativas, culturales o económicas.

En su libro *Healing for Damaged Emotions* (Sanidad para emociones dañadas), el doctor David Seamands receta algunos tratamientos prácticos:

Evite estar solo. Cuando uno está deprimido no quiere compañía... oblíguese a estar con otros.

Busque ayuda en los demás. Así como uno no puede librarse de la arena movediza tirándose de su propio cabello, no puede librarse a sí mismo de la depresión. Busque personas y situaciones que generan gozo.

Alabe y dé gracias al Señor. Todos los santos coinciden en esto. Era la salida de William Booth, el fundador del Ejército de Salvación. Cuando no podía sentir la presencia de Dios y orar de verdad, le daba gracias a Dios por la hoja de un árbol o la hermosa ala de un pájaro.

Apóyese con fuerza en el poder de la Palabra de Dios. A través de los siglos su pueblo ha comprobado que los salmos son los más beneficiosos.

La depresión no es un callejón sin salida. Tiene salida. Confíe en que el Señor lo guiará y ayudará a aplicar estas verdades liberadoras.

Querido Señor, cuando los nubarrones de la depresión me rodean, ayúdame a recordar alabarte. Hazme ver que no estoy en un callejón sin salida. Hay salida y tu luz ilumina el camino.

Rechazo

LECTURA BÍBLICA: Colosenses 1:19-23
VERSÍCULO CLAVE: Salmo 117:2

Ha engrandecido sobre nosotros su misericordia, y la verdad de Jehovah es para siempre. ¡Aleluya!

*E*n la guerra de Vietnam a veces se usaban balas especiales que causaban mucha más destrucción física que las balas comunes.

De la misma manera, ser rechazado y el temor a serlo pueden causar un trauma interior mucho mayor que la mayoría de los desórdenes emocionales.

El rechazo nos ataca brutalmente en el punto más vulnerable: nuestro sentido de valía. Si usted ha sido rechazado por alguien, su dolor puede ser aliviado y sus heridas curadas si deliberadamente se aferra al amor de Dios que nunca falla.

El ser humano egoísta y egocéntrico establece normas inalcanzables, en cambio, las buenas nuevas del evangelio son que el creyente es ahora aceptado totalmente por el que es perfecto: Dios el Padre. Dios nunca nos rechaza por lo que hacemos o no hacemos ni por nuestro aspecto. Nos ama tan completamente que en cuanto hemos sido reconciliados a través de nuestra fe en Jesucristo estamos seguros para siempre en su amor.

Cumplimos las normas de Dios por medio de la justicia imputada a Cristo. Cuando los demás lo desprecian, recurra inmediatamente a los brazos de Cristo que le esperan. Su amor y misericordia perduran para siempre y le ayudarán a superar esos rechazos.

Oh Dios, ayúdame a superar el rechazo de los que me rodean. Tú me aceptas. Alcanzo tus normas a través de Jesucristo. Eso es lo único que importa.

Contemporización espiritual

LECTURA BÍBLICA: 1 Corintios 3:1-17
VERSÍCULO CLAVE: Mateo 6:24

Nadie puede servir a dos señores; porque aborrecerá al uno y amará al otro, o se dedicará al uno y menospreciará al otro. No podéis servir a Dios y a las riquezas.

Aunque es aceptable contemporizar en algunas áreas, por ejemplo en negociaciones empresariales o en la política, en lo espiritual es siempre un preludio del fracaso.

Aunque podemos regatear con otros no podemos hacerlo con Dios. Intentamos contemporizar espiritualmente cuando queremos diluir el pecado. Lo llamamos defecto, falta o mala costumbre. Pero a los ojos de Dios nuestra desobediencia no es más ni menos que negro pecado que él odia y considera una flagrante rebelión.

También contemporizamos espiritualmente cuando pensamos que la Palabra de Dios no es necesariamente inspiración divina, infalible en cada detalle, y la autoridad en todas las cosas de la vida. En cada caso rebajamos las normas de Dios al insertar nuestro propio punto de vista.

Las relaciones sexuales antes del matrimonio no son correctas, son pecado. Los chismes y las calumnias no son aceptables, Dios los aborrece. Cada acto de contemporización opaca nuestra devoción a Cristo y le niega señorío sobre nuestra vida.

¿Existe un área en la que trata de justificar su conducta, comprometiendo las normas inalterables de Dios? De ser así admita su pecado y viva con la entera convicción de que el camino de Dios es siempre el camino correcto.

Dios todopoderoso, líbrame de cualquier contemporización espiritual. Mis pecados no son defectos, faltas o malas costumbres: son pecado. Ayúdame a reconocer lo que realmente son y, luego, perdóname.

Distracción

LECTURA BÍBLICA: 2 Corintios 2:14-16
VERSÍCULO CLAVE: Filipenses 3:8

Y aun más: Considero como pérdida todas las cosas, en comparación con lo incomparable que es conocer a Cristo Jesús mi Señor. Por su causa lo he perdido todo y lo tengo por basura, a fin de ganar a Cristo.

*D*espués de ganar una medalla de oro en las Olimpiadas de 1988, le preguntaron al musculoso luchador cuáles eran los secretos de su preparación.

Mi único secreto es que no dejé que nada interfiriera con mi meta de ganar. Me negué a que otras competencias me distrajeran, fue su respuesta.

Esa misma ferviente dedicación a nuestra relación con Cristo es nuestro principal objetivo como creyentes. Pablo la describió como "devoción concentrada en el Señor" (1 Cor. 7:35 NVI).

Esto se aplica a cada creyente: casado o soltero, rico o pobre, pequeño o grande. Dios no tolera que le hagan competencia (Mat. 6: 24).

La pregunta importante es pues: ¿Hay algo o alguien que compite con el derecho de Cristo sobre su vida? El dinero, su matrimonio, su ocupación, recreación o pasatiempo, ¿rivalizan con su fidelidad a Cristo? ¿Lo busca a él primero cada día reconociendo su señorío y acatándose a su voluntad?

Cuando otras cosas o personas nos distraen del enfoque principal de servir y adorar a Dios, nuestro desarrollo espiritual sufre un cortocircuito. Tener una concentrada devoción a Cristo significa darle el primer lugar en todo, sometiéndolo a su voluntad y dirección. Cuando lo hacemos siempre ganamos (2 Cor. 2:14).

Amado Señor, me distraigo fácilmente de las sendas de mi peregrinaje espiritual. Líbrame de todo lo que compite con tu derecho sobre mi vida. Quiero darte el primer lugar en todas las cosas.

Ceguera espiritual

LECTURA BÍBLICA: 2 Corintios 4:3-6
VERSÍCULOS CLAVE: Mateo 13:15, 16

Porque el corazón de este pueblo se ha vuelto insensible, y con los oídos han oído torpemente. Han cerrado sus ojos para que no vean con los ojos, ni oigan con los oídos, ni entiendan con el corazón, ni se conviertan. Y yo los sanaré.

*C*uando contaba su experiencia de conversión, el apóstol Pablo siempre incluía la acotación de que era "hebreo de hebreos".

Los de la época de Pablo comprendían perfectamente lo que trataba de comunicar. Su terminología era evidencia de que era un judío de pura cepa con una excelente educación.

Desde su nacimiento Pablo fue enseñado a pensar dentro de los confines de la Ley de Moisés. De joven se pasaba el día en la sinagoga donde estudiaba bajo Gamaliel, uno de los eruditos judíos más grandes de la historia.

Sus debates con los filósofos estoicos demostraron sus vastos conocimientos. Pero, en realidad, Pablo era bastante ciego. Aunque mentalmente era brillante, espiritualmente vivía en la oscuridad. Jesucristo era el único que podía darle a Pablo una educación que cambiaría no sólo su propia vida sino la de todos los que seguían su enseñanza.

El verdadero conocimiento y sabiduría de Dios no se encuentran en un libro de texto humano. Usted puede tener un "título de títulos", pero mientras no se siente en el aula de Dios, vive en una ceguera espiritual. Abra su corazón y estudie su Palabra, encontrará usted la clave para obtener un verdadero entendimiento.

Querido Padre celestial, no puedo avanzar en este peregrinaje si no puedo ver el camino. Haz que la luz de tu Palabra quite mi ceguera espiritual. Quita las escamas de mis ojos.

AGOSTO

El camino a Jaboc

QUE REPRESENTA: Una experiencia de renovación

VERSÍCULOS CLAVE: Romanos 12:1, 2

Así que, hermanos, os ruego por las misericordias de Dios que presentéis vuestros cuerpos como sacrificio vivo, santo y agradable a Dios, que es vuestro culto racional. No os conforméis a este mundo; más bien, transformaos por la renovación de vuestro entendimiento, de modo que comprobéis cuál sea la voluntad de Dios, buena, agradable y perfecta.

El nombre Jaboc seguramente no significa mucho para usted, pero podría llegar a ser una de las palabras más importantes en su vocabulario. Jaboc significa "vado para pasar de un lado al otro", un lugar de cambio. Fue junto al río Jaboc que la vida de Jacob cambió para siempre. Fue allí que recibió el mensaje: "No se dirá más tu nombre Jacob, sino Israel; porque has contendido con Dios y con los hombres, y has prevalecido" (Gén. 32:28).

Antes de Jaboc Jacob era un hábil manipulador. Mentía, engañaba y robaba. Después de Jaboc fue un hombre cambiado. Su nombre, su personalidad, todo fue diferente.

La experiencia junto al vado de Jaboc es un magnífico ejemplo de renovación, consagración y cambio. Nuestra peregrinación en agosto es al Jaboc espiritual: *crecimiento, entrega, constancia, profundización, transformación, permanencia, consagración*, todos estos son vocablos que describen el destino al que queremos arribar.

Vida de mariposa

LECTURA BÍBLICA: 2 Corintios 5:17-21
VERSÍCULO CLAVE: 2 Corintios 5:17

De modo que si alguno está en Cristo, nueva criatura es; las cosas viejas pasaron; he aquí todas son hechas nuevas.

*P*ara captar el significado de este versículo imagínese a su antiguo "yo" como una oruga y a su nuevo "yo" en Cristo como una mariposa adulta. Pero lo que probablemente compruebe en su experiencia cotidiana es que todavía le atrae la vida de la oruga. ¿Cómo puede poner fin a esta tensión?

En su epístola a los Romanos Pablo les escribió para exhortarles a ser constantes en su "vida de mariposa". Las tentaciones en su sociedad de retroceder a la "vida de oruga" eran fuertes, tal como las son en la actualidad. Escribió: "No os conforméis a este mundo; más bien, transformaos por la renovación de vuestro entendimiento, de modo que comprobéis cuál sea la voluntad de Dios, buena, agradable y perfecta" (Rom. 12:2).

Este principio es tan dinámico que no podemos darnos el lujo de ignorarlo. "Transformaos" es una traducción del vocablo griego *metamorphosis*, el proceso por el que la oruga se convierte en mariposa.

Renovar su mente es, en suma, adoptar la mente de Cristo; significa cambiar su manera de pensar de modo que coincida con la verdad de la Palabra de Dios. Lo que usted cree acerca de Dios define la calidad de su relación con él. Recuerde, usted ya no es una oruga con sus alas pegadas al cuerpo, es verdaderamente una mariposa.

Señor Jesús, gracias por cambiar mi mentalidad de "oruga" para poder vivir la "vida de mariposa". Este mes, mientras reflexiono sobre las maravillas del cambio espiritual, sigue con tu milagro divino de transformación.

Excelencia espiritual

LECTURA BÍBLICA: Gálatas 5:13-15
VERSÍCULO CLAVE: Gálatas 6:2

Sobrellevad los unos las cargas de los otros y de esta manera cumpliréis la ley de Cristo.

Nos equivocamos si creemos que para ser mejores como siervos, vivir para el Señor, tenemos que esforzarnos un poco más. En su libro *Walking with Christ in the Details of Life* (Caminando con Cristo en los detalles de la vida), Patrick Morley explica:

El camino del sentido común para hacer una mayor contribución se enfoca en fortalecer habilidades. El camino de Cristo se centra en el Espíritu Santo que capacita...

La excelencia espiritual no es cuestión de subir la escalera del liderazgo hacia la grandeza. Es cuestión de descender por la escalera de la humildad a la condición de siervo. Tenemos que admitirlo. Es difícil ser líder y siervo a la vez, imposible sin el Espíritu...

El líder/siervo es alguien como Juan el Bautista. Aunque fuerte en lo que a su personalidad y carácter respecta, comprendía su papel. "A él [Cristo] le es preciso crecer, pero a mí menguar".

Desde que aprendí que sólo el Espíritu Santo puede hacerlo excelente a uno, he descubierto también otro secreto. No es que el Espíritu Santo dé a alguien el poder para ser más dinámico, elocuente y persuasivo, aunque podemos llegar a serlo. Más bien se trata de que el Espíritu Santo lo ayuda a llegar a ser nada para sí mismo, "usted mengua". No servil, sino siervo.

No pida al Espíritu que aumente sus habilidades; pídale que crezca Cristo en usted. A medida que Jesús "crece" su impacto aumentará, pero será porque él se va engrandeciendo en usted.

Padre celestial, ayúdame a comprender el verdadero significado de la excelencia espiritual. Haz que Cristo se engrandezca. Haz que yo me empequeñezca. Haz de mí un siervo.

Ya no está con llave

LECTURA BÍBLICA: 2 Corintios 3:1-6
VERSÍCULO CLAVE: 1 Corintios 3:16

¿No sabéis que sois templo de Dios, y que el Espíritu de Dios mora en vosotros?

Si tiene usted una mala costumbre de la cual no se puede librar por más que se esfuerza, esa costumbre o ese problema ejerce señorío sobre usted. En un sentido muy cierto usted es su esclavo. Ya sea la comida, o mirar demasiada televisión, o los deportes, lo que determina sus prioridades tiene autoridad sobre usted. Puede sentirse como si el pecado tuviera un poder ilimitado, pero no es así. Este es un sentimiento puramente suyo al dejar que un señor falso lo haga su víctima.

El primer paso hacia la recuperación, aparte del obvio, que es reconocer el problema, es identificar y comprender su verdadera posición en Cristo como un ser redimido. Con su sangre fue usted redimido, o comprado, y su vida ha pasado de ser propiedad del pecado y del yo a ser propiedad del Dios todopoderoso.

Haga suya esta potente afirmación de liberación: "Porque el amor de Cristo nos impulsa.... Y él murió por todos para que los que viven ya no vivan más para sí, sino para aquel que murió y resucitó por ellos" (2 Cor. 5:14, 15). Si el amor de Cristo lo tiene bajo su control, no queda lugar para que otras pasiones o deseos o personas lo sujeten. Vivir en esclavitud es una condición innecesaria. Es como quedarse en la cárcel cuando la puerta no está con llave.

¿Es usted esclavo de algo aparte de Cristo? Puede declarar su propio día de la independencia bajo la autoridad de él.

¡Oh Dios, quiero cambiar! Que ya no esté bajo llave ningún área de mi vida a la que te he negado acceso. ¡Declaro el día de mi independencia!

Una relación inseparable

LECTURA BÍBLICA: Juan 21
VERSÍCULO CLAVE: Juan 21:6

Él les dijo: "Echad la red al lado derecho de la barca, y hallaréis". La echaron, pues, y ya no podían sacarla por la gran cantidad de peces.

Lo único que les quedaba por hacer a los discípulos era ocuparse de lo suyo. Ahora que Jesús ya no estaba con ellos físicamente tenían que hacer muchos cambios. ¿Cómo sería su vida ahora que no andaban viajando por la región todos los días? ¿Qué significaba ser pescadores de hombres? ¿Había terminado todo?

El estado de ánimo ha de haber sido sosegado esa noche pescando en la barca. Pedro estaría reflexionando silenciosamente al tirar de las redes con la esperanza de pescar algo. La luz parecía haberse apagado en su vida. Le dolía el hecho que lo último que el Señor había escuchado de él fue su traición y su negativa de que lo conociera. El desaliento lo llenaba de dudas y temores sobre el futuro.

Amaneció. Al aumentar la claridad, podían ver una silueta en la playa. El hombre les gritó: "Echad la red al lado derecho de la barca, y hallaréis". Cuando Juan dijo: "¡Es el Señor!" Pedro se tiró al mar para nadar a la costa.

Pedro nunca olvidaría la conversación de esa mañana alrededor del fuego durante el desayuno. Sabía que Jesús aún lo amaba y tenía la oportunidad de decirle que él también lo amaba. Jesús supo exactamente cómo consolar a Pedro, lo tranquilizó asegurándole su amor eterno, dándole esperanza y volviendo a encender su visión para el futuro. Jesús puede hacer lo mismo para usted.

Si por cualquier motivo se ha apartado de él, él lo espera en la costa.

Padre, perdóname por las veces que te he apartado de mi vida. Tranquilízame asegurándome tu amor, renueva mi esperanza, vuelve a encender mi visión para el futuro.

Ahora el pecado le resulta inapropiado

LECTURA BÍBLICA: Mateo 4:1-11
VERSÍCULO CLAVE: Mateo 4:11

Entonces el diablo le dejó, y he aquí, los ángeles vinieron y le servían.

¿Ha mirado alguna vez una película o programa de televisión y, de pronto, se sintió sucio por el contenido? O quizá estando en rueda de amigos le tomó de sorpresa algo que uno de ellos dijo. Muy dentro sintió vergüenza, pero trató de disimularlo. Más adelante reflexionó en la situación y se acordó de cuando las malas palabras o acciones no le afectaban.

¿Qué ha cambiado? Usted. Pablo escribió: "De modo que si alguno está en Cristo, nueva criatura es; las cosas viejas pasaron; he aquí todas son hechas nuevas" (2 Cor. 5:17). En el instante que fue salvo se convirtió en una nueva criatura. Dios, por medio de la presencia de su Espíritu, regeneró su vida. Ha quitado su antiguo "yo" pecaminoso y ha infundido nueva vida a su ser. Le ha dado una nueva vida espiritual.

El pecado y la oscuridad ahora le resultan inapropiados por quien es en Cristo. Es como usar ropa demasiado grande. El pecado ya no le queda bien, y nunca le volverá a quedar bien. Porque Jesús vive en usted cuenta con su esperanza y su pureza, y puede decirles "No" a la tentación y al pecado.

Estudie cómo Cristo enfrentó y derrotó exitosamente al enemigo en Mateo 4:1-11, y luego lea las palabras de Pablo en Efesios 2:1-10 donde describe su gloriosa transformación de la muerte espiritual a la vida eterna.

Señor, el pecado ahora me resulta inapropiado y siempre lo será. ¡Gracias! Sólo tu amor puede lograr semejante cambio.

Guarde silencio y escuche

LECTURA BÍBLICA: Gálatas 5:16-23
VERSÍCULO CLAVE: Gálatas 5:16

Digo, pues: Andad en el Espíritu, y así jamás satisfaréis los malos deseos de la carne.

*P*ablo nos dice que si andamos por el Espíritu no realizaremos las obras de la carne (Gál. 5:16). Esto no siempre es fácil. La única manera como podemos andar en el Espíritu es ser conscientes de la presencia de Dios que mora en nosotros y de nuestra falta de capacidad.

Cuando tratamos de vivir como Cristo es cuando por lo general nos metemos en dificultades. Esto sucede porque nos enfocamos en "llegar a ser" en lugar de dejar que Cristo viva su vida a través de nosotros. Habrá ocasiones en que fracasamos. Estas ocasiones las usa Dios para instruirnos en forma maravillosa.

Pero esto puede suceder sólo si estamos dispuestos a escuchar la voz del Espíritu. No puede haber distracciones en nosotros, ningún deseo de acertar o de solucionar las cosas por nuestra cuenta. Dejemos que Jesús nos muestre el camino.

Someternos a la voluntad de Dios abre el camino al discernimiento espiritual. Hay tantos que prueban esto o aquello en un esfuerzo por crecer espiritualmente cuando lo único que realmente necesitan es aprender cómo estar sentados ante el Señor y que su espíritu guarde silencio. Hoy, cuando surjan los pensamientos irritantes o cuando algo salga mal, deje que su nuevo "yo" —la parte en usted controlada por el Espíritu de Dios— se haga cargo de la situación.

Guarde silencio, aunque sea por un ratito, y escuche la voz del Señor. Él le dará la sabiduría, paciencia, dirección y el amor que necesita para seguir adelante en la vida.

Maestro, porque moras en mí gozo de una libertad nueva y gloriosa. Quita lo que me distraiga de ti. Calma mi corazón inquieto. Haz que salga a luz mi nuevo "yo".

A solas con Dios

LECTURA BÍBLICA: Colosenses 3:1-5
VERSÍCULO CLAVE: Colosenses 3:3

Habéis muerto, y vuestra vida está escondida con Cristo en Dios.

O swald Chambers escribió:

> El siervo de Dios tiene que estar tan solo que nunca se da cuenta de que está solo. En las primeras etapas de la vida cristiana hay desilusiones: las personas que antes eran luces se apagarán y las que nos apoyaban nos darán la espalda. Tenemos que acostumbrarnos al punto que ni nos demos cuenta de que estamos solos.
>
> Pablo dijo: "Nadie estuvo de mi parte. Más bien, todos me desampararon... Pero el Señor sí estuvo conmigo y me dio fuerzas" (2 Tim. 4:16, 17). Hemos de construir nuestra fe no en luces que se apagan sino en la Luz que nunca falla. Cuando alguien importante se va, nos entristecemos, hasta que comprendemos que así debía ser; de modo que la única opción que nos quedaba era contemplar nosotros mismos el rostro de Dios.

Una característica de la vida vivida en el Espíritu es la habilidad de disfrutar de estar a solas con Dios. Esto no significa una vida carente de otras relaciones. Más bien significa que hemos aprendido a buscar a Jesús para contar con su compañía y aprobación antes de buscar el beneplácito de los demás.

Cuando aparezcan las dificultades camine mentalmente a un lugar que sólo usted y Dios conocen. Nuestra mente tiene la tendencia de hacer reaparecer imágenes desesperantes de tal forma que olvida la fidelidad de Dios. Cuando disfruta de la compañía del Salvador siente una paz que sobrepasa todo lo que el mundo le puede ofrecer.

Señor, cuando los demás me abandonan, ayúdame a recordar que tú estás a solas conmigo. Déjame oír tu voz llamándome a aquel lugar donde sólo tú y yo residimos.

El valor de la debilidad

LECTURA BÍBLICA: 2 Corintios 12:1-10
VERSÍCULO CLAVE: 2 Corintios 12:9

Y me ha dicho: "Bástate mi gracia, porque mi poder se perfecciona en tu debilidad". Por tanto, de buena gana me gloriaré más bien en mis debilidades, para que habite en mí el poder de Cristo.

*E*n la sociedad actual fuerza física equivale a éxito y poder. No es difícil detectar los mensajes detrás de los muchos anuncios publicitarios de centros dedicados a mantener el cuerpo en buena forma, los gimnasios y los equipos para hacer ejercicio físico.

Por supuesto que mantenerse en buena forma y cuidar el cuerpo son metas dignas, saludables si uno guarda una perspectiva correcta (1 Tim. 4:8). Pero la premisa subyacente de los que valoran el ejercicio físico como un ideal en sí mismo es que la debilidad es una vergüenza. Para ellos, la debilidad física representa quien es uno como persona: patético, incapaz y sin atractivos.

En lo espiritual la debilidad indica algo muy diferente. Indica; "Tengo un problema y necesito un Salvador que me lo solucione". La debilidad se convierte en una oportunidad para que Dios demuestre su poder para nuestro beneficio " 'Bástate mi gracia [la de Dios], porque mi poder se perfecciona en tu debilidad'. Por tanto, de buena gana me [Pablo] gloriaré más bien en mis debilidades, para que habite en mí el poder de Cristo. Por eso me complazco en las debilidades, afrentas, necesidades, persecuciones y angustias por la causa de Cristo; porque cuando soy débil, entonces soy fuerte" (2 Cor. 12:9, 10).

¿Sus debilidades lo impulsan a retraerse o a intentar cambiar sin ayuda? Deben ser la señal que le dice que le pida al Señor la ayuda que sólo él puede dar.

Señor Jesús, la debilidad tiene un valor intrínseco. Ayúdame a aceptarla, sabiendo que en ella yace una fuerza latente y una potencialidad sin límites para lograr la grandeza.

Apartarse de Dios

LECTURA BÍBLICA: Salmo 73
VERSÍCULO CLAVE: Salmo 73:25

¿A quién tengo yo en los cielos? Aparte de ti nada deseo en la tierra.

Es posible que su familia estaba conmocionada por los problemas. Quizá acababa de ser testigo del ascenso de un hombre que él sabía era un farsante o un ladrón. Sean cuales fueren las causas, Asaf estaba desalentado al punto de cuestionar su fe o, más bien, el porqué de su fe.

Si confiar en Dios era tan deseable, ¿por qué era que los impíos prosperaban? ¿Por qué los arrogantes eran cada día más ricos y más poderosos mientras que los humildes y buenos sufrían? Podríamos hacernos las mismas preguntas en la actualidad. Y quizá usted ya se las ha hecho.

¿Qué sucedió por fin para cambiar la actitud de Asaf y darle nuevos bríos espirituales? Sintió nuevamente la realidad de estas poderosas verdades: "Con todo, yo siempre estuve contigo [Dios]. Me tomaste de la mano derecha. Me has guiado según tu consejo, y después me recibirás en gloria. ¿A quién tengo yo en los cielos? Aparte de ti nada deseo en la tierra. Mi cuerpo y mi corazón desfallecen; pero la roca de mi corazón y mi porción es Dios, para siempre" (Sal. 73:23-26).

La gloria de los malos, vista desde una perspectiva eterna, era algo fugaz, superficial y temporario. Asaf tuvo que tomar el camino de la duda y la ira y los cuestionamientos antes de poder volver a sentirse seguro en Dios. No tenga nunca miedo de tomar este camino.

Amado Padre celestial, cuando miro a los demás y pregunto por qué, ayúdame a recordar que debo considerar las cosas desde una perspectiva eterna. Haz que mi camino a través de la duda y la ira sea rápido para poder volver a sentirme seguro en ti.

Entrega incondicional

LECTURA BÍBLICA: Jueces 6
VERSÍCULO CLAVE: Jueces 6:14

Jehovah le miró y le dijo: "Vé con esta tu fuerza y libra a Israel de mano de los madianitas. ¿No te envío yo?"

¿Qué diría si estuviera usted cumpliendo sus obligaciones cotidianas y se le acercara un extraño y le dijera: "¡Jehovah está contigo, oh valiente guerrero! " (Jue. 6:12)?

Lo más probable es que se sentiria sorprendido, confundido y quizá algo desconfiado del extraño. Es seguro que Gedeón no se creía un guerrero valiente. Como el resto de los israelitas se había escondido, tratando desesperadamente de ocultar su magra porción de los opresores madianitas.

Pero Gedeón sabía que era el ángel del Señor quien le hablaba, y la piedra de tropiezo a su obediencia era que se concentraba en su incapacidad personal. Podía pensar en muchas razones por las cuales a Dios le convenía elegir a otro: "¡Oh Señor mío! ¿Con qué podré yo librar a Israel? He aquí que mi familia es la más insignificante de Manasés, y yo soy el más pequeño en la casa de mi padre" (Jue. 6:15).

En otras palabras, su familia era prácticamente desconocida y él era el integrante más insignificante de un grupo que no era nada. Gedeón pronto vio que Dios no quería excusas; quería sumisión, obediencia y un corazón entregado y lleno de confianza. Dios le prometió ser su suficiencia: "Ciertamente yo estaré contigo, y tú derrotarás a los madianitas como a un solo hombre" (Jue. 6:16).

El Señor quería que Gedeón contestara afirmativamente sin reserva, confiando en que Dios haría la obra. Sólo cuando se entregó enteramente, Dios empezó a usarle en su plan de salvar a Israel.

Dios todopoderoso, no quieres excusas; más bien deseas obediencia. Someto mi corazón y mi vida a ti. Tú eres mi suficiencia. Te contesto afirmativamente, sin reserva.

Entregarse equivale a victoria

LECTURA BÍBLICA: Juan 15:1-18
VERSÍCULO CLAVE: Juan 15:16

Vosotros no me elegisteis a mí; más bien, yo os elegí a vosotros, y os he puesto para que vayáis y llevéis fruto, y para que vuestro fruto permanezca; a fin de que todo lo que pidáis al Padre en mi nombre él os lo dé.

*P*ara saber si está viviendo una vida llena del Espíritu, tómese el tiempo para examinar las motivaciones de su corazón y no sólo los frutos de sus labores. Cualquiera puede aparentar bien: ofrecerse a trabajar en diversas comisiones en la iglesia o estar dispuesto a ocupar posiciones de liderazgo son apenas dos actividades que puede aprovechar para ganarse la alabanza y los elogios de los demás. Aun una dulce sonrisa y un saludo muy educado le ponen una mano de barniz a un interior espiritualmente tosco.

Como creyentes tenemos que saber que somos capaces de engañarnos a nosotros mismos. Asumir una postura espiritual revela un problema más profundo: falta de verdadera humildad y del anhelo de conocer a Dios íntimamente.

La vida llena del Espíritu es una vida saturada de entrega a Dios. Es también una vida de transformación en que nos vamos pareciendo más a Cristo. El énfasis es sencillo: sea en el fracaso o en la victoria, en la desilusión o en el gozo, Jesús es el centro de nuestro ser.

Muchos han ido antes que nosotros y nos han dejado una senda bien marcada para seguir. Hombres y mujeres como A. W. Tozer, Carlos Spurgeon, Corrie ten Boom, Amy Carmichael y Oswald Chambers, por mencionar algunos. Ellos señalan el camino a una vida desinteresada que rebosa de la plenitud de Cristo.

Hasta que deje que Dios se haga cargo totalmente de su vida, seguirá rugiendo la cruenta batalla en su corazón. ¿No le parece que hoy entregarse equivale a victoria en él?

Oh Señor, en tu plan entrega no es derrota, es victoria. Hazte cargo de mi vida. Acalla la batalla que ruge en mi corazón. Me entrego a ti.

Sí, Señor

LECTURA BÍBLICA: Romanos 12:1, 2
VERSÍCULO CLAVE: 1 Juan 1:9

Si confesamos nuestros pecados, él es fiel y justo para per-
donar nuestros pecados y limpiarnos de toda maldad.

La frase "entregarse a Dios" tiene para muchos connotaciones negativas. Creen que, en cierto modo, entregarse significa renunciar a
toda individualidad y libertad para vivir bajo un dictador. Por supuesto
que, con el Señor Jesucristo, tal pensamiento no es cierto.

Sí, entregarse significa dar un "sí" absoluto en total obediencia a
su voluntad, pero Dios lo creó a usted para que sea usted, con toda
su singularidad. Al obedecer lo hace dentro del entorno de su personalidad y su carácter. El tiene un plan específico para usted, uno que
no sería acertado para nadie más. Siendo obediente es la manera
como deja que Dios logre sus propósitos.

¿Ha sentido alguna vez su empujoncito para hacer o decir algo
en una situación dada, pero usted no hizo caso? ¿Cómo se sintió? El
Señor lo ha perdonado y quiere que confiese su pecado y se libre de
todos sus sentimientos de culpa (1 Jn. 1:9). Pero junto con la culpa
es muy probable que haya sentido que había desaprovechado una
oportunidad.

Dios es bueno, quiere únicamente cosas buenas para usted y le
pide que haga cosas buenas. Al obedecerle lo único que obtendrá será
más bendición; al desobedecerle se pierde la experiencia de su poder
y amor.

Pídale a Dios que le revele cualquier desobediencia, por más sutil
que sea, y mantenga bien abiertos sus ojos espirituales para poder ver
la próxima oportunidad de decir: "Sí, Señor".

Amado Dios, gracias por el plan divino que tienes para mí.
Anhelas únicamente lo bueno para mí, y me pides sólo que
haga lo bueno. ¡Es fácil decirte "Sí"!

Su crecimiento cristiano

LECTURA BÍBLICA: Efesios 2:1-10
VERSÍCULO CLAVE: Efesios 2:10

*Porque somos hechura de Dios, creados en Cristo Jesús
para hacer las buenas obras que Dios preparó de antemano
para que anduviésemos en ellas.*

Un aspecto de la vida cristiana es mantener una perspectiva correcta de dónde venimos y a dónde vamos espiritualmente. No es raro que el orgullo se inmiscuya y haga que todo un grupo tenga una opinión de sí mismo más elevada de lo que corresponde. Tenemos que recordar que aparte de Jesucristo somos totalmente indignos del reino de Dios.

Pablo exhortó a los creyentes efesios a que se cuidaran del orgullo espiritual. El hecho de que habían obtenido nuevo conocimiento en Cristo no significaba que eran superiores a los demás. Jesús siempre nos indicó el camino de la humildad y el servicio. Pablo recordó a los creyentes el precio que Dios pagó por su salvación que "aun estando [ellos] muertos en [sus] delitos" Dios les dio "vida juntamente con Cristo" (Ef. 2:5).

Esta verdad es fundamental para nuestro crecimiento espiritual. En cuanto nos apartamos de ella dejamos a un lado la verdadera naturaleza de Dios, que es de amor eterno y sacrificio. Somos llamados a testificar de la obra y gloria de Cristo sobre esta tierra.

Tenga cuidado de cómo se ve a sí mismo. Recuerde las palabras del apóstol Pablo: "En otro tiempo todos nosotros vivimos entre ellos en las pasiones de nuestra carne" (Ef. 2:3). El anhelo cariñoso de Dios para usted se encuentra en Daniel 12:3: "Los que enseñan justicia a la multitud [resplandecerán] como las estrellas, por toda la eternidad".

*¡Ayúdame a seguir creciendo, Señor! He aprendido mucho,
pero hay mucho más que necesito saber. Ayúdame a nunca
dejar de aprender y cambiar.*

El proceso de crecimiento

LECTURA BÍBLICA: Filipenses 3:7-16
VERSÍCULOS CLAVE: Filipenses 3:13, 14

Yo mismo no pretendo haberlo ya alcanzado. Pero una cosa hago: olvidando lo que queda atrás y extendiéndome a lo que está por delante, prosigo a la meta hacia el premio del supremo llamamiento de Dios en Cristo Jesús.

Penélope Stokes nos recuerda:

Así como el crecimiento físico lleva años y esfuerzo, sucede lo mismo con la madurez espiritual. Lleva tiempo crecer —tiempo para aprender y madurar— y el proceso nunca resulta sencillo.

Cuando luchamos contra el tiempo necesario para nuestro desarrollo, vivimos frustrados. Pero cuando estamos tranquilos con lo programado por Dios para nuestro crecimiento, dependiendo de su gracia para la obra que su Espíritu quiere realizar en nosotros, sentimos el gozo y la maravilla de crecer, cambiar y dar fruto.

¿Recuerda de niño haberse sentido deseoso de ser "mayor"? Parecía que nunca llegaría ese cumpleaños especial cuando podría hacer más cosas y ser tratado como un adulto. Y luego cuando lo logró, esa edad no parecía tan "mayor".

Ese anhelo es también típico de la vida cristiana, especialmente cuando observamos el ejemplo de un creyente maduro que admiramos. Está bien sentir expectativa por llegar a donde Dios nos está llevando en la vida, siempre y cuando entendamos que no hay atajos.

Pablo expresó de esta manera su equilibrado deseo de lograr madurez: Hermanos, yo mismo no pretendo haberlo ya alcanzado. Pero una cosa hago: olvidando lo que queda atrás y extendiéndome a lo que está por delante, prosigo a la meta hacia el premio del supremo llamamiento de Dios en Cristo Jesús" (Fil. 3:13, 14).

Señor, el proceso de crecimiento a veces parece largo. Lograr madurez espiritual no es sencillo. Ayúdame a olvidar el pasado y extenderme hacia la meta que tienes para mí.

Compruebe su adelanto

LECTURA BÍBLICA: Efesios 4:17-24
VERSÍCULO CLAVE: Salmo 37:37

Considera al íntegro y mira al justo; que la posteridad de ese hombre es paz.

Al igual que con el crecimiento físico, el crecimiento espiritual no es necesariamente algo que nota sucediendo en usted. Detecta el crecimiento al ver dónde está ahora y dónde estaba antes. Puede también ir comprobando su adelanto en el camino si sabe qué identificar.

Aumento de percepción del pecado. Desarrollará usted una sensibilidad más aguda al pecado en su vida, una percepción más perspicaz de sus motivaciones particulares. Al exponer sus pensamientos más profundos a la verdad de la Palabra de Dios ve la realidad con más claridad y resulta mucho más difícil justificar el obrar mal.

Más luchas espirituales. Las presiones aumentan cuando empieza a lidiar con cuestiones relacionadas con la obediencia en la vida cotidiana. Los ataques aparecen de todas partes, aun de los que usted creía que lo apoyaban. Aprenderá usted a regocijarse al "vestirse" con la armadura espiritual (Ef. 6).

Más deseos de servir. Cuando rebosa de amor, quiere darlo. Tal es la naturaleza de la gracia de Dios: es un don para compartir con los demás. Ya sea por una acción que se puede ver o por un compromiso de orar por alguien, irá desarrollando su altruismo.

Menos deseos de criticar. Cuanto más perciba la gracia de Dios para con usted, menos inclinación tendrá de ser intransigente con los demás. La misericordia genera misericordia y puede usted llegar a ser un portador de amor.

Padre Dios, aumenta mi percepción del pecado. Dame nuevos deseos de servirte. Mantenme fuerte para las luchas espirituales que enfrento al seguir creciendo en ti. Haz que sea portador de tu amor.

El todo grandioso

LECTURA BÍBLICA: Juan 14:21-23
VERSÍCULO CLAVE: Hebreos 11:6

Y sin fe es imposible agradar a Dios, porque es necesario que el que se acerca a Dios crea que él existe y que es galardonador de los que le buscan.

A. W. Tozer recalca la necesidad vital de tener en cuenta la realidad invisible de Dios y su poder:

> Lo espiritual es real... Tenemos que cambiar nuestro interés de lo visible a lo invisible. Porque la grandiosa realidad invisible es Dios. "Es necesario que el que se acerca a Dios crea que él existe y que es galardonador de los que le buscan" (Heb. 11:6). Esto es básico en la vida de fe.
> Cada uno tiene que escoger su mundo... Al empezar a concentrarnos en Dios, las cosas del Espíritu van apareciendo ante nuestra vista interior.
> La obediencia a la Palabra de Cristo dará una revelación interna de Dios (Juan 14:21-23).
> Obtendremos una nueva percepción de Dios, y empezaremos a gustar, oír y sentir interiormente al Dios que es nuestra vida y nuestro todo.
> Más y más, a medida que nuestras facultades se agudizan y se hacen más seguras, Dios llegará a ser para nosotros nuestro todo grandioso y, su presencia, la gloria y maravilla de nuestra vida.

Tozer finaliza con esta oración. Hágala suya en este momento:

Amado Señor, abre mis ojos para que pueda ver; dame una percepción espiritual aguda; capacítame para gustar de ti y saber que eres bueno. Haz que el cielo sea más real para mí que todas las cosas terrenales que he visto.

Modelado por el Maestro

LECTURA BÍBLICA: Jeremías 18:1-6
VERSÍCULO CLAVE: Jeremías 18:4

Y el vaso de barro que hacía se dañó en la mano del alfarero, pero el alfarero volvió a hacer otro vaso según le pareció mejor.

Muchas veces el nuevo creyente se queja de que el proceso de crecimiento cristiano es lento y tedioso. Se desalienta y deja de crecer porque quiere conocimiento instantáneo sin esfuerzo. El creyente de más experiencia tiene algunos de los mismos problemas, pero de un modo distinto. Se percibe como alguien que tiene todo el conocimiento necesario para vivir la vida cristiana por lo que deja de crecer y se arriesga a resistir el amor íntimo de Dios.

El Señor tiene una solución para ambas anomalías espirituales. Se llama ser moldeado a la imagen de Cristo, y es mucho más que un proceso de uno o dos años. Es un proceso por el cual crecemos abundantemente como hijos de Dios. No hay tiempo para aburrirse o sentirse orgulloso porque amamos intensamente a Cristo.

Elisabeth Elliot escribe: "Dios nunca nos desilusionará. Nos ama y tiene un único propósito para nosotros: santidad, que en su reino es igual a gozo". La santidad es una prioridad para Dios. Cuando buscamos ser como Cristo buscamos santidad.

Pero para ser santos tenemos que someternos a las manos cariñosas de Dios para que nos dé forma y moldee. La arcilla clama que la moldeen en algo hermoso. El Alfarero anhela moldear y dar forma a su vida. Deje que se tome el tiempo que sea necesario para crear en usted un gozo y devoción de valor incalculable.

Padre celestial, moldéame en la imagen de tu Hijo. La arcilla de mi ser espiritual clama que la conviertas en algo hermoso.

La vida en su más alta expresión

LECTURA BÍBLICA: 2 Samuel 7
VERSÍCULO CLAVE: 2 Samuel 7:18

Entonces entró el rey David, se sentó delante de Jehovah y dijo: "Oh Señor Jehovah, ¿quién soy yo, y qué es mi casa para que me hayas traído hasta aquí?"

David quedó atónito ante el anuncio de Natán. Dios estaba dando forma a un pacto divino con el ex pastor que sobrepasaba todas las esperanzas de David. Su casa y el pueblo de Israel serían objeto de la extraordinaria beneficencia de Dios.

La gratitud embargó al rey y guerrero: "Oh Señor Jehovah, ¿quién soy yo, y qué es mi casa para que me hayas traído hasta aquí?" (2 Sam. 7:18).

En otro sentido pero de mucha más trascendencia, Dios ha formado un pacto con cada creyente en Cristo. Es el nuevo pacto del perdón de los pecados y el don de la justicia de Dios. Las increíbles bendiciones de la vida en Cristo, eternas y abundantes, están inextricablemente incluidas en esta nueva relación con la deidad.

Esta nueva vida en Cristo —un nuevo comienzo, una nueva perspectiva, un nuevo destino, un nuevo poder— es el único contexto en el cual definir la vida en su más alta expresión. No hay nada mejor que la comunión íntima con Jesucristo, nuestro guía y sostén.

Nuestra reacción al reflexionar en el inmenso peso de "toda bendición espiritual en los lugares espirituales" (Ef. 1:3) ha de ser igual al sobrecogimiento y el maravillarse de David. ¿Quiénes somos nosotros para que Dios nos haya escogido para conocerle y disfrutar de él?

No mida el nivel de su éxito o satisfacción con un criterio materialista. Usted vive en una relación de pacto con el Salvador y Rey.

Padre, ¿quién soy para que me hayas escogido para conocer y disfrutar de comunión contigo? Me siento abrumado por el privilegio de tener una relación de pacto contigo.

Viva una vida consecuente

LECTURA BÍBLICA: Efesios 3:14-21
VERSÍCULO CLAVE: Efesios 3:16

A fin de que, conforme a las riquezas de su gloria, os conceda ser fortalecidos con poder por su Espíritu en el hombre interior.

Ya sea que fuera años atrás o apenas unos días que aceptó a Cristo como su Salvador, es probable que recuerde los cambios dramáticos que el Señor empezó a obrar en su vida. Hasta le puede resultar difícil comprender todo lo que antes hacía y decía porque se corazón es ahora tan distinto.

Pablo describió esto como un cambio radical en su ser, carácter e identidad: "Esto os digo e insisto en el Señor: que no os conduzcáis más como se conducen los gentiles, en la vanidad de sus mentes, teniendo el entendimiento entenebrecido, alejados de la vida de Dios" (Ef. 4:17, 18).

Ahora vive usted en la luz y es la nueva creación de Cristo (2 Cor. 5:17). De las tinieblas a la luz, tomó una nueva dirección llena de esperanza y promesa de ser conformado diariamente a la imagen de Cristo.

A pesar de ello, lo que todos los creyentes enfrentan en una u otra ocasión son los altibajos de la inconstancia espiritual. Un día se siente usted tan cerca del Señor que podría explicarles a todos cómo aprender a permanecer en él. Al día siguiente batalla tanto con pecados básicos que se pregunta cómo el Señor puede usarlo. ¿Sigue siendo una nueva creación? Absolutamente.

Usted seguirá creciendo en él durante el resto de su vida y, al ir madurando, el Señor pule los rasgos ásperos con su amor.

Oh Dios, no quiero tener los altibajos de la inconstancia espiritual. Haz que la realidad de que soy una nueva creación, creciendo y madurando en ti, pula los rasgos ásperos en mi vida.

Intimidad con Dios

LECTURA BÍBLICA: Salmo 139
VERSÍCULO CLAVE: Salmo 139:7

¿A dónde me iré de tu Espíritu?
¿A dónde huiré de tu presencia?

Aunque la intimidad con Dios es un peregrinaje de toda la vida, la Biblia enseña que no hay momento cuando Dios nos ignore. Sabe todo lo referente a nosotros —todo lo bueno y todo lo malo— y su amor para con nosotros sigue siendo siempre el mismo.

La salvación es apenas el comienzo de una relación mucho más íntima que se intensifica y profundiza con el tiempo. Dios ya está allí, esperando íntimamente que usted lo ame y responda a él. A medida que va creciendo en su conocimiento de él, más irá comprendiendo que Dios dio todo lo que tenía para ofrecer cuando dio a su Hijo por usted como expiación de sus pecados.

La cruz donde murió Jesús es un símbolo eterno de su cuidado y amor personal por usted. Pero la obra de la cruz no termina en el Calvario. Continúa en cada aspecto de la vida, llamándole a dejar atrás sus viejas costumbres —sus pecados— y seguirle con un anhelo íntimo y cariñoso.

Solamente a través de la intimidad puede enseñarle a ver la vida con esperanza y compasión. Esto es necesario especialmente en la actualidad cuando existe tanto desaliento. Nunca se desanime. Jesucristo es su fuerza y su esperanza segura. Él superó las burlas y los insultos del hombre a fin de dar pruebas de su amor por usted. Todo lo que jamás puede necesitar o anhelar se encuentra en él. ¿Confiará hoy en él?

Señor, mi corazón clama por lograr intimidad contigo. Todo lo que necesito y anhelo se encuentra en ti. Quiero conocerte en el poder de tu resurrección y en la comunión de tu sufrimiento.

La vida que permanece

LECTURA BÍBLICA: Romanos 8:1-11
VERSÍCULOS CLAVE: Romanos 8: 5, 6

Porque los que viven conforme a la carne piensan en las cosas de la carne; pero los que viven conforme al Espíritu, en las cosas del Espíritu. Porque la intención de la carne es muerte, pero la intención del Espíritu es vida y paz.

Un canto bíblico infantil favorito dice: "Cuida tus ojitos al mirar" y "Cuida tus piecitos al andar". Los niños hacen las mociones correspondientes al compás de la música para ayudarles a recordar las palabras.

El mensaje puede parecer infantil y simple, pero es válido también para adultos. Tenemos que tener cuidado de lo que vemos y adónde vamos. ¿Por qué?

Según Romanos 8:5, 6: "Porque los que viven conforme a la carne piensan en las cosas de la carne; pero los que viven conforme al Espíritu, en las cosas del Espíritu. Porque la intención de la carne es muerte, pero la intención del Espíritu es vida y paz".

En *El progreso del peregrino*, de Juan Bunyan, Cristiano decide prestar atención a la advertencia de que permanezca en la senda. El hermoso pasto verde junto a la senda es tan suave y tentador, mucho más fácil para los pies. No sabe que en cuanto pisa su exuberancia, habrá puesto su pie en el engañoso Campo de la Vereda. Pronto cae prisionero del Gigante Desesperación en el Castillo de las Dudas.

Dejar de concentrarse puede tener las mismas consecuencias negativas. Prestar atención es un proceso de pensar deliberadamente. Muchas veces, al levantarse por la mañana, sus pensamientos no se dirigen hacia el Señor. Por eso tiene que tomar la decisión consciente de centrar sus actividades mentales cotidianas en cuestiones espirituales.

Maestro, muchas veces me desvío por el Campo de la Vereda y termino en la desesperación y la duda. Afirma mis pensamientos en ti. Dame una mente espiritual, concentrada en las cosas de tu Espíritu Santo.

Producción de frutos

LECTURA BÍBLICA: Juan 15:1-8
VERSÍCULO CLAVE: Juan 15:5

Yo soy la vid, vosotros las ramas, el que permanece en mí y yo en él, éste lleva mucho fruto. Pero separados de mí, nada podéis hacer.

¿Qué tipos de sonidos se escuchan en un bosque o huerto de árboles frutales? Es muy probable que se oiga el canto de los pájaros, las hojas que susurran en el viento y muchos otros sonidos comunes al aire libre.

No se oyen los sonidos de quejas y forcejeos de los árboles. Las plantas no están laborando para producir su fruto; el fruto surge de las ramas con toda naturalidad como parte del proceso de crecimiento. Un manzano no tiene que concentrarse en producir manzanas. Cuando está sano y tiene todo el agua y alimento que necesita, aparecen las manzanas.

Jesús comparó nuestra vida con las ramas de la vid. Dijo: "Yo soy la vid, vosotros las ramas, el que permanece en mí y yo en él, éste lleva mucho fruto. Pero separados de mí, nada podéis hacer" (Juan 15:5).

El secreto de la producción de frutos es tan básico para usted como lo es para una vid: quédese conectado a la Vid y concentre toda su energía y atención en simplemente permanecer allí, en Cristo. Ríndale culto, alábele, medite en sus palabras, busque descanso en él y absórbase en sus propósitos.

A través del poder del Espíritu Santo que testifica que está usted conectado a la Vid, crecerán sus "uvas". Su fruto es un reflejo directo de la calidad de su relación con Cristo.

Señor, ayúdame a dejar de quejarme y forcejear y a sencillamente aprender a permanecer. Estoy cansado de tratar de hacerlo yo mismo. Por favor, produce tu fruto en mí.

Lo bueno: enemigo de lo mejor

LECTURA BÍBLICA: Proverbios 3:5-12
VERSÍCULO CLAVE: Proverbios 3:6

Reconócelo en todos tus camino, y él enderezará tus sendas.

Hace unos años había un programa de televisión cuya idea principal era presentar la vida como a cualquiera le gustaría vivirla. En la introducción, el actor principal de la serie aparecía descansando en una hamaca, con las manos atrás de la cabeza, mientras los demás cortaban el césped y limpiaban el patio alrededor suyo. Pero, al avanzar la trama, enseguida se mostraba lo imprevisible que puede ser la vida.

La tragedia es que tanta gente en la actualidad se pasa la vida tratando de vivir así. Optan por lo que parece divertido y placentero en lugar de lo mejor que Dios tiene para ofrecer.

Oswald Chambers enfatiza:

El peor enemigo de la vida de fe en Dios no es el pecado, sino las opciones buenas que no alcanzan a ser suficientemente buenas. Lo bueno es siempre enemigo de lo mejor.

Muchos no seguimos creciendo espiritualmente porque preferimos escoger en base a nuestros derechos, en lugar de confiar en Dios para que él escoja por nosotros. Tenemos que aprender a caminar según la norma que fija sus ojos en Dios. Y Dios nos dice, como le dijo a Abram: "Camina delante de mí" (Gén. 17:1).

La vida en su mejor expresión no es una existencia sin problemas y dolor, sino toda una vida de gozo y paz. Las experiencias que encaramos en el camino llevan a una sabiduría más profunda y a un conocimiento personal de esperanza y gracia divina.

Padre celestial, lo bueno es bueno, pero lo mejor es mejor. No quiero conformarme con nada menos que lo mejor. Escoge lo que es correcto para mí.

Libre para vivir en los caminos de Dios

LECTURA BÍBLICA: Gálatas 5:1-15
VERSÍCULO CLAVE: Gálatas 5:1

Estad, pues, firmes en la libertad con que Cristo nos hizo libres, y no os pongáis otra vez bajo el yugo de la esclavitud.

Al considerar dar libertad condicional a un reo, las autoridades tienen que tener en cuenta cuánto riesgo hay de que reincida en el delito. Los que cometen ciertos delitos tienen un índice de reincidencia más elevado que los demás. La triste realidad es que algunos delincuentes nunca pueden escapar de su vida delictiva.

¿Por qué? Mientras no cambien su manera de pensar las acciones resultantes siguen siendo las mismas, no importa lo bueno que sean los esfuerzos por rehabilitarlos. Lo mismo se aplica a los hábitos pecaminosos en su vida. Antes de poder deshacerse de su influencia negativa, tiene que rectificar su manera de pensar.

Romanos 12:2 explica el proceso de librarse de la esclavitud: "No os conforméis a este mundo; más bien, transformaos por la renovación de vuestro entendimiento, de modo que comprobéis cuál sea la voluntad de Dios, buena, agradable y perfecta".

Al leer la Biblia y estudiar con cuidado sus principios, éstos se van convirtiendo gradualmente en una parte natural de su proceso mental. Cuando se adoptan los nuevos, los anteriores se descartan. Entonces el Señor puede establecer su verdad en lo más recóndito de su ser, estableciendo hábitos nuevos que coinciden con Cristo.

Usted no tiene por qué estar limitado a las restricciones de un viejo problema de pecado. Sea que se encuentre en una cárcel de verdad o en una hecha por usted mismo, Jesús quiere liberarlo para vivir en sus caminos.

Dios todopoderoso, libérame para vivir en tus caminos. Quita las restricciones del pecado. Descarta lo antiguo. Haz lugar para lo nuevo.

El poder interior

LECTURA BÍBLICA: 1 Corintios 1:26-29
VERSÍCULO CLAVE: 1 Corintios 1:27

Dios ha elegido lo necio del mundo para avergonzar a los sabios, y lo débil del mundo Dios ha elegido para avergonzar a lo fuerte.

En su libro *La persona y obra del Espíritu Santo*, R. A. Torrey escribe:

El Espíritu Santo mora en cada hijo de Dios. Pero en algunos mora muy dentro en el santuario escondido de su espíritu. No se le permite, como lo desea, tomar posesión del hombre entero: espíritu, alma y cuerpo. Por eso algunos no están realmente conscientes de su presencia, pero igualmente él mora allí.

Qué pensamiento solemne y a la vez glorioso, que en mí mora esta persona augusta, el Espíritu Santo. Si somos hijos de Dios no hemos de orar tanto que venga su Espíritu y more en nosotros, porque ya lo hace. Más bien hemos de reconocer su presencia, su morada llena de gracia y gloria, y entregarle el mando total de la casa que ya habita, y procurar vivir de modo que no entristezcamos a este ser santo, este huésped divino.

Con cuánta consideración debemos tratar este cuerpo y con cuánta sensibilidad debemos rechazar todo lo que lo profane. Con cuánto cuidado hemos de andar en todo de modo que no entristezcamos a Aquel que mora en nosotros.

Cuando entristecemos al Espíritu de Dios por medio del pecado y de actitudes incorrectas, nos perdemos los máximos beneficios de su presencia. El poder que mora en nosotros es el mismo poder que moraba en Cristo cuando estaba en la tierra. Ore y pídale que se le revele hoy en una manera nueva.

Oh Señor, gracias por el poder del Espíritu Santo que obra en mí. Revélate hoy en mí de una manera nueva.

Consagración total

LECTURA BÍBLICA: Judas 1
VERSÍCULO CLAVE: Judas 1:3

Amados, mientras me esforzaba por escribiros acerca de nuestra común salvación, me ha sido necesario escribir para exhortaros a que contendáis eficazmente por la fe que fue entregada una vez a los santos.

*C*onstantino fue el primer emperador romano en interesarse seriamente en el cristianismo. Durante su gobierno se hizo mucho para detener la persecución contra la iglesia y para el avance del mensaje del evangelio.

J. D. Douglas ha notado: "Constantino vio en un sueño la visión de un monograma compuesto de las dos primeras letras griegas correspondientes al nombre 'Cristo'. Al día siguiente, hizo que sus soldados inscribieran ese monograma en sus escudos y marcharan a la batalla". La victoria que obtuvieron fue una victoria política y militar tanto como una victoria para el cristianismo sobre el paganismo.

Los sentimientos religiosos de Constantino resultaron en leyes que favorecían al cristianismo. En el año 325 convocó el primer concilio ecuménico, el Concilio de Nicea, dedicado a resolver disputas doctrinales y a unificar la iglesia. Una de las decisiones más importantes a la que arribaron fue la prohibición del arrianismo, una herejía que negaba que Cristo fuera coeterno con el Padre.

Pero aunque Constantino dio un paso decidido hacia el cristianismo, su contemporización diluyó sus esfuerzos. El culto pagano continuó. Constantino mantuvo su título pagano "Pontifex Maximus". Contendía por la fe, pero la comprometía en su corazón.

¿Qué bandera flamea sobre su corazón? ¿La de total consagración o la de contemporización?

Amado Dios, bajo las banderas de obstinación, autosuficiencia y contemporización que reinan en mi vida. Levanto la bandera de total consagración a ti.

Permanecer en Cristo

LECTURA BÍBLICA: Juan 15:9-17
VERSÍCULO CLAVE: Juan 15:17

Esto os mando: que os améis unos a otros.

En Juan 15 Jesús nos insta a permanecer en él. La imagen visual es la de una rama que permanece conectada a la vid. Cristo enseñó que Dios es el Labrador que poda y da forma a las ramas para que produzcan mucho fruto. Permanecer significa "quedarse y seguir". Es una palabra activa, aunque desde una perspectiva mundana muchas veces es una que sugiere pasividad. Pero, nada dista más de la verdad. Cuando permanecemos en Cristo, estamos en un proceso de crecimiento nunca visto.

Note cómo los tiernos brotes de la vid aparecen en la primavera y empiezan a extenderse por el emparrado. Dios cuida tiernamente las ramas y, con el mayor cuidado y habilidad, cultiva la vid de manera que produzca una cosecha máxima.

El único propósito de las ramas es dar fruto. No están destinadas a vivir por sí solas aparte de la vid, ni se las deja crecer silvestres. Se mantienen, siguen y descansan en la vid.

Nosotros vivimos bajo la gracia de Dios y hemos recibido pleno acceso a su paz infinita al permanecer en él. Cuando aparecen las dificultades podemos ir a un lugar de refugio. Es un lugar de contentamiento permanente en lo recóndito de nuestro corazón. Nunca tenemos por que temer cuando permanecemos en Cristo. Nuestros son su paz y descanso.

Amado Padre celestial, gracias porque cuento con un lugar de refugio en los momentos difíciles. Tengo paz y descanso cuando permanezco en ti.

Una invitación personal de Dios

LECTURA BÍBLICA: Isaías 1:18-21
VERSÍCULO CLAVE: Isaías 1:18

Venid, pues, dice Jehovah; y razonemos juntos: aunque vuestros pecados sean como la grana, como la nieve serán emblanquecidos. Aunque sean rojos como el carmesí, vendrán a ser como blanca lana.

La Biblia por lo general presenta el pecado como algo negro u oscuro, pero en Isaías 1:18 la imagen cambia: "Aunque vuestros pecados sean como la grana, como la nieve serán emblanquecidos. Aunque sean rojos como el carmesí, vendrán a ser como blanca lana".

En las épocas bíblicas estos colores eran algunos de los más brillantes que podían producirse, y eran absolutamente indelebles. No se podía simplemente lavar y sacar una mancha escarlata de un género. Si la tela estaba teñida de ese color, roja quedaba. La idea de que algo colorado oscuro se convirtiera en algo blanco como la nieve o lana era inconcebible.

Pero eso es lo que la sangre roja de Cristo hace por nuestros pecados. Los quita completamente, y lo único que Dios ve cuando nos mira es pureza, sin manchas o marcas de impiedad ensuciando la tela de nuestra vida.

Encontramos un buen ejemplo de este principio espiritual en la ciencia. Si uno toma una tarjeta blanca que tiene un manchón rojo y lo mira a través de un filtro fotográfico rojo especial, es imposible ver la mancha. Toda la tarjeta se ve blanca. A través del filtro de la sangre de Cristo, somos "eternamente blancos" a los ojos de Dios.

¿Lo ve Dios a usted a través de la sangre de Jesús que lo cubre, o está todavía lavando los defectos de su corazón y vida tratando de quitarlos por su propio esfuerzo? No fue diseñado para lavarse a sí mismo. Deje que el Señor lo haga.

Señor Jesús, gracias por tu invitación a lavarme hasta ser blanco como la nieve. La acepto. Lava el tinte carmesí de mis pecados. Quita todas las manchas y marcas.

El valor para decir "sí"

LECTURA BÍBLICA: Hebreos 12
VERSÍCULO CLAVE: Hebreos 12:1

Por tanto, nosotros también, teniendo en derredor nuestro tan grande nube de testigos, despojémonos de todo peso y del pecado que tan fácilmente nos enreda, y corramos con perseverancia la carrera que tenemos por delante.

Imagínese tratar de pasar un día con las piernas atadas, con la soga suelta apenas lo suficiente para permitirle un movimiento mínimo. Tarde o temprano cumpliría sus obligaciones, pero aun la tarea más sencilla sería lenta. Entre que se cae y tropieza con sus propios pies, es posible que llegue a su destino sin antes lastimarse.

Esta es la imagen que evoca la palabra enreda en Hebreos 12:1. Se usaba este término en relación con enredar a un animal en una trampa o red, dejándolo con vida pero haciendo imposible que se escapara. Los hábitos pecaminosos obran en una forma similar; los que seguimos practicando habitualmente se convierten en una trampa que nos mantiene enredados.

Es posible que podamos seguir funcionando en ciertas áreas básicas, y nuestra apariencia y carrera no se verá afectada inmediatamente, pero el pecado tarde o temprano nos hace tropezar e impide que vivamos la vida plena sin caídas que Dios quiere para nosotros. El "problemita" de agregarle rubros a un informe de gastos puede llegar a ser más adelante una estafa importante a medida que el pecado se ciñe con cada vez más fuerza alrededor de nuestra vida.

Si algo malo lo tiene amarrado en este momento, entrégueselo al Señor antes que lo ciña con más fuerza. Jesús quiere que sienta el júbilo que se deriva de tomar decisiones que le agradan, y siempre da el valor para decirle "sí" a sus principios.

Padre Dios, dame la habilidad de decirle "no" a las cosas que enredan. Limpia mi camino de todo lo que puede serme un tropiezo y enredarme. Dame valor divino para decirle "sí" a tus principios.

El objeto de su fe

LECTURA BÍBLICA: Salmo 100
VERSÍCULO CLAVE: Salmo 100:5

*Porque Jehovah es bueno. Para siempre es su misericordia,
y su fidelidad por todas las generaciones.*

*U*na imperfección en un trozo de tela o en una cuchara puede ser
fea pero tiene escasas implicaciones funcionales. Pero un defecto en
la construcción de una casa o en la ingeniería de un automóvil puede
tener graves consecuencias.

En lo que a cuestiones de creencias se refiere, es bueno examinar
periódicamente la integridad espiritual de su confianza en Cristo. Un
defecto en este aspecto puede afectar la calidad de su relación con el
Señor y su respuesta a su liderazgo.

Pregúntese lo siguiente:

- ¿Es Dios quien ocupa el primer lugar en mis creencias o son
  mis intereses personales?
- ¿Estoy más interesado en saber cuál es la voluntad del Padre
  o únicamente cuál es su voluntad para mí?

Si no tiene cuidado, sus necesidades pueden desplazar la importancia de quién es Dios en su caminar con fe. Quizá sin quererlo deja
que problemas apremiantes reemplacen su obligación principal de conocer a Dios y disfrutar de él para siempre.

Dios, por supuesto, comprende su deseo de que sus necesidades
sean suplidas (y él está dispuesto a hacerlo). Pero quiere que usted esté ocupado con él, que se deleite en su persona. Cuando la razón de
su fe es la grandeza de Dios, no tendrá dificultad en creer que él está
obrando fiel y amorosamente en pro de su bienestar.

*Señor, tú eres el objeto de mi fe. Mantenme supremamente
ocupado contigo. No dejes que mis problemas y necesidades desplacen la importancia de quien tú eres.*

Siga construyendo y creciendo

LECTURA BÍBLICA: 1 Corintios 3:10-15
VERSÍCULO CLAVE: 1 Corintios 1:9

Fiel es Dios, por medio de quien fuisteis llamados a la comunión de su Hijo Jesucristo, nuestro Señor.

Los constructores y arquitectos trabajan mucho para asegurarse de que las estructuras cumplan las ordenanzas municipales. Desde las conexiones eléctricas hasta la albañilería, todos los materiales tienen que ser de una calidad especificada y ensamblados de un modo seguro. Si no lo son, la seguridad de los futuros ocupantes peligra.

Como creyentes estamos involucrados en una edificación a largo plazo de nuestra "casa" espiritual. Cristo es el fundamento firme, y él guía la construcción definitiva de nuestra fe y carácter. En el camino, al decidir someternos a su trabajo de construcción, elegimos los materiales que serán parte de nuestra casa espiritual.

Ser obedientes, usar lo que decimos para edificación de los demás, ser pacificadores, no dejarnos vencer por el egoísmo y hacer todo aquello que refleja el fruto del Espíritu, son todos materiales sólidos de una vida que se va conformando a la imagen de Cristo. Un día Jesús juzgará la calidad de la casa que es nuestra vida: "Si alguien edifica sobre este fundamento con oro, plata, piedras preciosas, madera, heno u hojarasca, la obra de cada uno será evidente, pues el día la dejará manifiesta. Porque por el fuego será revelada; y a la obra de cada uno, sea la que sea, el fuego la probará" (1 Cor. 3:12, 13).

Pero recuerde que esta evaluación no tiene nada que ver con la salvación. Jesús inspeccionará su estructura con el único propósito de darle buenas dádivas según la obra que ha realizado aquí.

Amado Padre celestial, he comenzado este peregrinaje de consagración y cambio. Por favor ayúdame a continuar. Un día examinarás la calidad de mi casa espiritual. Quiero pasar la inspección.

TEMA

El camino a recibir un manto espiritual

QUE REPRESENTA: Servir al prójimo

VERSÍCULO CLAVE: 1 Pedro 4:10

Cada uno ponga al servicio de los demás el don que ha recibido, como buenos administradores de la multiforme gracia de Dios.

Antes de iniciar nuestro peregrinaje espiritual de este mes, dedique unos minutos a leer 2 Reyes 2:1-15. Es el relato del viaje de Eliseo con el profeta Elías para recibir la doble porción de unción para su ministerio y para tomar su manto.

Existe un manto espiritual —un legado de poder divino— que Dios quiere colocar sobre nosotros a fin de capacitarnos para cumplir su obra. Dios busca a hombres y mujeres con el espíritu y el poder de Eliseo.

Siguiendo el ejemplo de Eliseo andaremos juntos este mes para recibir la doble porción de unción para nuestro ministerio. En nuestro camino descubriremos la importancia de que nuestro andar sea digno de nuestro llamado usando sabiamente nuestro tiempo y talentos. Aprenderemos cómo servir y alentar a nuestros prójimos.

Prepárese, el manto de la unción de Dios está por caer.

Un andar dignos de nuestro llamamiento

LECTURA BÍBLICA: Efesios 4:1, 2
VERSÍCULO CLAVE: Efesios 4:1

Por eso yo, prisionero en el Señor, os exhorto a que andéis como es digno del llamamiento con que fuisteis llamados.

*A*l viajar a los Estados Unidos poco tiempo después de ser liberada de un campo de concentración nazi, Corrie ten Boom, autora de *El refugio secreto*, lo hacía en respuesta al llamamiento de Dios para su vida.

Pero no le faltaron desafíos. Vez tras vez la presencia de Corrie en los Estados Unidos fue cuestionada. El escaso apoyo recibido al principio fue desapareciendo. Se sintió tentada a desanimarse pero se negó a ceder. Aparte de sus sentimientos de rechazo tenía gran paz y la esperanza de que Dios haría honor a su obediencia.

Cuando los demás la rechazaban, Corrie se aferraba a las promesas de Dios. Por último su consagración tuvo su recompensa. Se le abrió una puerta de oportunidad por medio de un evangelista cristiano muy destacado. Al poco tiempo Corrie ten Boom llegó a ser una de las conferencistas cristianas más reconocidas de nuestra época. Superó las peores tormentas de la vida y fue hallada digna del llamado de Dios.

Dios lo ha llamado a usted a ser una luz de su amor y perdón a un mundo encerrado en oscuras tinieblas. Por lo tanto, camine siendo digno de su llamado. Cuando aparezca el desaliento, manténgase firme en su fe, y Dios lo moldeará convirtiéndolo en un instrumento de su amor por sus prójimos.

Amado Señor, me has llamado a ser una luz al transitar por este mundo. Úsame para servir a los que encuentre en mi camino.

Espíritu servicial

LECTURA BÍBLICA: Juan 13:1-20
VERSÍCULO CLAVE: Mateo 20:27

*Y el que anhele ser el primero entre vosotros, será vuestro
siervo.*

¿Por qué se sorprendió tanto y se sintió tan mal Pedro cuando Jesús se arrodilló para lavarle los pies? Lavar los pies era trabajo de un siervo, una tarea de baja categoría y sucia, de ninguna manera un quehacer para un Maestro de gran estima y amado. En un gesto humilde y brillante Jesús demostró que su actitud y acciones debían ser: "Pues bien, si yo, el Señor y el Maestro, lavé vuestros pies, también vosotros debéis lavaros los pies los unos a los otros" (Juan 13:14, 15).

Este espíritu servicial debe caracterizar todo lo que hacemos. Claro, es fácil pensar en una situación imaginaria y decir: "Sí, haré todo lo que pueda para ayudar". Pero la verdadera prueba de nuestra disposición para servir llega cuando enfrentamos una necesidad real.

Usted ve basura por todas partes en el lugar en que está acampando. ¿Levanta la basura o come y se retira, esperando que limpie el que pagan para hacerlo?

Una vecina anciana necesita que alguien la lleve de compras o al doctor. ¿Se presta usted para llevarla?

La clave para vencer la vacilación a servir es mantener una actitud correcta. Cuando ve usted a sus prójimos como Jesús los ve, quiere llenar sus necesidades con entusiasmo. Descubre el gozo de servir cuando sigue la dirección del Salvador.

Padre celestial, quiero servir a mi prójimo con gozo, tocando sus vidas con tu amor, extendiendo mis manos a un mundo que sufre. Haz de mí un siervo.

Motivación para consagrarse

LECTURA BÍBLICA: Daniel 6
VERSÍCULO CLAVE: Mateo 5:16

Así alumbre vuestra luz delante de los hombres, de modo que vean vuestras buenas obras y glorifiquen a vuestro Padre que está en los cielos.

Aunque el decreto persa ordenaba que se adorara únicamente al rey Darío, Daniel siguió adorando a Dios. Sabía que la violación del decreto lo llevaría al foso de los leones, pero se negó a comprometer sus convicciones.

Todos tenemos momentos cuando nos sentimos como Daniel, ocasiones en que nos mantenemos firmes ante lo que sabemos es lo correcto, pero terminamos por sentirnos como si nos hubieran arrojado al foso de los leones. Nos sucede en el trabajo, en la comunidad, en la familia y aun en nuestra iglesia.

Lo que distinguía a Daniel era su devoción a Dios. No le importaba lo que pensaban de él los demás. Sobre todas las cosas Daniel quería vivir sólo para Dios. Nada podía cambiar la dirección de su adoración.

Cuando los demás observan su vida, ¿ven a Jesús? El testimonio de Daniel fue tan fuerte que impresionó para siempre al rey. Desde afuera del foso de los leones, el rey Darío gritó: "¡Tu Dios, a quien tú continuamente rindes culto, él te libre!" (Dan. 6:16).

Que las palabras de nuestro Salvador nos motiven a una mayor consagración "Así alumbre vuestra luz delante de los hombres, de modo que vean vuestras buenas obras y glorifiquen a vuestro Padre que está en los cielos" (Mat. 5:16).

Oh Dios, muchas veces me siento como si estuviera en el foso de los leones, rodeado de personas y circunstancias hostiles. En esos momentos ayúdame a permanecer fiel en mis devociones y mis obligaciones a fin de que seas glorificado.

Vivir una vida consecuente

LECTURA BÍBLICA: Efesios 4:17-24
VERSÍCULO CLAVE: Efesios 4:24

Y vestíos del nuevo hombre que ha sido creado a semejanza de Dios en justicia y santidad de verdad.

Un profesor creyente instaba a sus alumnos a que se aseguraran de que sus vidas fueran consecuentes con el mensaje de la Palabra de Dios: "Nunca dejen que un soplo de inconstancia sople a través de sus vidas. Si esto sucede, el mundo lo notará y su testimonio de Jesús se verá perjudicado".

Ser consecuente es difícil. El Señor lo sabe y siempre está presente para ayudarnos a mantenernos en la dirección correcta. Pero ser consecuente es también cuestión de dominio propio. Tenemos que ser como Jesús a fin de que haya en nuestra vida una actitud que otros noten y consideren esencial a un estilo de vida cristiano.

En Efesios 4 Pablo explica cómo el creyente ha de encarar la vida. Exhortó a la joven iglesia en Efeso a que dejara atrás las antiguas costumbres y maneras de pensar, especialmente las que les recordaban sus vidas antes de ser salvos.

En nuestro interior hay un cambio radical cuando nuestra alma pasa de muerte eterna a vida eterna. La evidencia de esta transformación es que ahora hemos entregado nuestra vida a Jesús, y ya no queremos vivir en el hábitat del pecado.

Lavados en la sangre salvadora de Cristo somos nuevas criaturas. Lo anterior ha pasado. Antes vivíamos como los que no conocían a Jesús como Salvador y Señor; pero alabado sea Dios que, como creyentes, al ser consecuentes sentimos eterna paz y esperanza.

Padre, quiero ser como tú. Deja que mi vida dé una dulce fragancia que otros noten. Ayúdame a ser consecuente en mi andar cristiano.

Tamizado para servir

LECTURA BÍBLICA: Lucas 22:31-34
VERSÍCULO CLAVE: Lucas 22:32

Pero yo he rogado por ti, que tu fe no falle. Y tú, cuando hayas vuelto, confirma a tus hermanos.

Si quiere ser utilizado intensamente por Dios, tiene que estar dispuesto a ser tamizado para servir. Este principio es como el proceso de aventar el trigo. En la época del Nuevo Testamento esto se hacía trillando el grano en tierra alta. La paja era llevada por el viento mientras lo útil se retenía.

Pedro no fue una excepción del proceso de zarandeo. Jesús le dijo al futuro apóstol: "He aquí Satanás os ha pedido para zarandearos como a trigo. Pero yo he rogado por ti, que tu fe no falle. Y tú, cuando hayas vuelto, confirma a tus hermanos" (Lucas 22:31, 32).

Era la noche en que nuestro Señor fue arrestado. Como nunca, Pedro quería permanecer firme. No obstante, terminó por negar tres veces a Jesús. Qué sentimiento de dolor y pena ha de haber dominado su mente. Pero recuerde las palabras de Jesús: "Cuando hayas vuelto, confirma a tus hermanos". Esta es la esperanza que tenemos en Cristo; aun cuando le fallamos, aun cuando nos tiene que zarandear como trigo, nunca se da por vencido con nosotros.

Al tamizar su vida a través de pruebas y frustraciones, Dios trae a la superficie las cosas que son impuras. Si Pedro se hubiera negado a ser zarandeado, nunca hubiera sido apto para servir. Si percibe la mano cernidora de Dios en su vida, someta su voluntad a él y déjele que lo prepare para servirle.

Señor, ayúdame a comprender que mis pruebas y frustraciones no carecen de propósito. Estás separando lo bueno de lo malo, el grano espiritual de la paja. Me estas tamizando para servirte.

El proceso tamizador

LECTURA BÍBLICA: Mateo 20:25-28
VERSÍCULO CLAVE: Mateo 20:16

Así, los primeros serán postreros, y los postreros, primeros; porque muchos son llamados, mas pocos escogidos. (RVR-1960)

*D*ios tiene un plan para su vida. Pero éste no encaja en su lugar de la noche a la mañana. Cumplir todo lo que tiene programado para usted lleva una vida entera. Lo prepara para servirle dándole dones espirituales y talentos naturales y dejando que tenga muchas dificultades. El Señor usa las dificultades para tamizar las impurezas en su vida. Las dificultades también liman los bordes ásperos de su vida hasta quitarlos. Al final, usted llega a ser un reflejo de su gloria.

Cuando Dios comienza su proceso tamizador en su vida puede sentirse como que toda su vida se sacude. No se preocupe. Lo está posicionando para recibir una gran bendición. Otro indicio del proceso tamizador de Dios aparece cuando usted siente su silencio. Está poniéndolo a prueba para ver si confiará en él aunque no se esté dando a conocer a usted por medio de bendiciones materiales.

Uno de los modos más penosos de tamizar se realiza a través del sufrimiento, que puede ser físico, mental o emocional. Amy Carmichael, consagrada sierva de Dios, pasó los últimos años de su vida confinada a su lecho. Dios permitió que fuera probada más allá de lo que parecía posible aguantar, especialmente siendo que disfrutaba del contacto con los demás. La mayoría de nosotros nunca tendrá que enfrentar ese tipo de prueba. Pero la vida de Cristo ardía brillantemente en ella. En la actualidad sus libros, escritos durante su tiempo de sufrimiento, son testimonios de la fidelidad y gloria de Dios.

Maestro, ayúdame a comprender que tú obras en el silencio, en el sufrimiento y cuando zarandeas para cumplir tus propósitos en mi vida. Usa esas circunstancias difíciles a fin de prepararme para el futuro que tienes programado para mí.

La fragancia que agrada a Dios

LECTURA BÍBLICA: 1 Pedro 5:6-10
VERSÍCULO CLAVE: 1 Pedro 5:10

Y cuando hayáis padecido por un poco de tiempo, el Dios de toda gracia, quien os ha llamado a su eterna gloria en Cristo Jesús, él mismo os restaurará, os afirmará, os fortalecerá y os establecerá.

Dios está siempre al mando del proceso purificador. No hay momento en que las pruebas y tribulaciones de la vida estén fuera de su control. Aun cuando nos sentimos frustrados y confundidos, Dios está en el asiento del conductor. Satanás nunca lleva las de ganar. Aunque el enemigo quiera desacreditarnos, Dios nos ha justificado al haber nosotros aceptado a su Hijo como nuestro Salvador.

Dios utiliza el crisol no sólo para quitar las impurezas de nuestra vida, sino también para sacar a luz las cualidades que anhela usar. El fuego refina el oro. El calentamiento del material permite ver la escoria y eliminarla. Cuanto más caliente el fuego, más puro queda el oro.

Dios no nos tamiza y refina en ambientes tranquilos y hermosos. Muchas veces la purga llega en momentos de tempestades y pruebas. En su clásico libro devocional, *Manantiales en el desierto,* la señora Cowman escribe:

Algunas veces Dios envía grandes pruebas a sus hijos para desarrollar sus dones. Así como las antorchas arden con más brillantez cuando se les mueve a uno y otro lado; así como la planta del enebro exhala un perfume más agradable cuando se arroja a las llamas; así también las mejores cualidades de un cristiano proceden del viento aquilón del sufrimiento y de la adversidad. Los corazones magullados a veces exhalan el perfume que a Dios le agrada percibir.

Querido Señor, cuando mi corazón está herido, deja que exhale el perfume que a ti te agrada. Trae a la superficie cualidades como las de Cristo en mis momentos de prueba.

Visión sin límites

LECTURA BÍBLICA: Mateo 28:16-20
VERSÍCULO CLAVE: Mateo 28:19

Por tanto, id y haced discípulos a todas las naciones, bautizándoles en el nombre del padre, del Hijo y del Espíritu Santo.

*C*uatro fuerzas conmovedoras y motivadoras constituían la base del anhelo de los discípulos de proclamar el mensaje del evangelio: (1) su experiencia personal con el Señor; (2) la promesa de contar con la presencia de Cristo; (3) la promesa de la venida del Espíritu Santo y (4) el recuerdo de cómo Jesús trató a los que sufrían. La de ellos era una visión sin límites.

Pero su ministerio no había empezado así. Hubo un momento en el mar de Galilea cuando la duda y la confusión se apoderaron de ellos hasta que Cristo se puso de pie en la barca y ordenó a las olas y al viento que se calmaran.

Hubo una noche cuando todos menos uno abandonaron a nuestro Salvador, y el que quedó tenía miedo y estaba dominado por la tristeza. Los discípulos querían creer que Cristo era el prometido de Dios, pero eran cortos de vista, como a veces lo somos nosotros.

Jesús sabía que el plan del Padre se extendía a la eternidad. Su destino era ser el Cordero de Dios que quita los pecados del ser humano. Ningún límite impuesto por hombre o Satanás podía detener al plan de Dios.

El mismo Dios que levantó a Cristo de entre los muertos vive en cada creyente. Nunca ponga límites a la visión que da Dios: "Que el que en vosotros comenzó la buena obra, la perfeccionará hasta el día de Cristo Jesús" (Fil. 1:6).

¡Qué amigo, Maestro y Salvador maravilloso y glorioso tenemos en Cristo Jesús!

Amado Padre celestial, quita los límites que restringen tu obra en mi vida. Ensancha mis límites espirituales. Dame una visión ilimitada.

Visión ilimitada

LECTURA BÍBLICA: Isaías 6:1-8
VERSÍCULO CLAVE: Jeremías 29:11

Porque yo sé los planes que tengo acerca de vosotros, dice Jehovah, planes de bienestar y no de mal, para daros porvenir y esperanza.

"*U*na enfermedad destruyó la vista y el oído de Helen Keller antes de cumplir dos años, dejándola aislada del mundo", escribe William Bennet en *The Book of Virtues* (El libro de virtudes).

Durante casi cinco años se crió, como ella lo describiera más adelante, salvaje y rebelde...

La llegada de Anne Sullivan al hogar de los Keller en Alabama, procedente del Instituto Perkins para Ciegos en Boston, cambió la vida de Helen. Por medio del sentido del tacto pudo conectarse con la mente de la niña y en menos de tres años había enseñado a Helen a leer y escribir en Braille. A los dieciséis ya hablaba lo suficientemente bien como para ir a la escuela y la universidad. Se graduó de la Universidad Radcliffe en 1904 con los más altos honores, y dedicó el resto de su vida a ayudar a los ciegos y sordos-ciegos, como lo había hecho su maestra con ella.

Recordando su primer día con Anne Sullivan, Helen escribió: "No había una niña más feliz que yo al acostarme en mi cama al final de ese día lleno de acontecimientos, y volver a sentir las alegrías que me diera y, por primera vez, anhelaba la llegada de un nuevo día".

Anne Sullivan tenía una visión ilimitada, y se la transmitió a Helen Keller quien llegó a ser una escritora y conferencista de renombre.

¿Están sus metas limitadas por temores y dudas? Dios tiene un plan para su vida amplio y lleno de esperanza. Él quiere revelárselo.

Dios todopoderoso, me arrepiento del temor y las dudas que limitan mi visión. Tu plan es más grande de lo que pueda imaginarme. Aun ahora espero que me lo reveles. Señor, estoy listo para recibirlo.

El poder dentro de nosotros

LECTURA BÍBLICA: 1 Corintios 1:26-31
VERSÍCULO CLAVE: 1 Corintios 1:27

Dios ha elegido lo necio del mundo para avergonzar a los sabios, y lo débil del mundo Dios ha elegido para avergonzar a lo fuerte.

*D*ios nos ha capacitado para toda buena obra. La presencia del Espíritu Santo es su garantía de que, venga lo que venga, se ha comprometido a darnos el poder y la fortaleza que necesitamos para cumplir nuestro cometido, superar el dolor y terminar victoriosos en él.

D. L. Moody apenas tenía cinco años de escuela, sin embargo, llegó a ser uno de los más grandes evangelistas de su época. Nunca fue ordenado para el ministerio, no obstante, Dios lo utilizó para llevar a miles al conocimiento de la salvación en Jesucristo. El libro *More Than Conquerors* (Más que vencedores) nos dice que "durante el siglo XIX, cuando la comunicación masiva consistía únicamente de los materiales impresos y la oratoria pública, más de cien millones oyeron o leyeron el mensaje del evangelio de D. L. Moody. El evangelista habló ante por lo menos 1.5 millones en Londres durante cuatro meses en 1875, mucho antes que hubiera radio y televisión". Dios escoge las cosas débiles para avergonzar a los que se creen fuertes (1 Cor. 1:27-29).

Existe una sola manera en que Dios puede ser glorificado en la vida de usted, y es a través de su disposición de dejar a un lado sus habilidades, talentos y deseos personales a fin de seguirle obedientemente a él. El sacrificio y el sometimiento conducen a una vida de tremenda esperanza, libertad y gozo eterno. D. L. Moody no podía hacer nada separado del Salvador, y lo que hizo por medio del poder del Espíritu Santo jamás podrá ser duplicado.

Oh Señor, gracias por capacitarme para toda buena obra. Tu presencia es mi garantía del éxito. Ayúdame a cumplir la tarea, superar el dolor y terminar victorioso en ti.

Alentar a los santos que flaquean

LECTURA BÍBLICA: 1 Corintios 16:10-21
VERSÍCULO CLAVE: Hebreos 6:10

Dios no es injusto para olvidar vuestra obra y el amor que habéis demostrado por su nombre, porque habéis atendido a los santos y lo seguís haciendo.

Estéfanas, Fortunato, Acaico, Aquila, Priscila, aunque estos nombres se mencionen poco, son los de personas que jugaron un papel decisivo en la formación de la iglesia en la época del Nuevo Testamento. Pablo mencionó la labor indispensable de ellos en sus instrucciones de despedida a la iglesia en Corinto. Sin definir sus contribuciones específicas, indicó que el ministerio de ellos renovó y revitalizó a los creyentes, incluyéndolo a él.

En la actualidad la iglesia local muchas veces se equivoca teniendo la noción que el pastor y los líderes son el único núcleo para realizar la obra. Tienen funciones vitales, pero los santos mismos comparten y participan en el crecimiento del cuerpo de Cristo.

Quizá nuestro nombre no aparezca en el boletín de la iglesia. Quizá no seamos diáconos o ancianos. Pero hemos sido capacitados con dones espirituales para fortalecer a los santos. Una nota con unas breves líneas alentadoras, una llamada telefónica a un hermano en necesidad, un refrigerio con un padre de familia desanimado, un regalito a alguien necesitado, estos son modos discretos pero prácticos y alentadores de levantar el ánimo de santos que flaquean.

Pídale a Dios que le muestre cómo puede alentar a sus compañeros en la obra. Deje que le guíe a encontrar formas apropiadas de demostrar su amor: "Porque Dios no es injusto para olvidar vuestra obra y el trabajo de amor que habéis mostrado hacia su nombre, habiendo servido a los santos y sirviéndoles aún" (Heb. 6:10 RVR-1960).

Querido Dios, enséñame a ser de aliento y una fuente de esperanza para los demás. Muéstrame cómo alentar a mis compañeros en la obra demostrando tu amor en formas apropiadas y prácticas.

Portavoz de la verdad de Dios

LECTURA BÍBLICA: Hebreos 13:20, 21
VERSÍCULO CLAVE: Marcos 2:17

Al oírlo, Jesús les dijo: "Los sanos no tienen necesidad de médico, sino los que están enfermos. No he venido para llamar a justos, sino a pecadores".

*J*orge Whitefield, evangelista británico (1714-1770), predicó miles de sermones a lo largo de su vida de predicador itinerante. En Inglaterra y Estados Unidos su poderosa voz se proyectaba por los campos a los cientos que se juntaban donde quiera que iba. Su pasión por extender el evangelio era tal que siguió predicando aun estando enfermo.

Los que lo rodeaban reconocían que el Señor le daba una energía y un impulso sobrehumanos. En su libro *The Light and the Glory* (La luz y la gloria) Peter Marshall y David Manuel describen la escena de su último sermón:

Cuando llegó el momento de hablar, apenas podía respirar y uno de ellos le dijo:
—Señor, usted debe estar en la cama y no predicando.
—Es verdad —contestó Whitefield, respirando con dificultad. Luego, alzando sus ojos al cielo agregó—: "¡Señor Jesús, estoy cansado en tu obra, pero no de ella. Si he terminado mi cometido, déjame ir y hablar de ti una vez más en los campos, proclamar tu verdad, y volver a casa y morir!"

Dios contestó su oración. Luego de predicar un sermón de más de dos horas, el exhausto Whitefield fue a la casa de un pastor amigo; falleció la mañana siguiente contemplando el amanecer por la ventana. Porque un hombre estuvo dispuesto a ser el portavoz de la verdad de Dios, dos naciones fueron impactadas por su amor.

Oh Señor, haz que sea un portavoz de tu verdad. No he acabado mi carrera. No dejes que me canse en el camino. Mantenme fiel hasta el final.

Seguir a Jesús

LECTURA BÍBLICA: Mateo 4:12-15
VERSÍCULO CLAVE: Mateo 4:19

Y les dijo: "Venid en pos de mí, y os haré pescadores de hombres."

Cuando Jesús llamó a Pedro y Andrés para ser sus discípulos, lo único que les dijo fue: "Venid en pos de mí". Pedro y Andrés lo habían escuchado enseñar antes; esta no era la primera vez que veían a Jesús o que oían de la obra que realizaba. Pero en el momento de su llamamiento Jesús sólo dijo unas pocas palabras.

Los corazones de Pedro y Andrés ya estaban preparados para responder a su llamado; dejaron inmediatamente sus redes y sus medios de vida y se unieron a Cristo. Ambos discípulos eran muy sensibles al Espíritu de Dios. Podían reconocer la diferencia entre el impulso de Dios y el de sus corazones.

Pedro y Andrés también tenían una mentalidad servicial. El Nuevo Testamento aún no había sido escrito, pero sus vidas son vivo ejemplo de estos versículos sobre su Salvador: "Haya en vosotros esta manera de pensar que hubo también en Cristo Jesús: Existiendo en forma de Dios, él no consideró el ser igual a Dios como algo a qué aferrarse; sino que se despojó a sí mismo, tomando forma de siervo, haciéndose semejante a los hombres" (Fil. 2:5-7). Estaban listos para sacrificar lo que fuera por la causa de Cristo, aun la seguridad de un futuro que les era familiar como pescadores.

Jesucristo le hace a usted el mismo llamado: "Venid en pos de mí". No importa en qué etapa de su vida se encuentra. Lo único que importa es que adapte sus propios planes a los de él.

Padre celestial, cinco palabras han cambiado mi vida: "Venid en pos de mí". He oído tu llamado. Estoy listo para responder. Iré en pos de ti.

Ponga en práctica su compromiso

LECTURA BÍBLICA: Lucas 9:23-26
VERSÍCULO CLAVE: Lucas 9:23

Decía entonces a todos: "Si alguno quiere venir en pos de mí, niéguese a sí mismo, tome su cruz cada día y sígame".

En nuestro fuero interno, cuando escuchamos las palabras niéguese y cruz, por lo general pensamos en sufrimiento. Hasta podemos tener la vaga idea que someternos a la voluntad de Dios para nuestra vida significará caminar siempre por un camino difícil o renunciar a todo lo que hemos soñado en favor de un plan extraño.

Negarnos a nosotros mismos no significa alimentarnos a pan y agua o carecer de cosas buenas. Jesús se refería a someternos, al acto realizado una sola vez de decirle al Señor que él está al mando, que Cristo es nuestro Señor y Salvador y que tiene la libertad de usar nuestra vida como le plazca.

"Tomar nuestra cruz cada día" es el proceso de, paso a paso, poner en práctica ese compromiso y ratificarlo cada día con las decisiones que tomamos. Si queremos hacer algo, pero sabemos que Dios tiene un mandamiento específico contrario, entonces tenemos que escoger: nuestro camino o el camino de Dios. Y porque él es totalmente amante y totalmente santo, sabemos que lo que indica es lo mejor para nosotros y para nuestro mayor bienestar.

Negarse al yo es aceptar a Cristo. Decirle "sí" a él significa estar dispuesto a emprender las aventuras que llevan sólo a bendiciones. ¡Empiece hoy a poner en práctica su compromiso!

Señor Jesús, mi respuesta es "sí". ¡Te seguiré! Ayúdame a poner en práctica hoy mi compromiso contigo al andar por tu camino.

El costo del verdadero discipulado

LECTURA BÍBLICA: Lucas 14:25-35
VERSÍCULO CLAVE: Lucas 14:27

Y cualquiera que no toma su propia cruz y viene en pos de mí, no puede ser mi discípulo.

Jesús sí que sabía cómo espantar a sus oyentes. Cuando habló de consagración total y entrega absoluta a su misión, las multitudes desaparecieron. Los únicos que quedaron fueron los que habían reconocido que hablaba palabras de vida, la verdad firme y a la vez amante sobre lo que realmente significa conocerle.

Oswald Chambers escribe en *En pos de lo supremo* sobre el tipo de absorción total que Cristo quiere que tengamos:

> No existe una vida privada, ni un lugar donde esconderse en este mundo, para el hombre o la mujer que está íntimamente consciente de los sufrimientos de Jesucristo y los comparte.
>
> Dios divide la vida privada de sus santos y la convierte en un camino para el mundo por un lado y para él por el otro. No hay ser humano que pueda aguantar eso a menos que esté identificado con Jesucristo. No somos santificados para nosotros mismos. Somos llamados a una intimidad con el evangelio, y suceden cosas que parecen no tener ninguna relación con nosotros.
>
> Pero Dios está llevándonos a una comunión con él. Deje que lo haga. Si se niega no tendrá ningún valor para Dios en su obra redentora en el mundo, pero será un impedimento o una piedra de tropiezo.

Jesús quiere toda su devoción, no sólo una porción. No puede tener otras prioridades y también a Jesús. Él es la prioridad.

Amado Maestro, arregla mis prioridades. Llámame a una mayor intimidad con el evangelio. Profundiza mi relación y comunión contigo.

No se canse

LECTURA BÍBLICA: 2 Tesalonicenses 3:6-15
VERSÍCULO CLAVE: 2 Tesalonicenses 3:13

Y vosotros, hermanos, no os canséis de hacer el bien.

*E*n diversas etapas, a lo largo de la historia, algunos creyentes han sido acusados de ser demasiado teológicos en su enfoque. Es decir, enfatizaban la vida por venir y su destino final en el cielo excluyendo un interés por este mundo presente. Alguien ha comentado: "Piensa tanto en el cielo que no sirve aquí en la tierra".

En la época de Pablo en la iglesia de Tesalónica, muchos creyentes llevaron al extremo este énfasis desviado. Estaban convencidos de que Jesús regresaría en cualquier momento por lo que dejaron de trabajar y se sentaron a esperarle. Es de imaginar el caótico desequilibrio que causó dentro de la iglesia primitiva, en que algunos creyentes trabajaban más y llevaban la carga de los otros.

Segunda Tesalonicenses 3:12, 13 contiene esta reprensión: "A los tales les ordenamos y les exhortamos en el Señor Jesucristo que trabajando sosegadamente coman su propio pan. Y vosotros, hermanos, no os canséis de hacer el bien".

Es correcto tener la esperanza de pasar la eternidad con Jesús después de la muerte y de dejar esta tierra; él quiere que tengamos la gran expectativa de sus generosas bendiciones por venir. No obstante, el aquí y ahora también son importantes para Cristo. Quiere que usted crezca en su comunión con él, madurando y fortaleciéndose y llegando a ser un representante más capacitado de su gracia a un mundo perdido.

Padre celestial, mantén mi vista en este mundo perdido y moribundo. Ayúdame a crecer en mi comunión contigo, madurando y fortaleciéndome para llegar a ser un representante más adecuado de tu gracia.

Su tiempo

LECTURA BÍBLICA: Efesios 5:15-17
VERSÍCULO CLAVE: Salmo 90:12

Enséñanos a contar nuestros días, de tal manera que traigamos al corazón sabiduría.

*E*l tiempo es vida e importa cómo lo utiliza. Es la suma de sus logros y recuerdos. ¿Está satisfecho con el modo como administra su tiempo o siente que su horario para el día, la semana, el mes, ya está lleno de las obligaciones con su carrera o con otros?

Usted puede cambiar. Puede administrar su tiempo evitando que éste lo administre a usted. Como lo hizo Moisés, puede pedirle a Dios que le enseñe a contar sus días, para poder presentarle un corazón lleno de sabiduría (Sal. 90:12).

Empiece por establecer metas y prioridades. ¿Qué dones y talentos tiene? ¿Qué le ha llamado Dios a hacer con ellos? ¿Cómo puede ir dando los pequeños pasos para alcanzarlas? Esto quita de en medio lo insignificante y presenta un cuadro mental de lo esencial.

De ser necesario aparte un día para pensar seriamente en dónde ha estado y adónde quiere llegar. Ore, lea, reflexione y apunte lo que Dios le va revelando. Comprométase a dedicar un momento a Dios cada día. Hacerlo puede resultar pesado al principio si su horario está repleto. Pero encontrará el tiempo a medida que Dios le otorga discernimiento y prudencia para sus variadas obligaciones.

Entender el todo ayuda a poner cada actividad en su lugar: citas, reuniones, interrupciones, etc. El tiempo se convertirá en su aliado, en lugar de ser su enemigo.

Oh Dios, enséñame a contar mis días. Ayúdame a administrar sabiamente mi tiempo. Haz que sea mi aliado en lugar de mi enemigo.

Sus talentos

LECTURA BÍBLICA: Lucas 19:12-17
VERSÍCULO CLAVE: Lucas 19:17

Y él le dijo: "Muy bien, buen siervo; puesto que en lo poco has sido fiel, tendrás autoridad sobre diez ciudades."

Un ingrediente imprescindible para lograr el éxito en el ámbito personal y empresarial es la productividad. Los negocios tienen que tener ganancias si han de subsistir. Los empleados tienen que trabajar fuerte y sabiamente si han de progresar.

Aunque la identidad del creyente y su seguridad en Cristo nunca deben confundirse con su desempeño (el Padre lo ama y acepta incondicionalmente), Dios espera que sea productivo en el uso de sus talentos naturales y dones espirituales. Esto se nota claramente en la parábola de los talentos donde el siervo industrioso es recompensado y el indolente es reprendido por su falta de iniciativa y esfuerzo.

El temor al fracaso es quizá el mayor obstáculo para muchos creyentes. Recibimos malas calificaciones en los estudios, malogramos una tarea asignada, desilusionamos al jefe y decidimos que no servimos. ¡Qué herejía! El fracaso nunca es definitivo a los ojos de Dios. Observe a David, Moisés, Marcos y a otros que fallaron en grande pero que, a pesar de ello, fueron muy favorecidos por Dios. Lo único que Dios anhela es que usted aprenda de sus errores y que confíe en su ayuda.

Una vida productiva, satisfactoria puede ser suya. Habrá fallas inesperadas y pausas momentáneas al ir procurando maximizar sus talentos pero, al final, oirá a Dios decir: "Muy bien, buen siervo" (Luc. 19:17). Esto es recompensa suficiente.

Padre, te alabo porque el fracaso nunca es final ante tus ojos. Quita mi temor al fracaso y remplázalo con tu seguridad divina. Ayúdame a aprender de mis errores.

Moldeado por el Maestro

LECTURA BÍBLICA: Jeremías 18:1-6
VERSÍCULO CLAVE: Jeremías 18:4

El vaso de barro que hacía se dañó en la mano del alfarero, pero el alfarero volvió a hacer otro vaso según le pareció mejor.

A Jeremías lo llaman muchas veces "el profeta llorón" porque en sus escritos hay poco que sugiera tranquilidad y comodidad. Israel pasaba por un período tenebroso. El pueblo se había apartado de Dios y estaba empezando a cosechar las consecuencias de su pecado.

En el capítulo 18 el profeta expresó el anhelo de Dios para su pueblo, usando el ejemplo de un maestro alfarero trabajando un poco de barro con el fin de convertirlo en un hermoso vaso. Pero la rebelión de Israel había arruinado la obra de Dios.

Jeremías conocía el camino de destrucción que Israel había elegido. "He aquí que vosotros sois en mi mano como el barro en la mano del alfarero, oh casa de Israel", declaró el Señor. El pueblo contestó a Dios diciendo: "Es inútil; pues en pos de nuestras imaginaciones hemos de ir, y hemos de realizar cada uno la porfía de su malvado corazón".

El grito de alarma de Jeremías en la antigüedad podría ser dirigido a nosotros en la actualidad. Dios, el Maestro Alfarero, todavía procura moldearnos para que seamos vasos de pureza y santidad. Pero muchos se han desviado por las tentaciones del mundo.

No repita el error de Israel. Conságrese a Dios, exclusivamente a sus propósitos y a su gloria. Si lo hace, cosechará las bendiciones que Dios da libremente a los que le aman y honran.

Señor, me consagro a ti, tus propósitos y tu gloria. Toma este trozo de barro que llamo "mi vida" y moldéalo hasta transformarlo en un vaso hermoso.

Mayordomos de su gracia

LECTURA BÍBLICA: 1 Pedro 4:7-10
VERSÍCULO CLAVE: Romanos 12:13

Compartiendo para las necesidades de los santos; practicando la hospitalidad.

Su clase de escuela dominical empezó un plan de cenas a fin de ayudar a los participantes a conocerse y también atraer a los de fuera de la iglesia.

Hacerse cargo de una cena era una oportunidad ideal para involucrarse, pero él tenía miedo de ofrecerse. *Vivo solo,* pensaba. *No cocino bien y sé poco sobre esto de ser anfitrión, y hace bastante que no he tenido invitados en casa.* Lleno de inseguridad, por fin agregó su nombre a la lista.

Para su sorpresa, al ir acercándose el día, varios integrantes de la clase llamaron y se ofrecieron para ayudarle a tener todo listo. Algunos prepararon comida, otros llevaron sillas y otros donaron festivas decoraciones. La cena fue un éxito, y todos los presentes se sintieron aceptados y queridos.

La hospitalidad no es sólo para ciertas amas de casa que tienen casas grandes o un don especial para organizar una fiesta. El mandato es para todos los creyentes: "Hospedaos los unos a los otros sin murmuraciones. Cada uno ponga al servicio de los demás el don que ha recibido, como buenos administradores de la multiforme gracia de Dios" (1 Ped. 4:9, 10).

No importa la experiencia o capacidad que tenga. Lo que cuenta es ofrecer lo que el Señor le ha dado. Dios usa todo para su gloria. Su hogar y pertenencias se convierten en una bendición multiplicada cuando los brinda a otros.

Padre Dios, usa todo lo que tengo para tu gloria: mi hogar, mis finanzas, mis talentos y habilidades. Todo lo que tengo es tuyo.

Usted es misionero

LECTURA BÍBLICA: Romanos 10:1-15
VERSÍCULO CLAVE: Romanos 10:14

¿Cómo, pues, invocarán a aquel en quien no han creído? ¿Y cómo creerán a aquel de quien no han oído? ¿Cómo oirán sin haber quien les predique?

Hojeando el boletín de la iglesia al acomodarse en el asiento el domingo, nota que el tema del sermón es "misiones". Para sus adentros se tranquiliza un poco, en espera de relatos de personas en lugares extraños, en lugar de un mensaje de desafío y convicción.

Cuando empieza a hablar el pastor, usted deja de escuchar. Después de todo, usted no es misionero. Ni siquiera conoce personalmente a uno. ¿Por qué habría de escuchar?

Por una buena razón: Jesús dio la Gran Comisión a todos sus seguidores (Mat. 28:18-20). Dios es el que constriñe, salva y santifica, pero lo llama a usted a ser parte de ese proceso sobre la tierra siendo un testigo de Cristo.

¿Desobedece si no deja su casa para contarles a otros de Jesús? No. Dios no llama a todos los creyentes para ser misioneros en lugares lejanos. Quiere que la mayoría de sus hijos se queden en casa y sean un testimonio para los que los rodean.

Pero si es un misionero en casa, tiene también el privilegio y responsabilidad de mantener a los que Dios ha llamado. Como hermanos y hermanas en Cristo y compañeros de labor, ellos necesitan su oración y aliento diario.

La próxima vez que alguien hable de las misiones, escuche atentamente. Usted también es misionero.

Maestro, me has llamado a ser un testigo. Soy misionero. Ayúdame a entender y cumplir este mandato divino.

Pueblo en proceso

LECTURA BÍBLICA: Mateo 13:3-9, 18-23
VERSÍCULO CLAVE: Mateo 13:23

Pero el que fue sembrado en buena tierra, éste es el que oye la palabra y la entiende, el que de veras lleva fruto y produce, uno a ciento, otro a sesenta, y otro a treinta por uno.

La semilla y la tierra están conectadas inseparablemente en el ciclo de crecimiento de la naturaleza. La buena semilla tiene que estar bien plantada en la tierra para que pueda haber cosecha.

La parábola del sembrador que Jesús contó basada en tierra y semilla es muy conocida. Su mensaje es claro: es la condición del terreno, no el contenido de la semilla ni las acciones del sembrador lo que determina la respuesta de uno al evangelio de Cristo.

Esto debe generar un suspiro de alivio a los muchos evangélicos fervientes que se preguntan por qué la gente no acepta a Cristo como su Salvador instantánea y entusiásticamente cuando se les presenta el evangelio. No necesitamos cargar con pensamientos como: Si no me hubiera olvidado el cuarto punto quizá el resultado hubiera sido distinto. Ni tenemos que correr para anotarnos en otro curso más de estudio sobre evangelización.

La semilla, la Palabra de Dios, es siempre buena. Es la tierra —el corazón, la personalidad, la voluntad y las emociones de la persona— la que tiene que estar preparada para aceptar a Cristo.

Dios obra por medio de su Espíritu a través de personas y circunstancias para acercar a hombres y mujeres a Cristo. La evangelización es un proceso, y dar a conocer su fe es parte de él. Pero no se desanime si la respuesta es negativa. Cuando las condiciones sean las correctas, la fe florecerá.

Amado Señor, obra por medio de tu Espíritu para acercar a Cristo a los que me rodean. Cuando el momento sea el correcto, ayúdame a dar a conocer el evangelio de modo que florezca la fe.

El plan de Dios para su vida

LECTURA BIBLICA: Romanos 1:14-16
VERSICULO CLAVE: Romanos 1:16

Porque no me avergüenzo del evangelio; pues es poder de Dios para salvación a todo aquel que cree, al judío primero y también al griego.

En su libro *In the Gap* (En la brecha) sobre misiones mundiales, David Bryant incluye la carta de un joven estudiante cuyos ojos espirituales habían sido abiertos y ahora comprendía la importancia del espíritu misionero:

> Lo que realmente me impactó más fue el hecho de que Dios quiere que vivamos más allá de meramente obtener cosas en la vida. Aun como creyente me veía recibiéndome de la universidad como un alumno promedio, interesado únicamente en pasar las materias, salir y conseguir un empleo. Me estaba sintiendo atrapado por mi carrera en educación especial, porque prepararme para ella me estaba llevando demasiado tiempo y energía.
>
> Pero cuando Dios me habló de ser parte de la gran aventura de la vida siendo un creyente mundial, empecé a ver mi carrera a través de sus ojos. Veo ahora que mi carrera en el campo de la educación especial tiene importancia en la medida en que se relaciona con el plan total de Dios para la vida del creyente mundial.

Quizá también usted se siente atrapado por su carrera o familia. Estas no son un lastre, ya que el trabajo y la familia son partes integrales del plan de Dios. Consiga información en su iglesia local sobre la necesidad de orar y dar para apoyar las misiones.

El plan de Dios para su vida es más grande de lo que se imagina.

Padre celestial, dame un espíritu misionero. Conviérteme en un creyente global. Abre mis ojos espirituales a fin de ver nuevas oportunidades para involucrarme en tu plan divino.

Usted es un ministro

LECTURA BÍBLICA: Zacarías 4:5-7
VERSÍCULO CLAVE: Colosenses 1:27

*A éstos, Dios ha querido dar a conocer cuáles son las rique-
zas de la gloria de este misterio entre las naciones, el cual
es: Cristo en vosotros, la esperanza de gloria.*

Tenía diez años de ser cristiano y a menudo oraba que Dios le per-
mitiera trabajar en una organización cristiana. Sin embargo, a través
de los años Dios no le proveyó ningún cambio de trabajo. Por fin
comenzó a preguntarse: ¿Cómo puede Dios usarme en un lugar como éste?

Muchas veces consideramos que los que trabajan en las iglesias y
ministerios hacen el trabajo más importante en el reino de Dios. Sí es
importante, pero también lo es lo que usted está haciendo en el lugar
donde está. Sólo usted puede lograr lo que Dios le ha dado para
hacer. Trabajar en una organización cristiana no es más sagrado que
trabajar en una fábrica o en un almacén, siempre y cuando su motivación sea honrar a Dios.

Puede ser que trabaje con alguien que ha sido atrapado por el
pecado. Usted no lo sabe, pero él se siente indefenso y ansía tener
una salida. Porque usted conoce el Camino, también conoce a aquel
que puede penetrar su oscuridad con la luz de la vida y la esperanza
eternas.

Usted es un ministro del evangelio en el lugar donde Dios lo ha
plantado. Dele gracias a él por haberle dado esa oportunidad, y tome
las medidas para aprovecharla. Usted es la esperanza para un mundo
perdido y moribundo (Col. 1:27).

*Dios todopoderoso, gracias por la oportunidad de ser un
ministro. Enséñame cómo aprovecharla. ¡Úsame hoy mismo, aquí donde estoy!*

Os envío a vosotros

LECTURA BÍBLICA: Juan 20:19-23
VERSÍCULO CLAVE: Juan 20:21

Entonces Jesús les dijo otra vez: "¡Paz a vosotros! Como me ha enviado el Padre, así también yo os envío a vosotros."

Jorge Grenfell (1849-1906), misionero y explorador del Congo, escribió lo siguiente en su diario:

> ¡Gracias a Dios hemos regresado a salvo! Podía no haber sido así porque hemos enfrentado no pocos peligros. Pero los vendavales, que a veces eran sencillamente terribles, y las rocas en el río que hicieron tres agujeros en la embarcación a vapor cuando huíamos de los caníbales en la noche, no nos han destrozado. Hemos sido atacados por aborígenes unas veinte veces, hemos sido apedreados y atacados con flechas, y hemos sido el blanco de más lanzas de las que puedo contar.

Durante treinta y dos años, Grenfell trabajó en Africa plantando iglesias. Su autobiografía parece más una novela de guerra que un informe misionero. Detalla tremendos sufrimientos, peligros y desencantos. Tenaz en sus esfuerzos por extender el evangelio emprendió seis viajes río arriba por el Congo. El resultado fue el establecimiento de varios puntos misioneros en un área que, hasta su llegada, había sido inalcanzable.

Esta no es una época para creyentes flojos. Grenfell navegó por el Congo para la gloria del evangelio. Cuando enfrente usted pruebas, recuerde estas palabras: "así también yo os envío a vosotros", y al que las dijo (Juan 20:21).

Amado Dios, esta no es una época para creyentes flojos. Aumenta mi consagración y compromiso de cumplir tu llamado. Tú me has enviado. Voy.

Manteniéndose en el camino

LECTURA BÍBLICA: Filipenses 3:7-10
VERSÍCULO CLAVE: Filipenses 3:8

Y aun más: Considero como pérdida todas las cosas, en comparación con lo incomparable que es conocer a Cristo Jesús mi Señor. Por su causa lo he perdido todo y lo tengo por basura, a fin de ganar a Cristo.

*J*esús fue muy claro cuando impartió sus instrucciones finales a sus seguidores: "Por tanto, id y haced discípulos a todas las naciones, bautizándoles en el nombre del Padre, del Hijo y del Espíritu Santo" (Mat. 28:19).

Esta es la misión de la iglesia. Algunas iglesias se desvían de esta verdad de las Escrituras. Otras sufren por falta de un liderazgo centrado en Cristo, con muchas fricciones entre pastor y colaboradores. Y algunos líderes pierden la confianza de la congregación al pecar deliberadamente. Si no se enfrentan, estos problemas empantanan a la iglesia y provocan el olvido de su propósito principal.

Observe seriamente la vitalidad y actividad de su iglesia:

• ¿Es la enseñanza de la Biblia una prioridad?
• ¿Enfatiza la evangelización?
• ¿Los hermanos están involucrados en servir a la comunidad?
• ¿Satisface el culto de adoración las necesidades en su vida?
• ¿Se dan oportunidades de comunión y mutuo apoyo?

Si sus respuestas a estas preguntas no son satisfactorias, pídale a Dios que le muestre cómo orar por sus líderes. Esté dispuesto a obedecerle, y haga que su meta sea rendir culto a Dios con hermanos consagrados a Cristo por sobre todas las cosas.

Oh Señor, haz que mi iglesia sea un centro donde tu Palabra, la adoración y evangelización se enfatizan. Impúlsanos a servir a nuestra comunidad. Haz que nuestra comunión sea de apoyo mutuo. Bendice a los líderes. Ayúdanos a mantenernos en el camino para cumplir nuestra misión.

Espere en el Señor

LECTURA BÍBLICA: Salmo 27
VERSÍCULO CLAVE: Salmo 27:14

Espera en Jehovah. Esfuérzate, y aliéntese tu corazón. ¡Sí, espera en Jehovah!

Muchas veces nos referimos al "momento oportuno". La verdad es que mucho en la vida depende del "momento oportuno". Los corredores corren a un ritmo oportuno. El novio se declara en el momento que cree oportuno. Aun las estaciones del año cambian en su momento oportuno.

Considerar los momentos oportunos es especialmente crucial para el creyente. David aprendió sobre "el momento oportuno" al esconderse del rey Saúl. Si se hubiera adelantado a los planes de Dios y dado muerte al envidioso rey, no hubiera estado en sintonía con la voluntad del Señor.

Es probable que podamos mencionar al menos una ocasión cuando, en lugar de esperar en el Señor marchamos hacia adelante por nuestros propios medios. Sea que lo hayamos notado o no, nos perdimos una bendición tremenda.

Exigirse demasiado para lograr lo que usted quiere puede resultar en el cumplimiento de una meta, pero la victoria es siempre agridulce sin la unción de Dios. Abraham lo comprobó cuando se adelantó al plan de Dios para su vida. Agar fue la elección humana (Gén. 16). Sara fue la elección divina. Cuando espera usted en el Señor, pone en práctica su fe. Pídale que le muestre claramente el camino que ha elegido para su vida. Es mejor esperar y estar seguro, que adelantarse y recibir, al final de cuentas, lo que no era lo más excelente.

Padre celestial, sé que es mejor estar seguro que adelantarme y recibir lo que no es lo más excelente. Dame paciencia para esperar en lugar de actuar por mis propias fuerzas. Muéstrame con claridad el camino que has elegido para mí.

La formación del que alienta

LECTURA BÍBLICA: 2 Corintios 5:18-20
VERSÍCULO CLAVE: 2 Corintios 5:20

Somos embajadores en nombre de Cristo; y como Dios os exhorta por medio nuestro, rogamos en nombre de Cristo: ¡Reconciliaos con Dios!

$\mathcal{P}$ablo bosquejó en 2 Corintios las obligaciones que tenemos como creyentes que vivimos por la gracia de Dios. Primero, hemos de consolar a otros con el mismo consuelo que hemos recibido de Dios. Segundo, hemos de ser reconciliadores entre el hombre pecador y el Dios santo. En el griego original la palabra reconciliar denota un cambio de enemistad a amistad. La persona cambia su vida pecadora por una vida de perdón y gracia por medio de Jesucristo.

¿Cuántos conoce usted que se encuentran perdidos en pecado y aun así se sienten merecedores del amor de Dios? No muchos. La mayoría tiene un sentimiento de culpa abrumador. Creen que no hay forma que Dios los pueda amar. Pero Dios nos ama a cada uno incondicionalmente. Su perdón se basa no en lo que hacemos bien, sino en lo que Jesús hizo por nosotros en el Calvario.

Al ser salvos pasamos a ser representantes de su amor para aquellos que buscan desesperadamente ser libres del pecado. En relación con otros creyentes tenemos que ser alentadores, dedicándonos a sostenernos unos a otros en oración y amor.

Pídale a Dios que le guíe a lo largo de este día. Deje a un lado su actitud juzgadora y recuerde siempre que en el pasado estaba perdido en pecado hasta que Jesús se acercó a usted por medio de alguien dispuesto a contarle de su amor. Comprométase a ser digno de confianza. Cuando alguien le cuente algo confidencial, guárdelo con su vida y no lo traicione.

Padre Dios, quiero ser alentador. Muéstrame cómo consolar a otros y llevarlos a reconciliarse contigo.

Su posición en su lugar de trabajo

LECTURA BÍBLICA: Efesios 6:5-9
VERSÍCULO CLAVE: Colosenses 3:23

Y todo lo que hagáis, hacedlo de buen ánimo como para el Señor y no para los hombres.

El eslogan de una de las fábricas de automóviles más importantes es éste: "La calidad es nuestra prioridad". La compañía les dice a sus clientes que su prioridad es fabricar los mejores autos en su línea de producción. Cualquier fabricante sabe que el consumidor busca calidad en todo lo que compra. No queremos comprar cosas que sabemos son de segunda calidad y no representan el mejor esfuerzo de alguien.

El modo como realiza su trabajo cada día refleja su norma personal de calidad. Con cada tarea, o llamada telefónica, o reunión les muestra a los demás el valor que le da a su empleo y a su empleador. ¿Trabaja usted apenas lo suficiente como para pasar el día o trabaja al máximo de su capacidad?

Descubrirá una motivación real y permanente cuando comprenda que es a Cristo a quien le rinde cuentas (Col. 3:24).

Quizá su jefe es imposible o su empleo no es el que quisiera. O no le pagan lo que opina que debieran pagarle. Recuerde, Jesús es el que comprende sus necesidades y le da la fuerza para cada tarea, no importa lo difícil o trivial que parezca.

En cada empleo, su meta es la misma, conducir a los que le rodean a su Salvador y Señor por medio de trabajar con una pasión por lograr la excelencia.

Señor, ayúdame a trabajar con una pasión por lograr la excelencia en todo lo que hago. Ayúdame a recordar que te rindo cuentas a ti. Haz que mis normas personales conduzcan a los que me rodean hacia ti.

Riesgos al obedecer a Dios

LECTURA BÍBLICA: Lucas 5:1-11
VERSÍCULO CLAVE: Lucas 5:4

Cuando acabó de hablarles, dijo a Simón: "Boga mar adentro, y echad vuestras redes para pescar".

En cuanto Jesús terminó de hablar a la multitud desde la proa de la barca de Pedro, se volvió hacia el curtido pescador y le dijo: "Sal mar adentro y tira las redes para tener la mejor pesca de tu vida".

La idea intrigó a Pedro pero, ¿era práctico? Él era un líder, un hombre a quienes los demás recurrían para saber las cosas del mar. La sugerencia de Jesús parecía ridícula, si no una locura. Nadie pescaba en el mar de Galilea durante el día. Pescaban de noche y en agua de poca profundidad.

No obstante, Pedro respondió obedientemente: "Maestro... por tu palabra echaré la red" (Luc. 5:5). Haciendo caso omiso a las miradas de sus compañeros, Pedro levantó las velas de la embarcación y navegó mar adentro. El resultado de su obediencia fue una abundancia de peces, tantos que las redes empezaron a romperse y el bote empezó a hundirse.

¿Sobre qué cosa en su vida ha puesto Dios su dedo que requiere que navegue mar adentro? ¿Es un nuevo trabajo, una relación que necesita enmendarse, una meta no cumplida?

Pedro no estaba solo en la embarcación, ni lo está usted. Jesús navegó con él. Así que levante el velamen de su vida, hágase a la mar y ¡prepárese para una gran pesca!

Amado Padre celestial, sé que hay riesgos, pero estoy listo. Estoy dispuesto a dejar mi cómodo lugar. Levanto el velamen de mi vida, me hago a la mar y me preparo para una gran pesca.

OCTUBRE

TEMA

El camino al avivamiento

QUE REPRESENTA:
Concentrarse en la Palabra y alabar a Dios

VERSÍCULOS CLAVE: 2 Timoteo 3:16, 17

Toda la Escritura es inspirada por Dios y es útil para la enseñanza, para la reprensión, para la corrección, para la instrucción en justicia, a fin de que el hombre de Dios sea perfecto, enteramente capacitado para toda buena obra.

¡Los cautivos retornaban! Después de años de cautividad en Babilonia, el pueblo de Dios se abría camino por los cerros rocosos en su regreso hacia la tierra prometida. Entre la multitud de viajeros había un hombre llamado Esdras, quien "había preparado su corazón para escudriñar la ley de Jehovah y para cumplirla, a fin de enseñar a Israel los estatutos y los decretos" (Esdras 7:10).

El libro de Esdras y Nehemías 8 relatan el avivamiento ocurrido cuando Esdras guió al pueblo de Dios a renovar su dedicación a la Palabra de Dios, la oración y la meditación.

Siguiendo el ejemplo de Esdras, nuestra jornada espiritual este mes nos lleva a renovar nuestra dedicación a la Palabra de Dios, la oración y la meditación. Aprenderemos el poder de la alabanza y descubriremos los beneficios de la meditación: de sentarnos y esperar en la presencia de Dios.

¿Está listo para empezar? Tome su Biblia y una taza de café. Encuentre un rincón quieto. Desconecte el teléfono. Ponga el letrero NO MOLESTAR y ¡en marcha!

Reuniéndose con Dios

LECTURA BÍBLICA: Salmo 63
VERSÍCULO CLAVE: Colosenses 4:2

Perseverad siempre en la oración, vigilando en ella con acción de gracias.

¿Es usted devoto de la alabanza, la oración y la Palabra? Este tipo de consagración a tener comunión con Dios —contarle sus anhelos más profundos y alabarle por su bondad— no es ningún misterio. No es un secreto espiritual que sólo unos pocos escogidos saben. Siguiendo ciertos pasos básicos de preparación, usted puede desarrollar el hábito de reunirse con Dios regularmente:

Establezca una hora concreta. Con los horarios febriles y las presiones cotidianas es fácil dejar que pase el día a menos que hayamos hecho una "cita" con Dios. Considere este momento de adoración como si fuera el compromiso de una reunión a la cual no puede faltar, y posponga otros compromisos en su lista para otro momento.

Establezca un lugar concreto. Es mejor encontrar un rincón quieto o un lugar solitario donde no será interrumpido.

Establezca un propósito concreto. Prepare su corazón con el estudio de la Biblia y acérquese al Señor con el deseo de lograr una relación cada vez más íntima con él. Si se lo pide, Dios le dará una pasión creciente de conocerle más. Entonces el momento con Dios será el momento que no querrá perderse.

Señor Jesús, profundiza mi relación contigo a medida que renuevo mi dedicación a la oración, la meditación y la Palabra. Ayúdame a lograr que mi cita regular contigo sea una prioridad.

Caminar con Dios

LECTURA BÍBLICA: Salmo 23
VERSÍCULO CLAVE: Salmo 23:3

Confortará mi alma y me guiará por sendas de justicia por amor de su nombre.

*P*iense en las veces cuando usted y un amigo caminaron juntos por una senda en el campo, o por una playa, o por su vecindario. Quizá conversaron de sus preocupaciones, o de cosas placenteras, o hablaron poco. Sencillamente disfrutaron de la compañía de un buen amigo.

Este es el tenor alentador que puede describir su relación con Jesucristo. La Biblia menciona en varias oportunidades a hombres que caminaron con Dios (Gén. 5:22; 6:9). En el Nuevo Testamento se insta a los creyentes a caminar en el Espíritu, a mantener el paso con el liderazgo del Espíritu. La idea grandiosa, arrolladora en todos los casos, es que podemos disfrutar de la amistad del Cristo personal.

Es cierto, Dios quiere obediencia y santidad. Pero cuando caminamos con él —hablando, escuchando, contándole nuestras cosas, confesando— logramos características espirituales como esas con naturalidad. Dios es nuestro amigo. Nos hizo para disfrutar de gozosa comunión con él. Se deleita en nuestra buena compañía, tomándose el tiempo para revelarnos su carácter, amor y sabiduría.

Usted puede ser completamente honesto con el Padre. Puede hablar con él de cualquier cosa. Él no se avergüenza, y usted jamás será condenado.

Su vida en Cristo es una relación, y es con el mejor Amigo que puede tener. Disfrute de su compañía y venga ante su presencia con un corazón gozoso.

Señor, tú eres mi mejor amigo. Vengo ante tu presencia para hablar, escuchar, confesar y contarte mis cosas. Gracias por tu amistad.

Creado para alabar

LECTURA BÍBLICA: Salmo 19
VERSÍCULOS CLAVE: Salmo 19:1-4

Los cielos cuentan la gloria de Dios, y el firmamento anuncia la obra de sus manos. Un día comunica su mensaje al otro día, y una noche a la otra declara sabiduría. No es un lenguaje de palabras, ni se escucha su voz; pero por toda la tierra salió su voz y hasta el extremo del mundo sus palabras.

Nuestro Hacedor diseñó toda la creación con el propósito de que fuera para la alabanza de su gloria. La planta más pequeña y la montaña más alta dan testimonio del poder y del amor de Dios. El canto de los pájaros, el chirrido de los grillos y el croar de las ranas agregan sus voces especiales al coro universal.

Los que aman la naturaleza y las maravillas del ambiente desde una perspectiva sin Dios no pueden comprender su verdadero mensaje. La intención de Dios es que la majestuosidad de la creación, aunque sus manifestaciones están ahora contaminadas por el pecado, nos muestren el camino a él (Rom. 1).

¿Ha estado alguna vez afuera en una noche clara, lejos de las luces que interfieren? Es imposible contar los miles de estrellas en el firmamento. En ese momento al aire libre puede sentirse tan sobrecogido que enmudece.

El Salmo 8:1 es una maravillosa oración: "Oh Jehovah, Señor nuestro, ¡cuán grande es tu nombre en toda la tierra! Has puesto tu gloria sobre los cielos".

Oh Jehovah, Señor nuestro, ¡cuán grande es tu nombre en toda la tierra! ¡Has puesto tu gloria sobre los cielos!

Preparación para la alabanza

LECTURA BÍBLICA: 1 Crónicas 16:1-36
VERSÍCULO CLAVE: 1 Crónicas 16:24

Contad entre las naciones su gloria,
entre todos los pueblos sus maravillas.

*H*ay iglesias que realizan cultos especiales dedicados exclusivamente a la alabanza. Se deja a un lado el orden del culto acostumbrado para que todo el tiempo se dedique a ser un acto de adoración al Señor. El canto, la oración y los testimonios personales de la bondad de Dios son con frecuencia los ingredientes clave de estas reuniones.

La idea de un culto de alabanza no es nueva. En la época del rey David, se disponían a trasladar el arca del pacto a Jerusalén después de que había estado durante meses en la casa de Obed-edom (1 Crón. 14-16). Anteriormente, David había cometido un grave error causando la ira del Señor. Había decidido llevar el arca a Jerusalén transportándola en una forma opuesta a lo que Dios había ordenado.

David aprendió bien su lección, y su corazón estaba lleno de regocijo por la bendición que pronto recibiría su pueblo como resultado de la obediencia. Siguiendo sus instrucciones los sacerdotes ofrecieron sacrificios quemados a Dios. Y le dieron un pan y algo de carne a cada hombre y mujer del país, y los ánimos rebosaban de alegría anticipando el futuro.

Luego se llevó a cabo la parte final y más importante de la preparación para adorar a Dios: "También [David] puso delante del arca de Jehovah a servidores de entre los levitas para que invocasen, dieran gracias y alabasen a Jehovah Dios de Israel" (1 Crón. 16:4). David consagró un tiempo de alabaza, y eso es lo que Dios quiere que usted haga en respuesta a sus obras.

Señor, prepara mi corazón para la alabanza. Haz que aprenda su valor y que la practique regularmente en respuesta a tus maravillosas obras.

El remedio para el corazón afligido

LECTURA BÍBLICA: 1 Pedro 2:1-10
VERSÍCULO CLAVE: 1 Pedro 2:9

Vosotros sois linaje escogido, real sacerdocio, nación santa, pueblo adquirido, para que anunciéis las virtudes de aquel que os ha llamado de las tinieblas a su luz admirable.

Alabar al Señor es una parte natural de lo que queremos hacer cuando todo nos va bien. Pero es más difícil ser efusivos con nuestro agradecimiento en esos días cuando la refrigeradora no enfría, o los hijos están enfermos, o el mecánico nos da malas noticias del auto.

Dios comprende cómo funcionan nuestras emociones; él las hizo. También sabe cuál es el remedio para el corazón cargado de preocupaciones e irritaciones: la alabanza.

La alabanza centra su atención en Dios. Cuando observa larga y deliberadamente el carácter y los caminos del Señor que lo amó tanto que murió por usted, deja de mirar sus dificultades y fija su vista en la habilidad divina de cuidarlo.

La alabanza aumenta su fe. Contarle a Dios lo que ama de él siempre incluye recitar sus acciones poderosas y portentosas a favor de usted en el pasado. Puede mirar hacia atrás a las ocasiones cuando demostró su providencia especial justo en el momento cuando la necesitaba y agradecerle por ellas. Este proceso produce un corazón que se expande de gozo y fe firme en él.

La alabanza le da un sentido de identidad. Cuando alaba a Dios actúa como alguien que le pertenece. Según 1 Pedro 2:9 usted es parte de un "pueblo adquirido, para que anunciéis las virtudes de aquel que os ha llamado de las tinieblas a su luz admirable". Esta es razón suficiente para alabarle por siempre jamás.

Señor, en esos días difíciles —cuando no tengo ganas— igual te quiero alabar. Gracias por sacarme de las tinieblas a la luz. Esta es razón suficiente para alabarte por siempre jamás.

Un corazón lleno de auténtica alabanza

LECTURA BÍBLICA: Juan 12:1-8
VERSÍCULOS CLAVE: Salmo 73:25, 26

¿A quién tengo yo en los cielos? Aparte de ti nada deseo en la tierra. Mi cuerpo y mi corazón desfallecen; pero la roca de mi corazón y mi porción es Dios, para siempre.

La escena resulta familiar. Jesús se encontraba en casa de Lázaro en Betania, reclinado a la mesa con sus amigos. ¡Le gustaba estar allí! Pero la dinámica de la relación entre ellos había cambiado mucho. Apenas hacía seis días que Jesús había resucitado a Lázaro con un milagro que hizo brotar la fe en muchos.

La relación de María con el Señor también había cambiado. Ella sabía que el momento de la muerte de él se acercaba. Warren Wiersbe comenta: "Ella ungió tanto su cabeza como sus pies. Era un acto de puro amor de su parte, pero sabía que el Señor pronto tendría que aguantar sufrimientos y muerte. En cierto sentido María estaba mostrando su devoción a Jesús antes de que fuera demasiado tarde... Su acto de amor y adoración fue público, espontáneo, sacrificado, espléndido, personal y sin nada de vergüenza".

Se arrodilló en silencio junto a Jesús a la mesa y, sin decir palabra, echó delicadamente hasta la última gota del perfume sobre los pies de él. Luego secó las costosas gotas con su cabello hasta que toda la casa se llenó del aroma de nardos y con la fragancia aun más dulce de su sacrificio.

La alabanza no tiene una definición exclusiva y limitada. Alabanza puede ser la ofrenda suave, silenciosa de María que expresaba su anhelo de adorar. Alabanza es cantar canciones y orar a solas. Al ir creciendo en el Señor, su alabanza se expresará de muchas formas; y todas son dignas si son motivadas por su amor a Dios.

Maestro, dame un corazón lleno de auténtica alabanza. Espontáneo, espléndido, personal, sin temor. ¡Te alabo!

El cordón umbilical que lo une a Dios

LECTURA BÍBLICA: Jeremías 33:1-3
VERSÍCULO CLAVE: Salmo 17:6

Yo te invoco, porque tú oirás, oh Dios. Inclina a mí tu oído; escucha mi palabra.

¿Cuántas veces se queda dormido en la noche sin haberle dicho a Dios que lo ama? Dios no está bajo el control de sus emociones, pero también las tiene. Piense en Jesús llorando ante la tumba de Lázaro, mirando compasivamente el rostro de María al ungirle con el óleo, o cambiando sus planes del día para encontrarse con la mujer junto al pozo. Su amor, su profundo sentimiento de preocupación por el bienestar de los demás, lo motivó a extender su mano al prójimo.

Nosotros le extendemos nuestra mano a él por medio de la oración. Este es el cordón umbilical que lo une a Dios. Si se daña por medio del pecado o la indiferencia, su comunión con él es lo primero que sufre. La intención del enemigo es apartarlo del tiempo que le corresponde pasar con Cristo en oración. Hará lo que sea para distraerlo, desanimarlo y provocarlo a dudar de la buena voluntad de Dios para su vida.

¿Cómo luchar contra este tipo de actividad encubierta? Para empezar, sea creativo en sus minutos de oración. Dios conoce su horario cotidiano. Pídale que le ayude a organizar su día para poder dedicarle más tiempo a él en algún momento. Levantarse más temprano o acostarse más tarde son dos opciones sencillas.

La clave está en su corazón. Dios ve sus intenciones: buenas o malas. Si usted es sincero en su deseo de orar, él abrirá la puerta para que haya intimidad entre usted y su Hijo.

Padre, fortalece los cordones de oración que unen mi espíritu con el tuyo. Ayúdame a organizar mi día a fin de que pueda pasar más tiempo contigo. Abre la puerta para que haya intimidad entre nosotros.

Enséñanos a orar

LECTURA BÍBLICA: Lucas 11:1-4
VERSÍCULO CLAVE: Marcos 1:35

Habiéndose levantado muy de madrugada, todavía de noche, Jesús salió y se fue a un lugar desierto y allí oraba.

El primer capítulo del Evangelio de Marcos nos brinda un vislumbre poco común de los primeros días del ministerio de Jesús. Todavía no había elegido a los doce discípulos, pero Andrés, Santiago, Juan y Pedro ya se perfilaban como seguidores de Cristo.

En Marcos 1:35-37 leemos por primera vez algo de la vida de oración de Jesús: "Habiéndose levantado muy de madrugada, todavía de noche, Jesús salió y se fue a un lugar desierto y allí oraba. Simón y sus compañeros fueron en busca de él. Le encontraron y le dijeron: 'Todos te buscan'".

La conducta de Cristo no seguía las normas. No siempre iba al templo a orar como lo hacían todos los demás. En cambio, se levantaba temprano para estar a solas con Dios. Su meta al orar no era cumplir un rito, era comunicarse con su Padre celestial y obtener renovación para su alma.

Más adelante Lucas describió una escena distinta al relacionarse Jesús con esos mismos discípulos. Ahora tenían sed de las experiencias que Jesús estaba viviendo con su Padre. También ellos querían conocer este tipo de santa comunión por lo que rogaron: "Señor, enséñanos a orar" (Luc. 11:1).

Dios nos ama y quiere que sintamos su amor. ¿Anhela usted, tal como los discípulos, que el Señor le enseñe a orar?

Enséñame a orar, Señor. Quiero vivir la misma experiencia de comunión íntima que tenías con el Padre. Ayúdame a reservar el tiempo para aprender.

Protección para la oración

LECTURA BÍBLICA: Efesios 6:11-18
VERSÍCULO CLAVE: Efesios 6:11

Vestíos de toda la armadura de Dios, para que podáis hacer frente a las intrigas del diablo.

Ha llegado la noche y es tarde. Se sienta usted para disfrutar de la Palabra de Dios y orar. Pero en cuanto inclina su rostro, se distrae. Aparece un pensamiento malo y no se va. "¿De dónde salió?", se pregunta. Otra vez procura centrarse en el Señor. Pero en cuestión de minutos siente más y más sueño. Cuando se despierta se da cuenta de que ya es la mañana siguiente.

Esta escena es frecuente, y por una razón. Satanás está contento cuando usted no puede mantener la atención y siente que su vida de oración es un fracaso. Sabe que Dios lo puede usar con mayor eficacia cuando ora, y perjudicar su vida de oración es el modo más rápido de anular su habilidad de servirle.

Por eso Dios le ha dado una protección especial para sus oraciones. La armadura espiritual que protege su fe tiene también el propósito de mantenerle firme y fuerte al hablar con Dios. La coraza de justicia mantendrá pura su mente; el escudo de la fe le ayudará a "apagar todos los dardos de fuego del maligno" (Ef. 6:16).

Pídale a Dios que lo vista de su armadura cuando ora. Confíe en que Dios protegerá su momento con él. Si usted falla, no se deprima. Dios sigue esperándolo. La victoria en la batalla es suya.

Dios todopoderoso, recurro a tu protección para la oración: la coraza de justicia, el escudo de la fe, el casco de la salvación, el cinturón de la verdad. ¡La victoria en la batalla de la oración es mía!

Orar en tiempos de crisis

LECTURA BÍBLICA: Santiago 5:13-18
VERSÍCULO CLAVE: Filipenses 4:6

Por nada estéis afanosos; más bien, presentad vuestras peticiones delante de Dios en toda oración y ruego, con acción de gracias.

¿Ha tenido ocasión de notar cómo reaccionan las ardillas cuando ven venir un auto? Muchas veces corren al costado del camino pero luego vuelven al medio. Van y vienen llenas de indecisión y muchas veces llevan las de perder.

¿Cómo reacciona usted ante las crisis? ¿Tranquilo y seguro, o va de acá para allá buscando desesperadamente una solución?

Cuando oramos Dios nos presta atención. Aunque no hay instante en que no estemos en sus pensamientos, la oración nos lleva a una relación aun más cercana con él. Él ve nuestra fe y responde con fidelidad.

Dios sabe cuándo enfrentamos una crisis, y va delante nuestro para dar una solución que nos favorece.

El apóstol Pablo nos dice: "Por nada estéis afanosos; más bien, presentad vuestras peticiones delante de Dios en toda oración y ruego, con acción de gracias. Y la paz de Dios, que sobrepasa todo entendimiento, guardará vuestros corazones y vuestras mentes en Cristo Jesús" (Fil. 4:6, 7).

Oh Señor, muchas veces me lleno de pánico ante las crisis y busco desesperadamente mis propias soluciones, sin notar que has ido delante de mí para abrir un camino. Calma mis ansiedades y enséñame a confiar en ti.

Venga tu reino

LECTURA BÍBLICA: Mateo 6:5-15
VERSÍCULO CLAVE: Mateo 26:39

Pasando un poco más adelante, se postró sobre su rostro, orando y diciendo: "Padre mío, de ser posible, pase de mí esta copa. Pero, no sea como yo quiero, sino como tú".

C. S. Lewis escribió: "La oración es una petición. La esencia de una petición, a diferencia de una compulsión, es que puede o no ser atendido. Y si un Ser infinitamente sabio escucha las peticiones de criaturas limitadas y necias, es claro que a veces las concederá y a veces no". Se nota claramente que Lewis escribía por experiencia porque más adelante comentó: "Si Dios me hubiera concedido todos las peticiones tontas hechas en mi vida, ¿dónde estaría ahora?"

¿Alguna vez ha pensado en situaciones del pasado y se ha sentido agradecido de que Dios no le dio lo que quería? Es una experiencia común. Como seres humanos no podemos ver la vida desde la perspectiva infinita y omnisciente de Dios.

Por eso Jesús nos enseñó cómo orar con estas palabras: "Padre nuestro que estás en los cielos: Santificado sea tu nombre, venga tu reino, sea hecha tu voluntad, como en el cielo así también en la tierra" (Mat. 6:9, 10). Nos dijo que empezáramos con el humilde reconocimiento que nosotros no sabemos lo que es mejor, pero que Dios sí lo sabe.

En el huerto de Getsemaní, un poco antes de su arresto y crucifixión, Jesús oró: "Padre mío, de ser posible, pase de mí esta copa. Pero, no sea como yo quiero, sino como tú" (Mat. 26:39). Es importante dejar a un lado todos los debates teológicos y reconocer que Jesús se sometió al Padre.

Si nunca ha agradecido a Dios por ser para usted un Padre sabio, empiece hoy.

Amado Dios, te agradezco por las veces que te negaste a concederme lo que pedí. Tú sabes lo que es mejor para mí. Gracias por ser un Padre sabio.

La prioridad de la oración

LECTURA BÍBLICA: Daniel 6
VERSÍCULO CLAVE: Salmo 84:2

Mi alma anhela y aun desea ardientemente los atrios de Jehovah.

El relato de Daniel en el foso de los leones es impresionante. La acción es tan cautivante que es fácil olvidar por qué el rey Darío lo había echado en el pozo con bestias hambrientas.

La razón de la ira de Darío no era tan dramática como lo fue el resultado. Fue Daniel, ocupándose silenciosamente de sus oraciones cotidianas. Su fidelidad, por lo general, no hubiera sido un problema, pero los enemigos de Daniel decidieron usarla en su contra logrando que se considerara un crimen orar a otro que no fuera Darío.

¿Cuál fue la reacción de Daniel?

Cuando Daniel supo que el documento estaba firmado, entró en su casa, y con las ventanas de su cámara abiertas hacia Jerusalén se hincaba de rodillas tres veces al día. Y oraba y daba gracias a su Dios, como lo solía hacer antes. Entonces aquellos hombres se reunieron y hallaron a Daniel rogando e implorando delante de su Dios (Dan. 6:10, 11).

Daniel no pensaba alterar su dedicación a la oración con el fin de protegerse. Podía haber orado en otra parte que no fuera su cuarto con ventanas. Él sabía que ceder sería demostrar una falta de fe.

Lo más importante es que la oración era más que una cuestión de mantener su postura. Daniel no quería renunciar a la oración porque era su manera de tener comunión con Dios todopoderoso.

Padre celestial, ayúdame a lograr que la oración sea una prioridad. Al hacer esta jornada espiritual buscando tu presencia cada día, sé que puedo contar con tu presencia.

Dedicado a la oración

LECTURA BÍBLICA: Mateo 14:13-23
VERSÍCULO CLAVE: Lucas 5:16

Pero él se apartaba a los lugares desiertos y oraba.

Aun con el gentío que lo apretujaba y presionaba constantemente con sus pedidos y quería estar con él, Jesús buscaba momentos para estar a solas con su Padre. Jesús demostró claramente lo que él creía ser la parte más importante de su comunión con Dios. A pesar de las demandas sobre su energía, hizo de su comunión con el Padre una prioridad.

¿Es la oración lo primero en su lista de quehaceres cotidianos? ¿Lo último? ¿Lo de en medio? Lea lo que el apóstol Pablo dijo a los creyentes en la iglesia de Colosas: "Perseverad siempre en la oración, vigilando en ella con acción de gracias" (Col. 4:2).

Perseverad es la palabra importante aquí, es "prestar constante atención". Tenemos que tomar la decisión consciente de apartar un tiempo para hablar con el Padre y escucharle a medida que obra en nuestro corazón por medio del Espíritu Santo y su Palabra.

Es muy importante determinar un tiempo específico para orar. Haga una "cita" con el Señor, y anótela en su lista de lo que debe hacer en el día. Si tiene en mente que está haciendo arreglos para tener un encuentro especial con Dios, le dará la importancia debida.

Puede luchar contra los clamores de su día para encontrar victoria y gozo en la oración, y un ingrediente vital para lograrlo es librarse de las distracciones evitables.

Pídale a Dios que le muestre lo valiosa que puede ser su relación con él.

Padre Dios, decido hoy apartar un momento para hablar contigo. Líbrame de las distracciones evitables. Muéstrame lo valiosa que puede ser nuestra relación.

Empiece un diario de oración

LECTURA BÍBLICA: 1 Tesalonicense 5:16-18
VERSÍCULO CLAVE: Salmo 48:9

Oh Dios, hemos pensado en tu misericordia, en medio de tu templo.

¿Ha considerado alguna vez el valor de tener un diario de oración? Es un registro de su relación con Dios por medio de la oración para poder recordar lo que habló con él.

Funciona así. Después de orar escriba en un cuaderno lo que usted dijo y la fecha. A medida que Dios contesta ese pedido en particular, táchelo con una línea de manera que todavía lo pueda leer, y escriba la fecha de la respuesta al final del renglón. Cuando repase el diario puede regocijarse en su providencia. Podrá afirmar: "Dios me ama. Se interesa por mí. Mi fe va en aumento, y él está obrando en mi vida".

Qué emocionante es repasar cómo, paso a paso, Dios se ha involucrado en cada situación y cómo usted ha ido creciendo espiritualmente al confiar en él, entregándole todos sus problemas y preocupaciones. Al abrirle su corazón siente su tierno cuidado.

Además, la oración es un proceso purificador. Dios cambia más que su actitud sobre cosas externas; le abre los ojos a los aspectos de su conducta y actitudes que antes no percibía. Al responder cuando lo redarguye, y hacer los cambios necesarios por medio del poder de él, su carácter va siendo más y más como el de Jesús.

Tener un diario de oración le ayudará a observar y a tener una crónica de este proceso para su propio bien y para el de los demás.

Señor, atesoro las maneras como me has contestado en el pasado. Mil gracias por amarme y obrar en mi vida.

Cambiar a otros por medio de la oración

LECTURA BÍBLICA: Colosenses 1:3-12
VERSÍCULO CLAVE: Colosenses 1:3

Damos gracias a Dios, el Padre de nuestro Señor Jesucristo, orando siempre por vosotros.

*P*ablo añoraba tiernamente a las iglesias que había ayudado a establecer porque estaba físicamente separado de ellas por el tiempo y la distancia. No obstante, podía orar por ellas presentando sus necesidades y deseos al Señor para que los atendiera. Usted puede hacer lo mismo por sus seres queridos, y a la vez que obre Dios en ellos, obrará también en usted.

La oración eficaz de Pablo por los creyentes colosenses se caracteriza por tres cualidades que transforman la vida.

Primera, era continua. Dijo: "no cesamos de orar por vosotros" (Col. 1:9). Cada vez que pensaba en ellos lo hacía con cariño y le pedía a Dios que los llenara de sabiduría y conocimiento de su voluntad.

Segunda, su oración se centraba en Dios. Ha de haber sabido de muchas necesidades particulares, quizá de alimento, o vestido, o protección de interferencias del gobierno. Pero Pablo no las listó en detalle; más bien, se concentró en quien es Dios y en lo que puede hacer, lo cual incluye un cuidado muy individual.

Tercera, en el área de la habilidad de Dios Pablo fue muy específico. Le pidió a Dios que les ayudara a andar como es digno del Señor Jesucristo, que les ayudara a ser obedientes, que les diera discernimiento en sus decisiones. Estos beneficios espirituales se aplican a cualquier situación.

Padre celestial, haz que sea fiel en orar por aquellos que me has confiado espiritualmente. Manténlos en un andar como es digno de ti. Dales discernimiento en sus decisiones y ayúdales a ser obedientes en responder a tus mandatos.

Orar con poder

LECTURA BÍBLICA: Colosenses 1:9-14
VERSÍCULO CLAVE: Hebreos 10:19

Así que, hermanos, teniendo plena confianza para entrar al lugar santísimo por la sangre de Jesús.

*U*na característica notable de las oraciones de Pablo es su poder. Era un evangelista dotado con un dominio del lenguaje que Dios usó para dar expresión a intensas verdades espirituales. Sus oraciones son un ejemplo de cómo puede usted acercarse a Dios en oración con la valentía y la confianza con que cuenta por el sacrificio de Jesús.

Las oraciones de Pablo trataban cuestiones e ideas que dan victoria en cualquier situación. En Colosenses 1:9 le pidió a los creyentes en la iglesia de Colosas: "que seáis lleno del conocimiento de su voluntad [la de Dios] en toda sabiduría y plena comprensión espiritual".

Necesitamos sabiduría infinita y rigurosa cada instante de nuestra vida, y pedirle a Dios que llene nuestro corazón y nuestra mente de sabiduría significa reconocer conscientemente que la necesitamos. Esta oración es a toda prueba porque se basa, en parte, en un promesa de sabiduría en Santiago 1:5, y orar partiendo de la base de las promesas de Dios es un modo excelente de estar seguros de que le pedimos algo que se encuentra dentro de sus propósitos.

La única motivación que impulsó a Pablo a pedirle sabiduría y poder a Dios fue glorificar a Cristo Jesús: "Para que andéis como es digno del Señor, a fin de agradarle en todo; de manera que produzcáis fruto en toda buena obra y crezcáis en el conocimiento de Dios" (Col. 1:10).

No tiene usted por qué conformarse con pedidos tímidos. Puede orar dentro del privilegio de su posición eterna como un ser amado en Cristo.

Padre, dame poder al orar. Dame valentía en lugar de timidez. Hazme un guerrero en el terreno espiritual.

Levante el nivel de sus oraciones

LECTURA BÍBLICA: Efesios 1:15-23
VERSÍCULO CLAVE: Santiago 4:2

Codiciáis y no tenéis; matáis y ardéis de envidia, pero no podéis obtener. Combatís y hacéis guerra. No tenéis, porque no pedís.

R. A. Torrey pilló desprevenidos a sus oyentes cuando citó Santiago 4:2: "No tenéis, porque no pedís." Pasó a explicar:

Estas palabras contienen el secreto de la pobreza y la impotencia del cristiano promedio, el pastor promedio y la iglesia promedio.

Muchos se preguntan: ¿Por qué tengo tan pocas victorias sobre el pecado? ¿Por qué gano a tan pocas almas para Cristo? ¿Por qué crezco tan despacio en la imagen de mi Señor y Salvador Jesucristo? Y Dios contesta... "Descuidas la oración. No tienes porque no pides".

Cuando los creyentes viven en una actitud de oración y reúnen las condiciones de la oración que prevalece, la oración tiene tanto poder hoy como la ha tenido siempre. Dios no ha cambiado, y su oído es tan rápido para escuchar la voz de la oración auténtica y su mano tan generosa y fuerte para salvar como siempre lo fue.

Cuando ora pídale a Dios que le revele su voluntad para su vida y la situación que enfrenta. No se deje dominar por las oraciones en que pide favores materiales. Dios provee donde hay una necesidad. Su mayor anhelo es que aprenda a confiar en él en sus oraciones.

La exhortación de Torrey es válida, y la única forma de recibir las bendiciones de Cristo es llegar a conocer al Dios de paz y consuelo. Levante el nivel de sus oraciones y verá las evidencias de la mano divina sobre su vida.

Levanta el nivel de mis oraciones, Señor. Revélame tu voluntad para mi vida y circunstancias, luego ayúdame a seguir obedientemente la senda que escogiste para mí.

Al orar por otros

LECTURA BÍBLICA: Romanos 15:29-33
VERSÍCULO CLAVE: Hechos 2:42

Y perseveraban en la doctrina de los apóstoles, en la comunión, en el partimiento del pan y en las oraciones.

La frase "ore por mí" se utiliza muchas veces con indiferencia, como el final típico de conversaciones entre creyentes en que se habla de problemas o dificultades. No tiene nada de malo usar esta expresión con frecuencia, por supuesto, pero la importancia del pedido puede diluirse cuando se convierte en un dicho rutinario.

El apóstol Pablo nunca pidió oraciones superficialmente. Cuando decía: "Orad por mí", confiaba plenamente en que los que escuchaban su pedido llevarían sus necesidades ante el Señor con toda seriedad y regularidad.

Pablo escribió: "Pero os ruego, hermanos, por nuestro Señor Jesucristo y por el amor del Espíritu, que luchéis conmigo en oración por mí delante de Dios" (Rom. 15:30). Sabía cuánto necesitaba la dirección y protección del Señor al incursionar en regiones potencialmente hostiles, rara vez sabiendo qué reacción generaría el mensaje del evangelio.

Dios no requiere de sus oraciones para actuar en la vida de otros; en cambio, permite que sus momentos de comunión con él sean usados como demostraciones de la participación divina en los asuntos cotidianos. En Romanos 15:32 Pablo expresó su expectativa del futuro y su deseo de encontrar "descanso" en la compañía de sus hermanos romanos. En parte, ese gozo mutuo era el resultado de la conexión vital de la oración, y esa es la satisfacción que usted puede recibir al orar por otros.

Oh Dios, es una responsabilidad solemne que me has encomendado. Hazme fiel en orar por otros regularmente.

Un templo para su presencia

LECTURA BÍBLICA: 2 Crónicas 7:12-18
VERSÍCULO CLAVE: 2 Crónicas 7:15

Ahora mis ojos estarán abiertos y mis oídos atentos a la oración hecha en este lugar.

Salomón acababa de completar la construcción del templo. Presentó sacrificios a Dios junto con su compromiso de seguir al Señor todos los días de su vida. Esto agradó a Dios y, en 2 Crónicas, reconoció la devoción de Salomón: "Ahora mis ojos estarán abiertos y mis oídos atentos a la oración hecha en este lugar" (2 Crón. 7:15).
Catherine Marshall dijo una vez:

Dios insiste en que oremos, no porque necesita saber nuestra situación, sino porque necesitamos la disciplina espiritual de pedir. De un modo similar, hacer que nuestros pedidos sean específicos nos obliga a dar un paso hacia adelante con fe.
La razón por la cual muchos de nosotros nos limitamos a vagas generalidades cuando oramos no es porque tengamos en alta estima a Dios, sino al contrario. Tenemos miedo de perder la poca fe que tenemos si oramos por algo concreto y no nos es concedido. Así que recurrimos al camino seguro de elevar oraciones muy "espirituales", el tipo que Jesús descartó porque no era oración, sino un mero "hablar consigo mismo" engañándose uno mismo.

Cuando Salomón contempló la gloria del templo de Dios recibió el impacto de la maravillosa realidad de la presencia divina a todo su alrededor. El *shekinah* (gloria) de Dios llenó literalmente el lugar.
Cuando ore deje que Dios exponga la verdadera devoción de su corazón. Pídale que lo limpie y le haga un templo digno de su presencia.

Maestro, expón la verdadera devoción de mi corazón. Límpiame y hazme un templo digno de tu presencia.

Señor, ¡hazme!

LECTURA BÍBLICA: Efesios 3:14-21
VERSÍCULO CLAVE: Efesios 3:16

Conforme a las riquezas de su gloria, os conceda ser fortalecidos con poder por su Espíritu en el hombre interior.

*E*n su libro *Caminemos con Cristo en los detalles de la vida*, Patrick Morley explica el crecimiento de la vida de oración:

Somos gente necesitada. Cuando Dios nos encontró estábamos consumidos por las necesidades: necesidades relacionales, emocionales, económicas, morales y espirituales. Resulta, pues, natural que hasta que nuestra vida temporal empiece a enderezarse, las necesidades temporales sean el tema de nuestras oraciones iniciales. La característica de nuestra oración en esta primera fase de nuestra vida espiritual es que son oraciones de petición.

Cuando vemos la fidelidad de Dios en cuidarnos, queremos aprender cómo seguirle. Llegamos a ese punto en que queremos cambiar la necedad de nuestras propias ideas por los caminos del Señor. En lugar de orar: "Señor, dame", empezamos a orar: "Señor, hazme". Entregarnos a la voluntad de Dios llega a ser preeminente en nuestra manera de pensar.

Esta madurez de actitud está implícita en la oración de Pablo por la iglesia de Efeso. Las preocupaciones diarias de los creyentes no eran diferentes de las de usted hoy, pero note lo que Pablo pidió para ellos: "Conforme a las riquezas de su gloria, os conceda ser fortalecidos con poder por su Espíritu en el hombre interior" (Ef. 3:16).

El Señor quiere que usted se acerque a él para hablar de los detalles aun más pequeños. Pero quiere que se sienta libre de orar también pidiendo riquezas espirituales.

Señor, ¡hazme! Me entrego a tu voluntad. Fortalece mi ser interior con poder por medio de tu Espíritu según tus riquezas en gloria.

Nuestro libro de texto

LECTURA BÍBLICA: 2 Timoteo 3:10-17
VERSÍCULO CLAVE: Salmo 119:2

Bienaventurados los que guardan sus testimonios y con todo el corazón le buscan.

Noah Webster, el erudito del siglo XIX famoso por su clásico diccionario en inglés, escribió lo siguiente en el prefacio de su edición estadounidense de la Biblia:

La Biblia es la causa moral principal de todo lo que es bueno, y el mejor libro para regular los... asuntos de los hombres... Los principios de auténtica libertad y sabias leyes y administraciones han de ser tomados de la Biblia y sostenidos por su autoridad. El hombre, pues, que debilita o destruye la autoridad divina de ese Libro puede ser cómplice de todos los males públicos que la sociedad está condenada a sufrir... Existen únicamente dos poderes, suficientes para controlar a los hombres y asegurar los derechos de individuos... la fuerza combinada de la religión y la ley.

A través de los siglos un sinnúmero de hombres y mujeres han dedicado y a veces sacrificado sus vidas por la causa de llevar la Palabra de Dios a pueblos que la necesitan desesperadamente. Desde los traductores y los eruditos en lenguas hasta los misioneros en todo el mundo han comprendido la importancia de que cada uno tenga acceso a una Biblia y pueda leerla en su propio idioma.

La mejor manera de atesorar las Escrituras es usarlas como describe 2 Timoteo 3:16, 17, como una guía viviente para la vida real. No la deje juntando polvo en un estante o junto a su cama. La verdad eterna de Dios tiene el poder de transformar su vida cuando le da la oportunidad de hacerlo.

Padre celestial, gracias por tu palabra. Me ha fortalecido. Me ha guardado. Me ha cambiado la vida.

No se desvíe de su Palabra

LECTURA BÍBLICA: Salmo 119:9-16
VERSÍCULO CLAVE: Salmo 119:105

Lámpara es a mis pies tu palabra, y lumbrera a mi camino.

La Biblia es tan relevante hoy como lo era cuando fue escrita. Las páginas de las Escrituras contienen principios eternos que explican la naturaleza y el plan redentor de Dios para la humanidad.

La Biblia también nos relata las diversas maneras como Dios trata a su pueblo. Hasta nos ayuda a comprendernos mejor a nosotros mismos. Las Escrituras son una fuente de aliento constante, indicándonos que tengamos esperanza en situaciones desesperantes y que busquemos a Dios y su victoria cuando el fracaso parece inminente.

Si realmente quiere conocer a Dios, conozca su Palabra. Todo lo que ha dicho por medio de las Escrituras tiene un propósito, no sólo para que tengamos una lista de reglas y reglamentaciones, sino para que lo conozcamos mejor a él.

Cuando no leemos ni estudiamos la Biblia nuestra comunicación con Dios se debilita. Desviarnos de su Palabra nos lleva a confiar en nosotros mismos y a aislarnos de Dios. Empezamos a vivir una vida separada de su voluntad tratando de lograr cosas por nuestros propios medios. Sin su dirección, la vida es vacía y decepcionante.

Nunca es demasiado tarde para desarrollar una relación fructífera con el Señor. El instante cuando toma en sus manos su Palabra, él toma la iniciativa y se revela a usted: "Lámpara es a mis pies tu palabra, y lumbrera a mi camino" (Sal. 119:105).

Dios todopoderoso, no quiero desviarme de tu Palabra. Es lámpara a mis pies y luz para mi camino. Sin ella no puedo realizar este peregrinaje espiritual.

Atesore la Palabra

LECTURA BÍBLICA: Deuteronomio 6:1-9
VERSÍCULO CLAVE: Deuteronomio 6:6

Estas palabras que yo te mando estarán en tu corazón.

¿Acostumbra a escribir listas? Muchos, antes de ir de compras, por lo menos anotan en un pedacito de papel lo que tienen que comprar. Es fácil olvidar los pequeños detalles que necesitamos y por eso preparamos listas para ayudarnos a recordar.

Muchas veces somos igualmente olvidadizos en lo que concierne a la Palabra de Dios. El Señor entiende nuestra natural debilidad y nuestra tendencia a descartar mentalmente los pensamientos que no nos parecen urgentes en el momento. Por eso ordenó a su pueblo que tuvieran sus palabras siempre presentes.

Estas palabras que yo te mando estarán en tu corazón. Las repetirás a tus hijos y hablarás de ellas sentado en casa o andando por el camino, cuando te acuestes y cuando te levantes. Las atarás a tu mano como señal, y estarán como memorial entre tus ojos. Las escribirás en los postes de tu casa y en las puertas de tus ciudades (Deut. 6:6-9).

En otras palabras, debían tener las Escrituras presentes en todos los momentos y aspectos de su vida cotidiana. ¿Cómo hacer lo mismo ahora? Busque algunos versículos relacionados con sus circunstancias particulares y anótelos en tarjetas. Tenga las tarjetas consigo o en lugar prominente en su casa. Se sorprenderá de ver qué rápido llegan a ser una parte integral de sus pensamientos diarios y aprenderá a atesorar su Palabra.

Amado Dios, escribe tu Palabra en mi corazón. Oh Señor, enséñame a atesorarla y a convertirla en una parte vital de mi vida cotidiana.

Afile su pala

LECTURA BÍBLICA: Proverbios 1
VERSÍCULO CLAVE: Salmo 19:10

Son más deseables que el oro, más que mucho oro fino.
Son más dulces que la miel que destila del panal.

*S*i fuera un explorador y tuviera un mapa garantizado, exacto, que le mostrara dónde está enterrado el tesoro se concentraría en encontrarlo y desenterrarlo, ¿no es cierto? Nada lo distraería de su búsqueda. Tendría una pala y un propósito tenaz que vencería cualquier dificultad.

¿Sabe que la Palabra de Dios es un tesoro? Así es, y no sólo de una manera velada o abstracta. La Biblia es la verdad, la revelación infalible, a toda prueba y eterna de Dios a la humanidad. Cada principio es inquebrantable; puede jugarse la vida en lo que dice.

El rey David, que tenía muchas riquezas, expresó el valor de las Escrituras en estas expresiones poéticas: "La ley de Jehovah es perfecta; restaura el alma. El testimonio de Jehovah es fiel; hace sabio al ingenuo... Son más deseables que el oro, más que mucho oro fino. Son más dulces que la miel que destila del panal" (Sal. 19:7-10).

Estas son las palabras de un hombre rico quien, a pesar de serlo, encontró en la Palabra del Señor una riqueza de más valor. Si ha leído usted la Biblia durante años, es seguro que puede testificar de su creciente dulzura. Si apenas está comenzando a explorar las Escrituras, tiene que afilar su pala y prepararse para cavar, y verá que nunca toca fondo.

Oh Señor, afila mi pala espiritual. Quiero explotar las riquezas de tu Palabra. Estoy listo para echar mano de tus recursos ilimitados.

El factor fertilidad

LECTURA BÍBLICA: Mateo 13:1-9
VERSÍCULO CLAVE: Mateo 13:9

El que tiene oídos, que oiga.

La parábola del sembrador y las semillas es una descripción de cómo escuchamos la Palabra de Dios. Algunos son poco receptivos, algunos más o menos, y algunos son fértiles y están listos para brotar lozanamente y crecer. En seguida veremos maneras clave para incrementar su "factor fertilidad".

Comprométase a escuchar detenidamente. Cuando está estudiando la Biblia, donde sea que esté, tome la decisión consciente de prestar atención y de mantenerse concentrado.

Resista el revoltijo de cosas de afuera. Concentrarse incluye librarse de las distracciones. Si está en casa no se ponga cerca del teléfono, de la televisión o del refrigerador. Aun con toda la fuerza de voluntad del mundo se estaría posicionando para distraerse.

Evalúe enseguida sus necesidades espirituales. Al concluir la sesión de estudio tómese tiempo para repasar sus notas y determinar qué puntos se pueden aplicar individualmente a usted. Si el mensaje fue especialmente largo o intenso necesita distanciarse por un rato, en dicho caso elija y anote el momento específico en que más adelante repasará lo aprendido.

Estas sugerencias pueden parecer obvias, pero desarrollar una rutina disciplinada para el estudio bíblico dará fruto mañana al ir adquiriendo buenos hábitos. Correctamente administrada, la buena tierra se hace productiva a lo largo de los años a medida que los fertilizantes se filtran y penetran cada capa.

Amado Padre celestial, haz que la tierra que es mi vida sea más productiva a medida que los fertilizantes de tu Palabra penetran cada capa. Aumenta mi factor fertilidad.

¿Es usted un buen oyente?

LECTURA BÍBLICA: Santiago 1:21-25
VERSÍCULO CLAVE: Santiago 1:22

Sed hacedores de la palabra, y no solamente oidores, engañandoos a vosotros mismos.

¿Es usted un buen oyente? Cierto joven estaba tan perplejo por su incapacidad de recordar que decidió grabar lo que le decían. Hasta llevaba el grabador en su auto para grabar su pensamientos y oraciones a Dios. En nuestro mundo vertiginoso a muchos probablemente nos gustaría seguir su ejemplo.

La habilidad de la mente de recordar, procesar y codificar información es asombrosa. No obstante, las investigaciones nos muestran que usamos muy poco de la capacidad cerebral de pensar, razonar y recordar acontecimientos del pasado. Aunque sintamos que somos oyentes deficientes, sepamos que Dios puede cambiar esto.

Su cerebro es como un músculo, cuanto más lo usa, más fuerte se hace. Memorizar las Escrituras aumenta su habilidad de pensar y razonar. La medicina nos dice que si forzamos a nuestro cerebro a actuar, aun en los casos en que ha sido dañado, buscará la manera de realizar la tarea. Es cierto, estamos maravillosamente hechos.

Una parte importante de ser un buen oyente es asegurarnos de que nuestro espíritu está dispuesto a aprender. Si tiene una mente cerrada a la Palabra de Dios, o si tiene una perspectiva espiritual pasiva, lo probable es que retenga muy poco de lo que Dios dice.

Pídale a Dios que le haga sensible a su voz. Programe sus actividades espirituales de modo que incluyan momentos dedicados a la oración y a buscar la voluntad de él para su vida. Si su mayor anhelo es conocerle, le concederá los deseos de su corazón.

Dios Padre, hazme un buen oyente. Dame un espíritu dispuesto a aprender y receptivo a tu Palabra. Hazme sensible a tu voz. Líbrame de toda pasividad espiritual.

La actividad más importante de la vida

LECTURA BÍBLICA: Exodo 3:1-6
VERSÍCULO CLAVE: Exodo 3:4

Cuando Jehovah vio que él se acercaba para mirar, lo llamó desde en medio de la zarza diciéndole: "¡Moisés, Moisés!" Y él respondió: "Heme aquí".

Dios consiguió la atención de Moisés de un modo espectacular. Moisés estaba ocupado en sus tareas de todos los días cuando vio una zarza ardiendo, pero que no se consumía: "Cuando Jehovah vio que él se acercaba para mirar, lo llamó desde en medio de la zarza diciéndole: '¡Moisés, Moisés!' Y él respondió: 'Heme aquí'" (Ex. 3:4).

Ha oído muchas veces el relato pero, ¿notó alguna vez que Moisés "se acercaba para mirar"? O sea que dejó lo que estaba haciendo y tomó otro rumbo, el rumbo a Dios. Al hacerlo recibió el premio de un encuentro especial, transformador.

También usted puede tener el momento de encontrarse con Dios, presentándose ante su presencia en oración y leyendo su Palabra. Recuerde, Cristo Jesús vive en usted a través del poder del Espíritu Santo, por lo que su presencia es constante. Pero cuenta con una comunión activa con él al meditar en lo que le dice.

La meditación engrandece su espíritu. Dios le dijo a Moisés que tuviera cuidado porque pisaba suelo santo. Tan asombrado y reverente se sintió Moisés que obedeció el mandato de Dios de quitarse el calzado.

La meditación aumenta su concepto de Dios. Moisés se retiró con una nueva misión y un sentido de los tremendos propósitos de Dios para su pueblo. Usted descubrirá más de los propósitos de Dios cuando se acerque a él para rendirle culto.

Amado Señor Jesús, aquieta mi espíritu. Aumenta mi concepto de tu omnipotencia. Dame una nueva misión y un sentido de propósito mientras espero ante ti.

Sentado ante el Señor

LECTURA BÍBLICA: 2 Samuel 7:18-28
VERSÍCULO CLAVE: 2 Samuel 7:18

Entonces entró el rey David, se sentó delante de Jehovah y dijo: "Oh Señor Jehovah, ¿quién soy yo, y qué es mi casa para que me hayas traído hasta aquí?"

¿Se siente confundido? ¿Inseguro de lo que será el próximo paso? ¿Preocupado por el futuro? ¿Perplejo por los problemas que todavía lo acosan?

Quizá sea el momento de meditar en la Palabra de Dios. La Palabra de Dios es sabiduría para su incertidumbre; paz para su ansiedad; consuelo en los tiempos de dificultades y tribulaciones. Meditar en las Escrituras es como disfrutar de una buena comida. ¿Cuánto saborearía y se alimentaría de su comida favorita si la tomara con el tenedor, se la pusiera en la boca e inmediatamente la volviera a sacar?

Cuando meditamos en la Palabra de Dios saboreamos su rica bondad y recibimos su vida vigorizante. Las verdades de Dios son absorbidas por el ser interior. Dejan de ser inconsecuentes y superficiales. No hay nada complicado en la meditación bíblica. Tome su Biblia y encuentre versículos relevantes para su necesidad. Luego hágale a Dios dos preguntas: "Señor, ¿qué me estás diciendo?" y "Señor, ¿qué me estás queriendo decir por medio de este pasaje?"

La respuesta puede llegar enseguida o quizá tenga que esperar, pero sepa que Dios le escucha y le contestará. Ponga en práctica lo que sabe que es cierto, y apóyese en la suficiencia de Dios. Él le sostendrá y lo acompañará mientras su problema se va resolviendo.

Padre, me siento confundido, ansioso y perplejo. Espero en tu presencia. ¿Qué quieres decirme hoy?

Beneficios de la meditación

LECTURA BÍBLICA: Salmo 145
VERSÍCULO CLAVE: Salmo 145:5

Hablarán del esplendor de tu gloriosa majestad, y meditaré en tus maravillas.

*M*editar en la Palabra de Dios produce innumerables beneficios para su relación con el Señor. ¿Anhela una cercanía más profunda? ¿Quiere la fuente de poder que se deriva de reconocer a Dios como el que suple sus necesidades? Presentarse ante el Señor con un auténtico anhelo de conocerle mejor es el fundamento de su fe.

La meditación aquieta su espíritu. Es imposible humillarse ante Dios y expresarle sus pensamientos y sentimientos sin sentir su suave toque. Su espíritu se calma del estrés de la vida al darse cuenta de cuánto lo ama.

La meditación purifica su corazón. ¿Alguna vez le ha sucedido que leyendo su Biblia ha sentido que Dios le da un sacudoncito a su corazón por algo que hizo o dijo? Es la obra del Espíritu Santo, que lo está formando para ser más como Cristo. En el proceso llamado santificación Dios hace que su corazón coincida con el de él.

La meditación aumenta su discernimiento. "Toda la Escritura es inspirada por Dios y es útil para la enseñanza, para la represión, para la corrección, para la instrucción en justicia" (2 Tim. 3:16). Usted sabrá lo que es correcto gracias a las normas de su Palabra.

La meditación confirma los buenos consejos y muestra los malos. Cuando sabe lo que Dios dice, puede evaluar lo que dicen los demás. Compare cada consejo con la Palabra de Dios antes de aceptarlo. La meditación es el primer paso para saber lo que él piensa.

Oh Señor, espero ante ti. Por favor, aquieta mi espíritu, purifica mi corazón y aumenta mi discernimiento. Confirma los buenos consejos que recibo y muéstrame los malos. Fortalece el fundamento de mi fe.

Un nuevo encuentro con Dios

LECTURA BÍBLICA: Isaías 6:1-9
VERSÍCULO CLAVE: Salmo 139:3

Mi caminar y mi acostarme has considerado; todos mis caminos te son conocidos.

¿*Ha* iniciado alguna vez su momento devocional con la idea de verdaderamente encontrarse con Dios? Es fácil reducir esa ocasión a un estudio bíblico (o lectura) superficial y una oración rápida si se olvida del verdadero propósito de ese tiempo que reservó.

Dios quiere que usted tenga un encuentro real y nuevo con él cada día. No genera usted este encuentro de una fórmula o algún método en particular; sencillamente se presenta ante él con un corazón humilde, arrepentido y un auténtico deseo de conocerle mejor.

Obtiene un sentido de su presencia. Isaías supo inmediatamente que se encontraba ante la presencia del Dios viviente. Cuando finalizó el encuentro, Isaías se retiró transformado. Es imposible sentir la presencia de Dios y seguir siendo igual; la santidad de Dios es tranformadora y, a través del Espíritu Santo, vive para siempre en usted.

Nunca deja de contar con su presencia. Usted percibe que es indigno. Al presentarse cara a cara con la santidad de Dios se percata de la condición necesitada en que se encuentra. Su resplandor maravilloso eclipsa aun a los ángeles del cielo.

Las normas de su justicia exponen el pecado en su vida. Usted necesita entender su perdón. El propósito de reconocer su pecado no es para ser condenado o ser culpado, sino para que se arrepienta. Cristo perdona todos sus pecados, pero quiere que se arrepienta y los confiese a fin de poder ser objeto de su maravillosa gracia.

Amado Señor, quiero hoy tener un nuevo encuentro contigo. Quiero conocerte mejor. Reunirme contigo y, al concluir nuestra reunión, haz que me retire transformado.

Los momentos que lo sostienen

LECTURA BÍBLICA: Salmo 34
VERSÍCULO CLAVE: Salmo 34:5

Los que a él miran son iluminados; sus rostros no serán avergonzados.

Hemos sido creados para vivir en comunión con el Señor. Blas Pascal afirmaba: "La felicidad no está ni dentro de nosotros, ni fuera de nosotros únicamente; es la unión de nosotros con Dios". Aunque tratemos de llenar ese vacío con muchas ocupaciones o una oleada de actividades, no podemos librarnos de nuestra necesidad profunda de vivir en íntima comunión con Dios.

¿Reserva usted un momento específico en el día para estar ante su presencia, orar y meditar en su Palabra? Cada aspecto de su vida siente el impacto de esta carencia si no lo hace. Vale la pena proteger ese momento de encontrarse con Dios.

Ron Hutchcraft explicó una vez:

Hemos sido hechos para iniciar nuestro día con nuestro Creador. Esto empezó con Adán con quien Dios "se paseaba en el jardín en el fresco del día" (Gén. 3:8). Desde entonces, hombres y mujeres han sido incompletos —reconózcanlo o no— sin este andar matutino con Dios.

David nos dijo mientras escapaba de la muerte: "Busca la paz y síguela". Con el estrés como compañero constante, ¿cómo podía pensar en la paz? Lo explicó así: "Yo busqué a Jehovah, y él me oyó, y de todos mis temores me libró. Los que a él miran son iluminados; sus rostros no serán avergonzados.. Probad y ved que Jehovah es bueno" (Sal. 34:4, 5, 8). Al hacer eso David podía pasar a "buscar la paz" porque había encontrado su centro de quietud. ¡Era el resultado del tiempo que pasaba con el Señor!

Padre celestial, al transitar por la senda de la vida haz que nunca olvide lo que me sostiene y me da fuerzas para la jornada: oración, meditación y tu Palabra.

NOVIEMBRE

TEMA

El camino al monte Horeb

QUE REPRESENTA: Conocer la voz de Dios

VERSÍCULO CLAVE: Isaías 30:21

Tus oídos oirán a tus espaldas estas palabras: "¡Este es el camino; andad por él, ya sea que vayáis a la derecha o a la izquierda!"

El profeta Elías se sentía desanimado. Creía ser el único que quedaba que de verdad amaba y servía a Dios. Sabía que corría el peligro de perder la vida a manos de sus enemigos. Elías necesitaba un nuevo rumbo. Necesitaba desesperadamente que Dios le hablara. Así que subió por la empinada cuesta rocosa al monte Horeb para estar a solas. Allí escuchó un "sonido apacible y delicado" (1 Rey. 19:12).

La voz que Elías oyó calmó sus temores. Le dio valentía y esperanza. Le dio un nuevo rumbo. Era la voz de Dios.

Dios todavía habla hoy. Pero la cuestión es: "¿Estamos escuchando?" Este mes, en nuestro peregrinaje, seguiremos las pisadas de Elías hacia nuestro propio monte Horeb espiritual. Allí, apartados de las presiones de este mundo, esperamos para escuchar lo que Dios nos dirá. Nuestro guía para esta jornada espiritual —el Espíritu Santo— tiene experiencia y es digno de confianza. Si escuchamos atentamente, el rumbo que nos marca nos será evidente.

¿Está listo para escuchar?

LECTURA BÍBLICA: 1 Reyes 19:1-18
VERSÍCULO CLAVE: 1 Reyes 19:12

Después del terremoto hubo un fuego, pero Jehovah no estaba en el fuego. Después del fuego hubo un sonido apacible y delicado.

El profeta Elías estaba exhausto física, emocional y espiritualmente. "¿Es esto lo que le sucede al hombre que obedece a Dios?", ha de haber pensado Elías.

Se sentía tan deprimido que deseaba morir, estaba huyendo y, desesperadamente, ansiaba oír la voz de Dios. ¿A dónde debía ir? ¿Qué esperanza había para el futuro? Dios le dio de comer por medio de un ángel para devolverle las fuerzas físicas, pero Elías todavía no estaba listo para escuchar lo que Dios tenía que decirle.

Durante cuarenta días y noches Elías viajó al monte Horeb (Sinaí), andando lentamente en su desesperación. Clamó a Dios una vez más: "Yo solo he quedado, y me buscan para quitarme la vida" (1 Rey. 19:10).

¿Cómo contestó Dios su plegaria? No como lo esperaba Elías. Él se puso de pie sobre el monte para esperar. El viento súbito, violento, no contenía la voz de Dios. Tampoco estaba Dios en el espantoso terremoto. El incendio repentino tampoco tenía la respuesta. Después de la gran conmoción Elías oyó un sonido apacible, y Dios le habló para darle un nuevo rumbo a su futuro.

Dios quería que Elías tuviera la actitud debida para recibir sus palabras. Necesitaba vaciarse totalmente de sí mismo, de su independencia, de la necesidad de ejercer control. Cuando Elías tuvo una perspectiva correcta de la tierna providencia y del poder soberano de Dios, estaba listo para oír realmente lo que Dios tenía que decirle. ¿Está su corazón listo para escuchar?

Señor, quiero escuchar tu voz. Vacía mis reservas de independencia y dame una perspectiva correcta de tu poder soberano. Prepárame para escucharte.

Su guía eterno

LECTURA BÍBLICA: Juan 16:7-15
VERSÍCULO CLAVE: Juan 16:13

Y cuando venga el Espíritu de verdad, él os guiará a toda la verdad; pues no hablará por sí solo, sino que hablará todo lo que oiga y os hará saber las cosas que han de venir.

*C*uando uno viaja como turista nada hay más valioso que un guía bien informado. Este puede ayudarle a visitar los lugares más interesantes y a encontrar su camino en un lugar desconocido. El guía turístico también sabe qué lugares evitar. Aunque usted básicamente podría arreglárselas sin él, le conviene aprovechar sus conocimientos y experiencia.

En la vida cristiana el Espíritu Santo es su guía. Jesús describió la obra del Espíritu Santo a sus discípulos de esta manera: "Y cuando venga el Espíritu de verdad, él os guiará a toda la verdad; pues no hablará por sí solo, sino que hablará todo lo que oiga y os hará saber las cosas que han de venir" (Juan 16:13).

Jesús sabía que pronto habría de dejar este mundo, que sería crucificado y que luego se levantaría de entre los muertos y ascendería al cielo. Durante tres años había caminado lado a lado con sus discípulos. Estos siempre habían tenido la ventaja de su presencia física y su orientación. El golpe de la ausencia de Jesús confundiría y deprimiría sus humanos corazones, y él quería prepararlos para los cambios que se avecinaban.

El Espíritu Santo vive dentro de cada creyente por medio de la gracia de Jesucristo. Él toma las palabras de las Escrituras y las hace realidad y las activa en su vida. Su obra continua es revelar la verdad de Dios al corazón creyente. Él es su consuelo y guía eterno.

Padre celestial, te alabo por tu don del Espíritu Santo quien vive en mí. Gracias por su consuelo y guía a lo largo de mi camino espiritual.

El Dios que habla

LECTURA BÍBLICA: Mateo 3:13-17
VERSÍCULO CLAVE: Hebreos 1:4

Fue hecho tanto superior a los ángeles, así como el nombre que ha heredado es más excelente que el de ellos.

Los primeros versículos de Hebreos son famosos por su poder y majestuosidad. El escritor usó una técnica formal, escrita, para impartir verdades que son el fundamento del resto del libro y, sobre todo, para la fe en Cristo:

> Dios, habiendo hablado en otro tiempo muchas veces y de muchas maneras a los padres por los profetas, en estos últimos días nos ha hablado por el Hijo, a quien constituyó heredero de todo, y por medio de quien, asimismo, hizo el universo. El es el resplandor de su gloria y la expresión exacta de su naturaleza, quien sustenta todas las cosas con la palabra de su poder... Se sentó a la diestra de la Majestad en las alturas. Fue hecho tanto superior a los ángeles, así como el nombre que ha heredado es más excelente que el de ellos (Heb. 1:1-4).

Es importante que entendamos el lugar que ocupa la venida de Cristo en el plan de Dios para la historia y para tratar con su pueblo. Desde que creara el universo y la humanidad, Dios ha demostrado su deseo de comunicarse. Las maravillas de la creación y las Escrituras encuentran su total realización en la persona de Jesucristo.

Cuando usted acepta a Cristo abraza la revelación viviente y la Palabra de Dios. La conversación eterna de Dios a través de las edades resuena en su exclamación: "Este es mi Hijo amado, en quien tengo complacencia" (Mat. 3:17).

¡Oh Dios, te agradezco que hablaras en el pasado y que todavía hables hoy por tu Palabra! Activo el poder de revelación de tu Palabra para que obre en mi vida sin reservas.

"En el principio... Dios"

LECTURA BÍBLICA: Hebreos 1:1-4
VERSÍCULO CLAVE: Salmo 135:1

¡Aleluya! ¡Alabad el nombre de Jehovah! Alabadle, oh siervos de Jehovah.

Nuestro Dios es un Dios maravilloso que ha tomado la iniciativa de revelarse a la humanidad. Si no fuera por esa revelación estaríamos estancados en una incesante ignorancia y frustración. John Stott presenta este retrato de Dios en su libro *Cristianismo básico*:

"En el principio... Dios." Estas primeras palabras de la Biblia son más que una introducción a la historia de la creación o al libro de Génesis. Brindan la llave que abre nuestro entendimiento de la Biblia como un todo. Nos dicen que la religión de la Biblia es una religión de la iniciativa de Dios.

Antes de existir el hombre, Dios actuó. Antes de que el hombre se moviera para buscar a Dios, Dios buscó al hombre. En la Biblia no vemos al hombre buscando a Dios a tientas, vemos a Dios alcanzando al hombre.

La Biblia revela a un Dios quien, mucho antes de que al hombre se le ocurra acercarse a él, mientras el hombre aún está perdido en la oscuridad y hundido en el pecado, toma la iniciativa, se levanta de su trono, abandona su gloria y se agacha para buscar hasta que lo encuentra.

Dios le amó y le preparó un camino para que lo conociera y escuchara su voz desde antes de la fundación del universo. Reflexione en esto por un momento y exprese toda su gratitud adorándole.

Padre, antes que yo te buscara, tú me buscaste a mí. No tengo que buscarte a tientas porque tú continuamente me extiendes tu mano. Preparaste el camino para que te conociera y escuchara tu voz. ¡Te alabo!

Dios está hablando

LECTURA BÍBLICA: Juan 1
VERSÍCULO CLAVE: Juan 1:1

*En el principio era el Verbo, y el Verbo era con Dios, y el
Verbo era Dios.*

*D*espués de leer Juan 1:1, A. W. Tozer comentó:

Alguien inteligente, sencillo, iletrado en las verdades del cristianismo, al toparse con este versículo, seguramente llegaría a la conclusión que Juan quería enseñar que, por naturaleza, Dios habla,
comunica sus pensamientos a otros.
    Y tendría razón. La palabra es el medio por el cual se expre-
san los pensamientos y la aplicación del término al Hijo eterno
nos lleva a creer que la autoexpresión es inherente a la Deidad,
que Dios siempre busca darse a conocer a su creación. Toda la
Biblia apoya esta idea. Dios está hablando. No que Dios habló, sino que Dios está hablando. Por naturaleza, se expresa continuamente. Llena el mundo con el sonido de su voz.

Aunque Dios se comunica principalmente por medio de su Palabra, no tiene limitaciones en su manera de expresarse. Con frecuencia se vale de pastores, amigos y otros para atestiguar de su voluntad
para nuestra vida. Asegúrese de que la voz que escucha es la de Dios
por medio de establecer una relación íntima, personal con él. Pídale
que se le revele por medio de su Palabra. El que centra sus pensamientos en Dios será guiado por él y llegará a pensar como Cristo.

*Señor, revélate a mí por medio de tu Palabra. Ayúdame a
centrar mis pensamientos en tu voluntad, a ser guiado por
ti y así llegar a pensar como Cristo.*

La clave para escuchar

LECTURA BÍBLICA: 2 Samuel 7
VERSÍCULO CLAVE: Salmo 46:10

Estad quietos y reconoced que yo soy Dios. Exaltado he de ser entre las naciones; exaltado seré en la tierra.

$\mathcal{D}$ios acababa de hacer un pacto con David. Entre otras cosas él le prometió darle un hijo (Salomón), quien un día edificaría el templo para Dios que David había soñado. El trono que gobernaría a Israel nunca dejaría de ser de la casa de David, aunque con algunas interrupciones, y un día tendría su cumplimiento definitivo en Jesucristo.

¡Qué conjunto abrumador de promesas y qué demostración poderosa de completa gracia! Dios hizo este pacto con David antes que éste pecara con Betsabé. Dios sabía lo que pronto haría David pero, por su gracia, optó por amarle y establecer con él una relación sin fin. La reacción de David a las palabras de Dios por medio del profeta Natán son un excelente ejemplo de por qué David es llamado "un hombre según su corazón" (1 Sam. 13:14).

La prioridad del corazón de David era adorar y amar a su Dios. Dijo: "Ahora pues, oh Jehovah Dios, confirma para siempre la palabra que has hablado acerca de tu siervo y de su casa, y haz tal como has dicho" (2 Sam. 7:25).

Dios quiere su adoración, su agradecimiento y que le entregue su corazón. Eso es lo que hizo David, y por eso es que su comunión con Dios era tan dulce. Dé el primer paso de acercarse íntimamente a Dios, caer de rodillas ante él y adorarle.

Maestro, busco tener una mayor intimidad contigo. Sé que eso es algo que se logra por medio de adorarte, así que enséñame a adorarte en espíritu y en verdad.

Reconocer la voz de Dios

LECTURA BÍBLICA: Juan 10:1-18
VERSÍCULO CLAVE: Juan 10:11

Yo soy el buen pastor; el buen pastor pone su vida por las ovejas.

En el mundo afanoso, cada vez más urbano de la actualidad, muchos no saben ni lo básico de los animales del campo. Si sabe algo de ellos, pruebe sus conocimientos acerca de las ovejas contestando verdad o falso a las siguientes afirmaciones:

___ Las ovejas pueden buscar y encontrar su propio alimento y agua.
___ Las ovejas se ayudan unas a otras cuando una de ellas está lastimada o se ha atascado.
___ Las ovejas son fuertes y pueden llevar carga sobre su lomo.
___ Las ovejas no tienen miedo de pastar lejos de su manada.
___ Las ovejas siguen a cualquiera que les dé una orden.

Si contestó "verdad" a cualquiera de estas afirmaciones, ¡se equivocó! Las verdaderas características de las ovejas son exactamente las opuestas a las descritas aquí. Cuando Jesús dijo que somos como ovejas, no nos estaba haciendo un gran elogio.

Las ovejas son simples, pero responden al amor y cuidado del pastor, y sólo al pastor de ellas. Jesús dijo: "A él le abre el portero, y las ovejas oyen su voz. A sus ovejas las llama por nombre y las conduce afuera. Y cuando saca fuera a todas las suyas, va delante de ellas; y las ovejas le siguen, porque conocen su voz" (Juan 10:3, 4).

Las ovejas cuentan con seguridad y un rumbo cierto porque conocen a su pastor y responden a sus órdenes. ¿Conoce usted la voz de su Pastor?

Amado Pastor, tú me das alimento y agua espiritual. Me ayudas cuando estoy lastimado o atascado y llevas mis cargas. Gracias por ser mi Pastor.

Cómo escuchar a Dios

LECTURA BÍBLICA: Isaías 30:15-18
VERSÍCULO CLAVE: Isaías 50:4

El Señor Jehovah me ha dado una lengua adiestrada para saber responder palabra al cansado. Me despierta cada mañana; cada mañana despierta mi oído para que yo escuche, como los que son adiestrados.

El centro de la vida cristiana es la relación con Jesucristo: personal, singular y llena de recompensas. Esencial en esta relación es la comunicación: nos dirigimos a Dios en oración y él habla a nuestro espíritu.

Pero tenemos que admitir que, por lo general, somos mejor en lo primero que en lo segundo. Escuchar a Dios es tema sobre el cual a veces no estamos informados y frecuentemente nos incomoda. *¿Es Dios a quien estoy oyendo o es sólo el eco de mis propios pensamientos?,* nos preguntamos.

Aclarar la terminología ayuda. Por lo general no nos habla de forma audible como hizo con los personajes del Antiguo Testamento. Hoy nos habla por medio de las Escrituras, el consejo de otros creyentes y la presencia del Espíritu Santo que mora en cada creyente. Escuchamos su voz al meditar en las verdades de su Palabra, escuchamos y seleccionamos el consejo de terceros y encomendamos cada día a su dirección nuestros caminos y pensamientos.

Dios nos comunica su voluntad con el fin de que comprendamos su verdad y nos conformemos a ella. Siempre toma la iniciativa para que así sea. Nuestra mejor postura es acallar nuestra alma agitada y dejar que nos hable (Isaías 30:15).

Hay muchas cosas que Dios quiere que usted conozca. Tiene algo que decirle sobre cada cosa que afecta su vida. ¡Quién no va a querer escucharle!

Padre celestial, háblame hoy por medio de tu Palabra. Comunícame tu voluntad de modo que pueda conformarme a tu verdad. Acalla mi espíritu para poder escuchar tu voz.

Aprender a escuchar

LECTURA BÍBLICA: Mateo 13:10-17
VERSÍCULO CLAVE: Mateo 13:16

¡Bienaventurados vuestros ojos, porque ven; y vuestros oídos, porque oyen!

Una de las cualidades que atraía a la gente a Jesús era su habilidad de escuchar. Escuchaba con todo su ser. Por eso lo vemos circulando entre el gentío y curando a los enfermos. Jesús fue el más grande comunicador de todos los tiempos. No le preocupaba tener que hablar tanto como sus interlocutores ni impresionar a los demás. Le interesaba establecer relaciones. Así que escuchaba.

Jesús podía percibir las penas y los sufrimientos en los rostros de los que se le acercaban. Les dejaba expresar sus necesidades más profundas. Dos de las necesidades básicas del ser humano son ser amado y ser aceptado. Así es como el Salvador nos escucha, con los ojos del amor y de la aceptación.

¿Cómo le escucha usted a él? ¿Anhela estar cerca suyo, estudiar su Palabra y escuchar lo que él siente en cuanto a ciertas situaciones? ¿O se apura por acabar de orar, temiendo lo que él pueda decirle o pedirle?

Hasta que aprendamos a escuchar de verdad, primero a Dios y luego a los demás, nunca conoceremos el aspecto más profundo del amor de Cristo. Sólo al escuchar su voz podemos realmente disfrutar de la intimidad de su presencia.

Pídale que le ayude a ser el tipo de oyente que es él para usted. Si escucha, oirá su voz.

Dios todopoderoso, anhelo estar cerca tuyo, estudiar tu Palabra, oír lo que sientes sobre las situaciones en mi vida. Perdóname por apurar mi momento contigo. Ayúdame a aprender a escuchar para poder disfrutar de la intimidad de tu presencia.

Quítese los tapones de los oídos

LECTURA BÍBLICA: 1 Samuel 3:1-10
VERSÍCULO CLAVE: 1 Samuel 3:10

Entonces vino Jehovah, se paró y llamó como las otras veces: "¡Samuel, Samuel!" Samuel respondió: "Habla, que tu siervo escucha".

Visite una fábrica grande de aviones y se sorprenderá por dos cosas: el tamaño de los aviones en construcción y el nivel del ruido.

Muchas de las maquinarias usadas para armar aviones funcionan a presión. Debido a esto la persona en la planta está sujeta a un ruido constante. La seguridad es primordial y a los empleados les dan tapones para los oídos y anteojos de seguridad para su protección. Los supervisores de planta también tienen la vista aguzada para percibir peligros potenciales. Una vez que se ponen los tapones en los oídos y empiezan a funcionar las máquinas, es imposible gritarle a un compañero de modo que lo oiga.

Muchos dentro del pueblo de Dios son como los empleados en una planta de producción de aviones. No pueden oír la voz de Dios porque están demasiado ocupados en armar las piezas de su vida. Usan los tapones de una mentalidad mundana, siendo indiferentes a las cosas de Dios. Cuando fracasan totalmente, se preguntan por qué Dios lo habrá permitido. Pero la realidad es que Dios pasó meses y en algunos casos años gritando advertencias que no fueron escuchadas.

En su vida, ¿es tiempo de quitarse los tapones de los oídos, apagar las máquinas del mundo y escuchar la voz de Dios?

Oh Señor, estoy demasiado ocupado tratando de armar las piezas de mi vida. Por favor, ayúdame a sacarme los tapones de los oídos, apagar las máquinas del mundo y escuchar tu voz.

Habla en silencio

LECTURA BÍBLICA: Salmo 42
VERSÍCULO CLAVE: Salmo 44:1

Oh Dios, con nuestros oídos hemos oído; nuestros padres nos han contado de la obra que hiciste en sus días, en tiempos antiguos.

Uno de los más caros privilegios que tenemos como creyentes es el de oír a Dios hablarnos. Eugenia Price escribió:

Apuramos a Dios con nuestras preguntas y creemos firmemente que las recibe con gusto. De hecho, me imagino que él las espera. Después de todo, nadie más que Dios nos conoce como realmente somos en nuestro interior. No obstante, cuando recibimos sólo lo que nosotros, en nuestro dolor, temor o pánico reconocemos como silencio, ¿qué de eso?

Quizá sea todo lo que podemos esperar en cuanto a comprender la razón de nuestro dolor, conmoción o temor. ¿Será aquí donde cometemos nuestro gran error? ¿Caemos víctimas del tiempo mismo? ¿Apuramos a Dios en nuestra situación extrema, demandando una respuesta inmediata en palabras que podemos entender, no según el tiempo programado por Dios, sino porque queremos una respuesta fácil a nuestra pregunta?

¿Cómo podemos pretender escuchar la voz de Dios en nuestro sufrimiento cuando hace tiempo hemos olvidado, o nunca aprendido, a estar quietos ante él? El elemento del tiempo no está involucrado en el misterio divino, pero hay silencio en él. Y no podemos aguantar el silencio. Le tenemos miedo. Ponemos la radio o TV el instante que entramos en un cuarto aunque se nos ha dicho que la voz de Dios es un "sonido apacible y delicado". Él espera nuestro silencio interior antes de hablarnos de cualquier tema. Posiblemente porque quiere que escuchemos lo que dice.

Querido Dios, enséñame a estar quieto, acallar el ruido a mi alrededor, calmar mi alma y mi espíritu, esperar en tu presencia. Quiero escuchar lo que tienes que decirme.

Un oído que oye

LECTURA BÍBLICA: Apocalipsis 3:14-22
VERSÍCULO CLAVE: Apocalipsis 3:22

El que tiene oído, oiga lo que el Espíritu dice a las iglesias.

*J*esús dijo estas palabras a los laodicenses, pero son igualmente relevantes para nosotros. No cometa el error de pensar que se aplican solo al no creyente. Fueron dichas a una iglesia creyente que había caído en el error de creerse la elite espiritual.

Warren Wiersbe comenta: "Estas personas no se podían ver como realmente eran. Ni podían ver a su Señor afuera de la puerta de la iglesia. Ni podían ver las puertas abiertas de la oportunidad. Estaban tan absortas por la edificación de su propio reino que se habían entibiado al problema de un mundo perdido".

Dios habla a quienes escuchan su voz. Si no escuchamos, no podemos oír nada. Los laodicenses estaban convencidos de que andaban bien. Pero su autosuficiencia y arrogancia indujo a Cristo a decir que no eran ni fríos ni calientes; por lo tanto, "porque eres tibio, y no frío ni caliente, estoy por vomitarte de mi boca" (Apoc. 3:16).

Se ha comentado que si uno va a ser frío en su relación con Dios, entonces que sea frío. Pero si uno lo va a amar y servir, entonces sea cálido en su devoción a él. En otras palabras, sea consagrado. No permita que la devoción de su corazón se insensibilice. Ore pidiendo que su vida siempre sea receptiva y sensible al Espíritu divino.

Amado Padre celestial, quítame toda autosuficiencia y arrogancia. No quiero que mi devoción se insensibilice. Mantenme receptivo y sensible a tu Espíritu. Dame un oído que oye.

En busca de la dirección de Dios

LECTURA BÍBLICA: Salmo 16:7-11
VERSÍCULO CLAVE: Proverbios 8:11

La sabiduría es mejor que las perlas; nada de lo que desees podrá compararse con ella.

Cuando hablamos de la sabiduría del hombre, por lo general nos referimos a su habilidad mental, la capacidad de saber y lograr. También usamos la palabra sabiduría para referirnos a una percepción espiritual y un discernimiento sobre cómo vivir la vida.

La sabiduría de Dios incluye una esfera totalmente distinta. Como lo expresara Pablo, su sabiduría es muy superior a la nuestra, no existe una comparación racional: "Lo necio de Dios es más sabio que los hombres, y lo débil de Dios es más fuerte que los hombres" (1 Cor. 1:25). Pablo hablaba en sentido figurado para expresar que si había algo en los pensamientos de Dios que podría llamarse necio, aun eso sería superior a nuestra sabiduría más avanzada.

Jerry Bridges explica de la siguiente manera la importancia de la sabiduría de Dios en relación con nuestra fe.

Cuando nos detenemos a pensarlo, sabemos en lo profundo de nuestro corazón que Dios no comete errores en nuestra vida... Dios sabe lo que está haciendo. La sabiduría de Dios es infinita. Siempre sabe lo que es lo mejor para nosotros y la mejor manera de lograr ese resultado...

Todos reconocemos que la sabiduría humana, aun en el mejor de los casos, es falible... De cuando en cuando todos agonizamos sobre decisiones importantes, tratando de determinar el mejor curso de acción. Pero Dios nunca agoniza sobre una decisión... Su sabiduría es intuitiva, infinita e infalible... (Sal. 147:5).

Padre Dios, tu sabiduría es intuitiva, infinita e infalible. Necesito sabiduría para mi peregrinaje espiritual. En base a tu Palabra, ¡te reclamo ahora mismo!

Esperar en Dios

LECTURA BÍBLICA: Salmo 106
VERSÍCULO CLAVE: Salmo 106:13

Pronto se olvidaron de sus obras y no esperaron su consejo.

El Salmo 106 relata la triste historia del viaje de los israelitas por el desierto después de su éxodo de Egipto. Incluye muchos episodios negativos y una deficiencia muy evidente era su incapacidad de esperar en el Señor. En cierta ocasión, los hebreos se quejaron de su constante dieta de maná, que era la providencia cotidiana, sobrenatural de Dios. El salmista recordaba: "Pronto se olvidaron de sus obras y no esperaron su consejo. Ardieron de apetito en el desierto y probaron a Dios en la soledad" (vv. 13, 14).

No esperar a Dios hasta que dé su respuesta por lo general va acompañado del olvido de su ayuda en el pasado. La intensidad de nuestras necesidades con frecuencia nos ciega a la fidelidad y al poder de Dios. Mantenernos perfectamente enfocados en el carácter de Dios es crucial mientras esperamos su respuesta. Cuando la habilidad de Dios de satisfacer nuestras necesidades se empaña, caemos con demasiada facilidad en confiar en nuestra sabiduría en lugar de buscar su consejo.

Si se siente tentado a seguir adelante sin la dirección de Dios, haga una pausa y reflexione en lo oportuno que fue en atender a sus pedidos anteriores. Cuanto menos desee usted esperar en Dios, más fuerte será su antojo por contar con soluciones instantáneas. Busca atajos en lugar de andar por el camino de la fe y dependencia de Dios.

Querido Señor, gracias por tu ayuda en el pasado. Necesito recordar estas ocasiones al avanzar por el camino de la fe y dependencia en ti. Ayúdame a pasar de largo cuando se me presenta un atajo.

Esperar no es en vano

LECTURA BÍBLICA: Marcos 4:26-29
VERSÍCULOS CLAVE: Santiago 5:7, 8

Tened paciencia hasta la venida del Señor. He aquí, el labrador espera el precioso fruto de la tierra, aguardándolo con paciencia hasta que reciba las lluvias tempranas y tardías. Tened también vosotros paciencia, afirmad vuestros corazones, porque la venida del Señor está cerca.

La buena tierra que produce grano ha cumplido su cometido. Los silos vacíos están a la espera de la cosecha de este año.

Pero la abundante cosecha de hoy estaba enterrada en los surcos blandos en la primavera. Durante semanas los fértiles campos eran únicamente una visión en la mente del agricultor.

Los brotes aparecieron de la oscuridad y finalmente maduraron hasta producir el grano. La paciencia y el sudor fueron compañeros cotidianos del labrador.

Santiago, el medio hermano de Cristo, comparó esperar en el Señor con esta escena: "He aquí el labrador espera el precioso fruto de la tierra, aguardándolo con paciencia hasta que reciba las lluvias tempranas y tardías. Tened también vosotros paciencia, afirmad vuestro corazones, porque la venida del Señor está cerca " (Stg. 5:7, 8).

Esperar en Dios no es resignarse ni haraganear. Hay cosas que tenemos que hacer, tareas que se requieren de nosotros. Pero, como el agricultor, trabajamos y esperamos hasta que Dios produce la plenitud de su respuesta. Hay días de quietud y días de trabajo. Ambos son imprescindibles.

La motivación para perseverar es saber que Dios activamente prepara nuestro corazón para recibir la respuesta correcta en el momento oportuno. La espera no es en vano. Tanto el proceso como el resultado pueden ser para alabanza de la gracia de Dios.

Padre celestial, ayúdame a comprender que los días de quietud y los de trabajo son imprescindibles para tener una cosecha. Mi espera no es en vano. Tanto el proceso como el resultado serán para tu gloria.

Cuando el momento es el más oportuno

LECTURA BÍBLICA: Hechos 16:1-15
VERSÍCULO CLAVE: Hechos 16:9

Y por la noche se le mostró a Pablo una visión en la que un hombre de Macedonia estaba de pie rogándole y diciendo: "¡Pasa a Macedonia y ayúdanos!"

*P*ablo dedicó mucho tiempo a buscar la dirección de Dios para sus viajes misioneros. Hechos 16 cuenta que después de volver a visitar las iglesias en Derbe, Listra, Iconio y Antioquía de Pisidia, Pablo decidió continuar su viaje hacia el oeste hasta Efeso. Pero Dios lo detuvo. La Biblia nos dice que le "fue prohibido por el Espíritu Santo hablar la palabra en Asia" (Hech. 16:6).

Este cambio ha de haber sido una desilusión para Pablo, que estaba preparado para entrar a la ciudad que sufría necesidades espirituales tan profundas. Nadie sabe por qué Dios detuvo a Pablo, pero gracias a Lucas tenemos el relato de lo que pasó después. En lugar de quedar resentido, Pablo se encaminó rumbo al noroeste esperando evangelizar las ciudades de Bitinia. Nuevamente fue detenido. Por lo tanto, Pablo cruzó la región en dirección a Troas. Él podía haberse resistido al Espíritu de Dios y haber predicado el evangelio con vehemencia; pero su mensaje hubiera carecido del poder del Espíritu.

En Troas Pablo recibió una visión que le mostró que Dios quería que fuera a Macedonia. Por su obediencia el evangelio se extendió por toda Europa y luego por el mundo occidental. Quizá Dios le esté llamando a usted a que se detenga o que espere antes de dar otro paso. Usted tiene la impresión que no hay ningún problema, también Pablo. Sólo Dios sabe lo que depara el futuro. Niéguese a dar un paso hasta que él le muestre que es el momento preciso de hacerlo.

Padre, sólo tú sabes lo que depara el futuro en este camino que he emprendido. No quiero dar un paso hasta que el momento sea el preciso. Ayúdame a estar atento tanto a las señales que dicen PARE como a las que dicen SIGA.

El tiempo de espera

LECTURA BÍBLICA: Salmo 27
VERSÍCULO CLAVE: Salmo 27:14

Espera en Jehovah. Esfuérzate, y aliéntese tu corazón. ¡Sí, espera en Jehovah!

Todos conocemos los sentimientos que acompañan a una toma de decisión apresurada. Después nos preguntamos si habremos hecho bien. A veces tenemos la impresión de que no. ¿Cómo podemos evitar esto?

Cómo y cuándo esperar al Señor es una de las cosas más sabias que podemos aprender acerca de la fe cristiana. Hacerlo puede parecer difícil, especialmente en una sociedad donde la comunicación por fax y correo electrónico son parte de la vida, pero es un principio que da grandes recompensas.

Demasiadas personas hacen caso omiso cuando Dios les dice que esperen. Se adelantan a él en el proceso de la toma de decisiones. Las decisiones equivocadas tienen sus consecuencias. Cuando no esperamos lo mejor que Dios nos tiene reservado, con frecuencia terminamos por cometer serios errores.

Si Dios le está impidiendo tomar cierta decisión considérelo una bendición. Le está evitando sufrimiento físico o emocional. Considérelo como una oportunidad para acercarse más a él. Sea su meta no dar un paso hasta oírle decir: "Este es el camino; andad por él" (Isa. 30:21).

Dios utiliza el tiempo de espera preparándolo para recibir sus bendiciones futuras. Por lo tanto, no tiene que preocuparse por oportunidades desaprovechadas. En el momento que sea el preciso, Dios abrirá la puerta.

Señor, quiero esperar para recibir lo mejor en cada aspecto de mi vida. Gracias por las puertas tremendas de oportunidades que tendré, puertas que aún no veo. Sé que las abrirás a su debido tiempo.

Posicionado para oír su voz

LECTURA BÍBLICA: 2 Samuel 5:22-25
VERSÍCULO CLAVE: Salmo 62:5

Oh alma mía, reposa sólo en Dios, porque de él es mi esperanza.

David acababa de ser ungido rey de Israel cuando atacaron los filisteos. Lo primero que hizo fue acercarse a Dios en oración y preguntar: "¿Subiré contra los filisteos? ¿Los entregarás en mi mano?" (2 Sam. 5:19). El Señor le aseguró a David que sería victorioso.

Israel capturó el campamento filisteo. Desesperadamente, los filisteos intentaron otro ataque. David podía haber considerado la situación desde una perspectiva humana. Si su ejército había obtenido la primera victoria con facilidad, ¿qué podría impedirles volver a hacer lo mismo? Mucho, y David lo sabía. Josué no había buscado a Dios en Ai y había sido vencido por un ejército mucho menor que el que enfrentaba David (Jos. 7:1-12). Tomar decisiones como esas sin considerar a Dios era tentar la derrota. David se dirigió inmediatamente a Dios en busca de la solución.

¡El Señor le indicó que no atacara al enemigo! Más bien, debía esperar hasta escuchar en la copa de los pinos el sonido de una marcha. Trate de imaginarse cómo se habrá sentido David. Sabía que el enemigo estaba en posición y listo para atacar, pero él tenía que esperar el momento preciso de Dios.

Las temporadas de espera son de gran bendición. Cuando aprendemos a esperar en el Señor, nos posicionamos para oír su voz. Los momentos precisos que Dios escoge son siempre perfectos. Y cuando se comprometa a seguir su dirección, nunca se desilusionará.

Oh Dios, ayúdame a esperar el momento que es el preciso para ti, aun cuando siento la ansiedad de que tengo que hacer algo. Me comprometo a seguirte. Sé que no sufriré una desilusión.

Pruebe las palabras con la Palabra

LECTURA BÍBLICA: Gálatas 1:11-24
VERSÍCULO CLAVE: 1 Juan 4:1

Amados, no creáis a todo espíritu, sino probad los espíritus, si son de Dios. Porque muchos falsos profetas han salido al mundo.

"No crea todo lo que lee", es un buen consejo.

Siempre es más prudente leer cautelosamente y tratar de verificar los datos antes de comentarlos. Lo mismo se aplica a cualquier información espiritual. La Biblia nos advierte: "Probad los espíritus" (1 Jn. 4:1) con el fin de asegurarnos de que lo que oímos o leemos coincide con la Palabra de Dios.

Los hermanos de la iglesia en Galacia tenían inquietudes similares sobre la veracidad de la información que recibían. Algunos hasta dudaban de la autoridad de Pablo para ser maestro. Por eso Pablo dedicó tanto tiempo a defender su autoridad como apóstol. En otras palabras, Pablo les informó sobre la base de su conocimiento: "Pero os hago saber, hermanos, que el evangelio que fue anunciado por mí no es según hombre; porque yo no lo recibí, ni me fue enseñado de parte de ningún hombre, sino por revelación de Jesucristo" (Gál. 1:11, 12).

Pablo tuvo un encuentro personal con el Mesías en el camino a Damasco y luego dedicó varios años al estudio concienzudo de la Palabra de Dios. Si las palabras que decía hubieran sido las propias o se hubieran basado en una filosofía generada por él mismo, su ministerio hubiera carecido de fundamento y habría sido falso.

Tómese la costumbre de probar las palabras que escucha con la Palabra infalible, inequívoca de Dios.

Maestro, dame sabiduría para probar todo con tu Palabra infalible, inequívoca. Haz que tu Palabra sea la plomada con la cual mido todas las demás voces.

Rumbo a Dios

LECTURA BÍBLICA: Salmo 51
VERSÍCULO CLAVE: Salmo 51:10

Crea en mí, oh Dios, un corazón puro y renueva un espíritu firme dentro de mí.

¿Ha tenido temporadas de mutismo en su andar con el Señor, temporadas en que no se sentía en íntima comunión con él? Quizá fueron después de semanas de no haber tenido su momento devocional y de oración, o quizá estaba tan ocupado en general que en su ajetreo cotidiano no pensaba para nada en Dios.

Este no es un problema tan raro, a muchos creyentes les pasa a lo largo de su relación con Cristo. Y, como dicen algunos: "Dios no se ha apartado, pero tú sí". Dios es el mismo ayer, hoy y por los siglos, y su amor nunca decrece.

Sentirse distanciado es el resultado de intranquilidad en su corazón que se deriva de muchas razones espirituales. Al orar pidiendo comprender, Dios le mostrará lo que bloquea su corazón. Carole Mayhall ofrece una oración basada en el Salmo 51 que le ayudó a encaminarse nuevamente en dirección a Dios:

> Crea en mí un corazón cariñoso, tierno hacia las penas y las cosas que les pasan a los demás, más interesado en las necesidades de ellos que en las mías.
> Crea en mí un corazón atento, capaz de escuchar tus susurros y, momento por momento, oír tu voz.
> Crea en mí un corazón satisfecho, en paz con las circunstancias de la vida.
> Crea en mí un corazón hambriento que anhela quererte más, desea tu palabra, extendiéndose... distendiéndose... para alcanzar más de ti.

Señor, aun en las temporadas de mutismo sigo encaminado en tu dirección. Crea en mí un corazón cariñoso, atento, satisfecho, hambriento que escuche tus susurros.

Cuando no se presta atención a Dios

LECTURA BÍBLICA: 2 Samuel 11:1–12:13
VERSÍCULO CLAVE: Salmo 52:1 (RVR-1960)

¿Por qué te jactas de maldad, oh poderoso? La misericordia de Dios es continua.

Imagínese yendo por un camino angosto y llega a una señal de advertencia. La señal advierte que puede haber deslizamientos de rocas más adelante, y una segunda de desvío apunta hacia otro camino seguro. ¿Ignoraría la señal de advertencia y seguiría adelante?

El rey David ignoró las señales de advertencia de Dios en su camino, y fue cayendo más y más hondo en el pecado. Sabía que Dios no aprobaba la lascivia, el adulterio o el homicidio. Pero un pecado llevó a otro cuando David, deliberadamente, no prestó atención a su conciencia, la cual Dios usa para recordarnos su verdad.

David llegó a ser tan experto en no escuchar a Dios, que éste tuvo que usar la voz audaz del profeta Natán. Quizá David se sintió intrigado al escuchar el relato que Natán le contaba acerca del cordero mascota del hombre pobre. Al final del cuento David todavía no captaba el mensaje de Dios. Natán se lo tuvo que explicar directamente: "Tú eres ese hombre". Luego le dijo todo lo que David había hecho y cómo se sentía el Señor con respecto a sus pecados.

Cuando los oídos de David por fin captaron la verdad, se arrepintió inmediatamente. Dijo: "'He pecado contra Jehovah.' Y Natán dijo a David: 'Jehovah también ha perdonado tu pecado; no morirás'" (2 Sam. 12:13).

Si usted se ha estado haciendo el sordo en cuanto a lo que Señor trata de decirle, no es demasiado tarde para pedirle perdón y andar en su camino.

Padre celestial, a veces no he prestado atención a las señales de advertencia en el camino. Perdóname. Vuelve a poner mis pies en la senda correcta.

Cómo discernir las voces falsas

LECTURA BÍBLICA: 1 Juan 2:18-27
VERSÍCULO CLAVE: 1 Juan 2:26

Os he escrito esto acerca de los que os engañan.

Se cuenta la anécdota de un muchachito que creía que un día heredaría un hermoso lote de terreno. Su padre se lo decía continuamente y le prometía que un día lo llevaría a ver su futuro terreno. Cuando llegó ese día, descubrió que había sido víctima de una broma de familia, el terreno prometido era un pantano cenagoso quién sabe dónde. Ese muchachito era nada menos que P. T. Barnum, el famoso hombre de circo a fines del siglo XIX. En su resentimiento originó el dicho: "Cada minuto nace un bobo".

Hay quienes intencionalmente se proponen engañar, y buscan a los crédulos, débiles e ignorantes con la intención de acosarlos y lograr sus propios fines. Juan el apóstol advirtió a los creyentes de la iglesia primitiva que se mantuvieran alertas. La iglesia no está exenta de la infiltración de oportunistas y mentirosos.

¿Cómo podemos discernir estas voces falsas? Juan lo explica: "Vosotros tenéis la unción de parte del Santo y conocéis todas las cosas. No os escribo porque desconozcáis la verdad, sino porque la conocéis y porque ninguna mentira procede de la verdad... Permanezca en vosotros lo que habéis oído desde el principio" (1 Juan 2:20, 21, 24).

Usted cuenta con la dirección del Espíritu Santo y la Palabra inmutable de Dios. Nada de lo que dice Dios jamás contradecirá su Palabra. Cuando confía en esta verdad como la prueba de la verdad, no será arrastrado por el error.

Dios todopoderoso, gracias por la unción del Espíritu Santo que me capacita para saber la verdad. Cierra mis oídos a los engaños del mundo que me rodea. Haz que perdure en tu Palabra de verdad.

El Espíritu de verdad

LECTURA BÍBLICA: Juan 16:7-15
VERSÍCULO CLAVE: Juan 14:26

El Consolador, el Espíritu Santo, que el Padre enviará en mi nombre, él os enseñará todas las cosas y os hará recordar todo lo que yo os he dicho.

Los discípulos estaban preocupados. Jesús hablaba más y más del momento cuando los dejaría. ¿Quién les indicaría qué hacer y cómo actuar? ¿Quién contestaría sus preguntas difíciles?

Jesús los tranquilizó: "Yo os digo la verdad: Os conviene que yo me vaya; porque si no me voy, el Consolador no vendrá a vosotros. Y si yo voy, os lo enviaré... Y cuando venga el Espíritu de verdad, él os guiará a toda la verdad; pues no hablará por sí solo, sino que hablará todo lo que oiga y os hará saber las cosas que han de venir" (Juan 16:7, 13).

Jesús no los dejaría para que se las arreglaran en medio de su confusión e incertidumbre; al contrario, les prometió una mayor revelación y comprensión de su verdad que en ese momento tenían.

El Espíritu Santo es realmente quien toma las palabras de la página impresa de la Palabra de Dios y revela su significado a nuestra mente y nuestro corazón. Utiliza muchas "herramientas" humanas para ayudar con este proceso, incluyendo pastores, maestros y nuestras propias características. Pero sin el Espíritu, las palabras no son más que eso: palabras.

Si alguna vez ha evitado algún pasaje difícil porque le parecía que no lo entendería, no lo haga más. Dios promete iluminar su corazón (1 Cor. 2:14). Es usted el destinatario a quien va dirigida cada importante palabra.

Oh Señor, cuánto te agradezco que no me dejaste que me las arreglara en medio de mi confusión e incertidumbre. Me prometiste revelación y comprensión más allá de mi capacidad. ¡Las acepto!

Cómo entablar una relación cercana

LECTURA BÍBLICA: Salmo 84
VERSÍCULO CLAVE: Salmo 88:2

Llegue mi oración a tu presencia; inclina tu oído a mi clamor.

En el Antiguo Testamento Dios habló a su pueblo por medio de los profetas. Hombres como Moisés, Isaías, Jeremías y otros exhortaban a Israel a volver a la pureza y adoración del Señor. Dios les dio la habilidad de ver y proclamar la verdad.

La razón para que Dios hable en la actualidad es similar a la de entonces; pero su método ha cambiado drásticamente. Queriendo entablar una relación íntima con nosotros, Dios ahora habla por medio de las Escrituras y mediante la presencia iluminadora del Espíritu Santo directamente al corazón de los que creen en él. El nacimiento de Jesucristo fue un hito importante en la historia de la redención porque abrió el camino para que podamos establecer y disfrutar de una relación personal con el Padre celestial.

Aunque Dios sigue hablando por medio de líderes espirituales, se deleita en comunicarse con nosotros uno a uno. Ha buscado tener comunión desde el día en que usted nació. Ahora la decisión es de usted. Dios espera que se acerque a él. Él ya lo ha hecho por medio de la persona de Cristo. Es posible que lo conozca como su Salvador, ¿pero lo conoce como Señor y Amigo íntimo? Desarrollar una relación cercana con Dios lleva tiempo. Al orar, pídale que le guíe hacia una relación más profunda para poder conocer sus caminos y encontrar gloria eterna en sus bendiciones.

Querido Padre, me siento conmovido por tu deseo de comunicarte conmigo. Ayúdame a reservar el momento para encontrarme contigo. Quiero conocer tus caminos y encontrar gloria eterna en tus bendiciones.

La meta de Dios al hablar

LECTURA BÍBLICA: Lucas 24:44-49
VERSÍCULO CLAVE: Isaías 52:10

Jehovah ha descubierto el brazo de su santidad ante los ojos de todas las naciones. Todos los confines de la tierra verán la salvación de nuestro Dios.

Cuando Dios nos habla tiene en mente estas metas:

Quiere que comprendamos su verdad. Dios ha escrito la Biblia de manera que aunque la leamos desde el principio hasta el final no creamos que sabemos todo con respecto a él. Cuanto más leemos la Palabra de Dios, más se nos revela, y a mayor revelación, mejor entendemos su voluntad para nuestra vida.

Busca conformarnos a la imagen de Jesucristo. Dios quiere que tomemos su verdad y la apliquemos a nuestra vida. Al hacerlo, nos modela y conforma a la semejanza de su Hijo. Jesús es nuestro ejemplo. En él descubrimos que somos maravillosamente aceptados y amados.

Quiere que comuniquemos su verdad a los demás. Al ir creciendo en Cristo, Dios nos capacita para enseñar a otros acerca de él. Quizá no nos llame a ser pastores o misioneros, pero nos llama a cada uno a participar a otros de su amor. Nuestra comunicación no comienza y termina con palabras. Va mucho más profundo e incluye nuestras actitudes, nuestros valores, convicciones y anhelos. ¿Qué le dice su vida a los demás en cuanto a Cristo? ¿Ven a un Dios que ama, perdona y alienta a otros?

Padre Dios, ayúdame a comprender tu verdad. Quiero ser conformado a la imagen de tu Hijo Jesucristo. Quiero comunicar tu verdad a mis prójimos.

Vivo para Dios

LECTURA BÍBLICA: Romanos 6
VERSÍCULO CLAVE: 2 Timoteo 2:22

Huye, pues, de las pasiones juveniles y sigue la justicia, la fe, el amor y la paz con los que de corazón puro invocan al Señor.

El cartel mostraba un perro y un gato durmiendo y su epígrafe decía: "El secreto para vencer las tentaciones es hacerse el muerto". Iba seguido del versículo: "Así también vosotros, considerad que estáis muertos para el pecado, pero que estáis vivos para Dios en Cristo Jesús. No reine, pues, el pecado en vuestro cuerpo mortal" (Rom. 6:11, 12).

El pecado nos impide oír la voz de Dios. En Romanos 12:1, 2, Pablo nos insta a presentar nuestro cuerpo como sacrificio santo a Dios. Continúa, exhortando: "No os conforméis a este mundo; más bien, transformaos por la renovación de vuestro entendimiento, de modo que comprobéis cuál sea la voluntad de Dios, buena, agradable y perfecta".

Los creyentes que juguetean con el pecado participan en un juego mortal. El pecado no sólo afecta nuestra comunicación con Dios, también nos divide y separa de otros creyentes a la vez que empaña nuestra vista de modo que ya no vemos los principios de Dios. ¡Por eso Pablo escribió que cuando aparece la tentación, huyamos de ella (2 Tim. 2:22)!

La meta de Dios al hablarle es conformarle espiritual, emocional y mentalmente a la imagen de su Hijo. Por otro lado, la meta de Satanás al tentarle a pecar es asegurarse de que nunca llegue a ser todo lo que Dios quiere que sea. Usted es el que decide, y tiene la libertad de decidir ahora que está "vivo para Dios".

Señor, ¡no quiero que el pecado se enseñoree de mí! Quita todo lo que impide que escuche tu voz. Ayúdame a huir de la tentación cuando aparezca. Haz que muera al pecado y viva para ti.

La voz acusadora

LECTURA BÍBLICA: Génesis 3:1-7
VERSÍCULO CLAVE: Juan 8:44

Vosotros sois de vuestro padre el diablo, y queréis satisfacer los deseos de vuestro padre. El era homicida desde el principio y no se basaba en la verdad, porque no hay verdad en él. Cuando habla mentira, de lo suyo propio habla, porque es mentiroso y padre de mentira.

Jesús llama a Satanás "homicida" y "padre de mentira" (Juan 8:44). En el libro *The Bondage Breaker* (El que rompe las cadenas) Neil T. Anderson hace las siguientes observaciones:

> Una de las actitudes más comunes que he descubierto en los creyentes... es un desprecio de sí mismos profundamente arraigado. Les he oído decir: "...no sirvo para nada". Me asombra ver cuántos creyentes están paralizados en su testimonio y productividad por sus pensamientos y sentimientos de inferioridad y poca valía.
>
> Aparte de las tentaciones, quizá el ataque más frecuente e insistente de Satanás al cual somos vulnerables es la acusación. Por fe hemos entablado una relación eterna con el Señor Jesucristo... Satanás no puede hacer absolutamente nada para alterar nuestra posición en Cristo y nuestro valor para Dios. Pero logra que seamos inoperantes si nos puede engañar haciéndonos creer que somos de poco valor para Dios y los demás.

Cuando Dios habla siempre usa palabras de esperanza, aliento, dirección y promesa. Aun en los momentos de disciplina es rápido para restaurar y renovar nuestra comunión con él. Si la voz que usted escucha en su corazón es acusadora, sepa que es la del impostor. Por lo tanto, póngase firme contra el enemigo y pídale a Dios que llene su corazón con su verdad.

Oh Dios, el acusador muchas veces trata de condenarme, pero sé que no hay condenación porque soy tu hijo. Rechazo la voz del acusador y sus mentiras engañosas.

El mensaje de Dios para usted

LECTURA BÍBLICA: Hebreos 10:35-39
VERSÍCULO CLAVE: Jeremías 29:11

Porque yo sé los planes que tengo acerca de vosotros, dice Jehovah, planes de bienestar y no de mal, para daros porvenir y esperanza.

El mensaje de Dios para usted siempre coincide con su Palabra. Por lo tanto, el apóstol Pablo aconsejó a las iglesias que leyeran y estudiaran la Palabra de Dios, sabiendo que produciría una abundancia de justicia: "La palabra de Cristo habite abundantemente en vosotros, enseñándoos y amonestándoos los unos a los otros en toda sabiduría con salmos, himnos y canciones espirituales" (Col. 3:16).

Los primeros creyentes no tenían la Biblia como la tenemos nosotros. Contaban con la Ley de Moisés y los mensajes de los profetas. Las epístolas (nuestros libros del Nuevo Testamento) de los apóstoles circulaban por las iglesias que enseñaban las palabras y principios de Cristo. Pablo sabía que si las estudiaban, estarían capacitados para encarar las tentaciones y dificultades.

Muchas veces enfrentamos emergencias que no nos dan tiempo para recurrir a la Biblia y buscar la respuesta de Dios. Pero, cuando hemos estudiado la Palabra de Dios contamos con las herramientas espirituales necesarias para encarar el conflicto.

Quizá esté enfrentando usted una profunda pérdida personal. Dios quiere que sepa que es un Dios que consuela (2 Cor. 1:3). Tiene un plan para su vida que va más allá del dolor inmediato (Jer. 29:11). Por lo tanto, no pierda su confianza en él porque tendrá su recompensa (Heb. 10:35).

Padre Dios, tus planes van más allá de las penas y dolores inmediatos en mi vida. Confío plenamente que así es. No sufriré una decepción.

En busca de la dirección de Dios

LECTURA BÍBLICA: Salmo 131
VERSÍCULO CLAVE: Juan 11:41

Luego quitaron la piedra, y Jesús alzó los ojos arriba y dijo: "Padre, te doy gracias porque me oíste".

El resultado de buscar a Dios es una vida entregada a él. Oswald Chambers afirma:

El destino de mi vida espiritual es tal identificación con Jesucristo que siempre escucho a Dios, y sé que él siempre me escucha a mí (Juan 11:41). Si estoy unido con Jesucristo, oigo a Dios, por la devoción de oír todo el tiempo. Un lirio, o un árbol, o un siervo de Dios puede darme el mensaje de Dios para mí. Lo que me impide escuchar es que me absorbo en otras cosas.

No es que decido no escuchar a Dios, sino que carezco de una devoción correcta. Siento devoción por las cosas, el altruismo, las convicciones, y Dios puede decir lo que quiera pero yo no lo oigo. La actitud del niño es siempre: "Habla, oh Jehovah, que tu siervo escucha" (1 Samuel 3:9). Si no he cultivado esta devoción a escuchar, puedo oír su voz sólo en ocasiones; en otras ocasiones estoy absorto en las cosas.

En esto de buscar a Dios, determinamos tomarnos el tiempo para escuchar o pasarnos la vida obrando frenéticamente según nuestras propias fuerzas. La dirección de Dios es siempre clara. Al abrir su Palabra hoy, ore pidiéndole que hable específicamente a su corazón.

Amado Señor, siento devoción por las cosas, el altruismo y las convicciones, pero necesito sentir más devoción por ti. Ayúdame a escuchar para recibir tu dirección en lugar de pasarme la vida obrando según mis propias fuerzas.

Una guía para la vida

LECTURA BÍBLICA: 2 Timoteo 3:14-17
VERSÍCULO CLAVE: Romanos 12:2

No os conforméis a este mundo; más bien, transformaos por la renovación de vuestro entendimiento, de modo que comprobéis cuál sea la voluntad de Dios, buena, agradable y perfecta.

*C*uando se trata de usar la Biblia como una guía para la vida, la pregunta no es por qué sino cómo usarla.

Muchos usan el método de contingencia; es decir, esperan hasta que les llega una crisis y entonces tratan de hojear rápidamente sus Biblias en busca de respuestas fáciles. Quieren que las palabras salten de la página. Es cierto, a veces Dios obra de este modo; ha ministrado a muchos en su momento de necesidad subrayando una promesa específica de las Escrituras para sustentar aun al corazón débil y lleno de dudas.

Pero el Señor quiere que su Palabra sea su sustento y fuente de dirección cotidiana, no sólo un paréntesis ocasional cuando las cosas andan mal. Romanos 12:2 explica la clave para hacer que la Biblia se convierta en su sostén momento a momento: "No os conforméis a este mundo; más bien, transformaos por la renovación de vuestro entendimiento, de modo que comprobéis cuál sea la voluntad de Dios, buena, agradable y perfecta."

La renovación no es un proceso instantáneo; la palabra misma implica un cambio y desarrollo constante. Al estudiar e indagar más profundamente su significado, vamos comprendiendo la relación entre sus principios y cómo Dios obra en la vida de su pueblo. Este proceso nos prepara para sentir su dirección.

Padre celestial, necesito una guía para mi jornada. Gracias por el mapa para el camino que es tu Palabra. Haz que realice su obra en mí.

DICIEMBRE

TEMA

El camino a Damasco

QUE REPRESENTA: Avanzar hacia nuestro destino divino

VERSÍCULO CLAVE: Proverbios 9:10

El comienzo de la sabiduría es el temor de Jehovah,
y el conocimiento del Santísimo es la inteligencia.

El viaje de Pablo por el camino a Damasco lo llevó a su destino divino: un encuentro transformador con Cristo Jesús (Hech. 9).

Pablo no volvió a ser el mismo después de ese viaje. Su personalidad, sus planes, el propósito de su vida, todo fue impactado por la experiencia en el camino a Damasco. Años después se presentó ante el rey Agripa con un poderoso testimonio: "Por lo cual, oh rey Agripa, no fui desobediente a la visión celestial" (Hech. 26:19).

Este mes, al concluir juntos nuestro peregrinaje espiritual, consideraremos nuestro propio destino divino. Las meditaciones enfatizan la importancia de establecer metas correctas, terminar bien y cumplir el plan de Dios para nuestra vida.

Cuando complete usted la última lectura el 31 de diciembre, su peregrinaje espiritual no concluye en realidad. Continuará viviendo los desafíos cotidianos, las oportunidades y adversidades de la vida. Siga aprendiendo. Sea obediente a la visión celestial. Siga avanzando con fe y, al final de su jornada, podrá hacerse eco de las palabras del apóstol Pablo: "He peleado la buena batalla; he acabado la carrera; he guardado la fe" (2 Tim. 4:7).

Erosión espiritual

LECTURA BÍBLICA: Salmo 31:19-24
VERSÍCULOS CLAVE: Colosenses 2:6, 7

Por tanto, de la manera que habéis recibido a Cristo Jesús el Señor, así andad en él, firmemente arraigados y sobreedificados en él, y confirmados por la fe, así como habéis sido enseñados, abundando en acciones de gracias.

Cultivar la tierra sin labrarla se ha convertido en una práctica en algunas regiones agrícolas. Para impedir la pérdida de la capa de tierra fértil, se dejan los rastrojos de la cosecha anterior en lugar de ararla, incrementando la retención de tierra y humedad. También es posible disminuir la erosión espiritual y fomentar un crecimiento constante a medida que el Espíritu Santo aplica a la tierra de nuestra alma estos principios que han pasado la prueba del tiempo:

Una concentración renovada en la Palabra de Dios. Llegamos a arraigarnos firmemente en Cristo a medida que los principios y el poder de la Palabra son implantados en nuestra mente y se van entretejiendo en nuestra conducta. La meditación de la Biblia agrega capas sólidas de carácter a semejanza de Cristo a nuestra vida, que actúan como muros invisibles contra las fuerzas de erosión espiritual.

Una mayor atención a la adoración y a la alabanza. Cuanto menos sobrecogedor va siendo Dios para nosotros más fácil resulta irse a la deriva. La alabanza y adoración producen un concepto exaltado de Dios y restauran nuestra pasión espiritual.

Un enfoque renovado en servir a los demás. Ayudar en las necesidades prácticas de nuestro prójimo sirve para contrarrestar la erosión espiritual porque da rienda suelta al poder y amor de Dios.

Usted puede volver a tener el gozo, paz y fe que una vez tuvo en su relación con Cristo. Aplique hoy por lo menos un principio, y observe a Dios reconstruir su vida.

Señor, me comprometo a renovar mi consagración a tu Palabra. Muéstrame la manera como puedo ayudar a solucionar las necesidades prácticas de mis prójimos. Contrarresta los efectos de la erosión espiritual en mi vida.

Entender el punto de vista de Dios

LECTURA BÍBLICA: Salmo 139
VERSÍCULOS CLAVE: Proverbios 3:5, 6

Confía en Jehovah con todo tu corazón, y no te apoyes en tu propia inteligencia. Reconócelo en todos tus caminos, y él enderezará tus sendas.

En algunos parques los jardineros cultivan setos en forma de laberintos. La persona que camina entre las "paredes" de ligustros se ve forzada a encontrar su camino probando cada vuelta; los setos son demasiado altos como para ver por encima de ellos, y es casi imposible recordar las curvas y las vueltas. Pero alguien que observa desde el balcón de un segundo piso puede distinguir claramente los verdes senderos y dar orientación al que vaga sin rumbo por el laberinto.

Todo es cuestión de la perspectiva con que cuenta la persona, y esto se aplica también a su vida. Puede ver dónde ha estado y dónde está ahora, pero el Señor puede ver su vida en su totalidad, cada paso en el camino (Sal. 139). Puede sentirse rodeado de un laberinto de detalles desconcertantes, pero no está perdido cuando confía en Jesucristo para que lo guíe en el camino.

Por supuesto, resulta natural apoyarse en él cuando no ve el camino por delante, pero es igualmente crucial confiar en su dirección aun cuando cree que domina todo el panorama. La perspectiva de Dios es vital en todo momento.

¿Busca la dirección de Dios cada día, o recurre a él sólo cuando le son insuficientes sus propios recursos y su sentido común?

Dame tu perspectiva, Padre celestial, aunque pueda o no ver el camino por delante. Endereza mis sendas. No dependo de mi propio entendimiento. Confío en ti.

Viva libre en él

LECTURA BÍBLICA: Juan 15:4-7
VERSÍCULO CLAVE: Juan 14:23

Respondió Jesús y le dijo: "Si alguno me ama, mi palabra guardará. Y mi Padre lo amará, y vendremos a él y haremos nuestra morada con él".

La joven invirtió varios días en la preparación de su presentación. Pero sus superiores apenas le dieron su aprobación. Más tarde, en la soledad de su oficina, se puso a llorar. ¿Por qué no elogiaron más su trabajo? ¿Acaso no notaron su esfuerzo?

Nuestro mundo está obsesionado con el tema "rendimiento". Las computadoras sobrepasan los límites de la tecnología. La que compramos hoy habrá quedado atrás en seis meses. Este tipo de mentalidad lleva a una manera de vivir que presiona en un esfuerzo por escalar y acercarse a una meta imaginaria. Pero tarde o temprano se desplomará.

Un relato infantil cuenta de la oruga que anhelaba saber qué había arriba de un montón de orugas. Tironea y empuja hasta llegar arriba, pero cuando alcanza su meta, comprueba que allí no hay nada. Regresa inmediatamente a lo que era antes y ocurre algo maravilloso. Se apodera de ella el anhelo de llegar a ser todo lo que Dios tuvo la intención que fuera, y se convierte en una bella mariposa.

Podemos invertir años en una lucha por sacarle más jugo a la vida, pero lo único que logramos es sentirnos acabados. La mentalidad que se adhiere a este pensamiento: Soy bueno, pero no lo suficientemente bueno, demuestra una vida basada en el rendimiento. El estilo de Dios es una vida vivida plenamente a la luz de su gracia y aceptación. Deje a un lado sus expectativas y temores, y deje que él le bendiga abundantemente al vivir una vida libre en él.

Padre, quiero vivir libre en ti. Ayúdame a dejar a un lado mis expectativas y temores a fin de que me bendigas abundantemente. Gracias por tu aceptación incondicional.

Preparado para los momentos difíciles

LECTURA BÍBLICA: 1 Pedro 1:13-21
VERSÍCULO CLAVE: 1 Pedro 1:13

Por eso, con la mente preparada para actuar y siendo sobrios, poned vuestra esperanza completamente en la gracia que os es traída en la revelación de Jesucristo.

*E*s imposible enfatizar demasiado la importancia de "preparar nuestra mente para la acción", especialmente cuando consideramos la probabilidad de las dificultades en nuestras experiencias cotidianas. Si no somos consecuentes en mantener nuestra fuerza espiritual, los momentos difíciles nos afectarán aun más.

Kay Arthur explica los rasgos de esta fuerza:

La fe reconoce que Dios está en control, no el hombre. La fe actúa a la manera de Dios, en el momento preciso de Dios, según su buena voluntad. La fe no toma la vida en sus propias manos, sino que, con respeto y confianza, la pone en las manos de Dios... La fe espera y confía, creyendo lo que Dios dice.

Cuando es difícil entender la vida, cuando la duda golpea a la puerta de su mente llamándolo necio por no dejarla entrar, cuando creer en Dios parece una locura, cuando el razonamiento humano coloca delante suyo las opciones racionales de la mentalidad mayoritaria de hombres y mujeres, ¿qué hará? ¿Seguirá las opciones lógicas del hombre o buscará a Dios en oración, esperando ver lo que dirá?

Cuando las cosas son difíciles, hasta inaguantables, ¿cambiará usted su estado de ánimo con la marea de las circunstancias o se regocijará en el Dios de su salvación? ¿Dará tropezones en la oscuridad de su propio razonamiento... o dejará que Dios le ayude a caminar de modo que supere las dificultades de la vida?

Oh Dios, tú estás en control de mi destino. Ayúdame a andar con fe, haciéndolo a tu manera, según tus momentos precisos y tu plan. Pongo mi vida en tus manos.

Poder para perseverar

LECTURA BÍBLICA: Romanos 8:35-39
VERSÍCULO CLAVE: Romanos 8:2

La ley del Espíritu de vida en Cristo Jesús me ha librado de la ley del pecado y de la muerte.

Cuando las circunstancias se ponen difíciles, es natural querer escapar. Pero lo que muchos no ven son los beneficios de resistir con fuerza. Cynthia Heald explica la importancia de perseverar, en su libro *Abiding in Christ* (Permanezcamos en Cristo):

Después de visitar a una amiga íntima y escuchar sus continuos problemas, sentí que lo único que podía hacer era animarle a perseverar: encarar sus presiones y dificultades con un propósito firme de hacer lo correcto y vivir una vida piadosa. En el griego perseverancia significa "soportar pacientemente". En nuestro idioma significa más bien "persistir o permanecer constante en la prosecución de un propósito, idea o tarea al enfrentar obstáculos"...

¡Perseverar y soportar no son exactamente palabras alegres! Pero son poderosas y necesarias en nuestra vida. No importa quiénes somos, a quiénes conocemos o nuestra posición en la vida, todos pasamos por dificultades. Qué alentador es saber que perseverar en medio de estas experiencias produce un resultado hermoso: Nuestro carácter madura, al igual que nuestra habilidad de poner nuestra esperanza en Dios y de sentir su amor.

Es mucho más fácil perseverar cuando nos mantenemos bien conectados a nuestra fuente de fuerza y gracia. Permanecer en Cristo nos capacita para soportar, aun regocijarnos, en los momentos de apuro que Dios permite en nuestra vida.

Señor, dame el poder para perseverar. Quiero encarar las presiones y dificultades con el firme compromiso de vivir una vida piadosa. Capacítame para soportar y regocijarme en los momentos de apuro.

Un rayo de esperanza

LECTURA BÍBLICA: Génesis 39; 41
VERSÍCULO CLAVE: Génesis 45:5

Ahora pues, no os entristezcáis ni os pese el haberme ven-
dido acá, porque para preservación de vida me ha enviado
Dios delante de vosotros.

En nuestro andar espiritual con el Señor, muchas veces no sabemos hacia dónde nos encamina ni por qué. Con frecuencia podemos malinterpretar la razón por la cual él ha permitido que ciertas circunstancias invadieran nuestro mundo seguro y ordenado.

Lo más probable es que José no comprendía por qué Dios había permitido que sus hermanos lo trataran con tanta animosidad. Él ha bía adorado fielmente al Señor, no obstante, Dios no lo salvó del sufrimiento de ser vendido como esclavo y ser llevado a Egipto. Allí, la vida de José fue un drama de altibajos, de cosas buenas y malas. Si lo pensamos, la historia de José nos hace pensar en nuestra propia vida en ciertos momentos.

Porque no podía escapar de su cautiverio, se vio forzado a confiar en Dios todo el tiempo que estuvo en Egipto. Piénselo; nunca volvió a caminar por Canaán, su tierra amada. Aun después que Dios lo bendijo y faraón lo puso a cargo del país, José se tuvo que quedar en Egipto. Pero Dios tenía un plan. Utilizó el destierro de José para salvar a Israel de la inanición cuando llegó la hambruna.

Si José no hubiera ido a Egipto, Israel hubiera perecido. Dios usó el sufrimiento de José para bendecir a otros. José no recibió una explicación detallada del momento de su arresto hasta el momento cuando llegó su familia. El siervo de Dios avanzó en la oscuridad con un solo rayo de esperanza: su fe en un Dios inmutable. Y ¿sabe qué? ¡Esa luz fue más que suficiente!

Maestro, ayúdame a avanzar en la oscuridad con el rayo de
esperanza: mi fe en un Dios inmutable. Tu luz es suficiente
para mi camino.

La victoria está cerca

LECTURA BÍBLICA: Salmo 23
VERSÍCULO CLAVE: Salmo 23:4

Aunque ande en valle de sombra de muerte, no temeré mal alguno, porque tú estarás conmigo. Tu vara y tu cayado me infundirán aliento.

Este versículo es favorito de muchos. También es uno que los niños pueden aprender con facilidad. Muchos de los que han memorizado el Salmo 23 en su niñez vuelven a recordarlo más adelante, especialmente cuando surgen problemas. La característica más notable de este Salmo es el sentido de confianza y seguridad que produce.

David pasó la mayor parte de su niñez y juventud como pastor en los campos de su padre. Allí enfrentó todo tipo de peligros. Su amor y devoción a Dios estabilizó su corazón. Cuando se sentía tentado a tener miedo, David se concentraba en la habilidad soberana de Dios de protegerlo y guardarlo.

¿Enfrenta usted una situación particularmente difícil? Quizá ha habido un cambio en su casa o en el trabajo. Quizá alguien ha atacado su reputación personal, y pareciera que por más que habla y explica, no puede lograr que cambie su opinión.

¿Qué hacer cuando las cosas andan mal o terminan de lo peor? ¿Cómo sobrelleva la muerte de un ser querido o el que abandone el hogar? ¿Cómo encara el problema del adolescente cuyas decisiones lo llevarán a la ruina?

Hay una sola manera. Puede sonar simple, pero da resultado en todos los casos. Deje a un lado sus expectativas. Tenga quietud en su corazón y en su espíritu, y escuche cada palabra que Dios le dice. Confíe en él como lo hizo David para que le guíe por el valle y de regreso a la luz de su esperanza eterna. La victoria está cerca.

Señor, dejo mis expectativas al pie de la cruz. Aquieta mi corazón y mi espíritu para poder oír lo que me quieres decir. Guíame por el valle y de regreso a la luz de tu esperanza eterna. ¡Me regocijo porque la victoria está cerca!

El origen de su esperanza

LECTURA BÍBLICA: Salmo 42
VERSÍCULO CLAVE: Salmo 42:1

Como ansía el venado las corrientes de las aguas, así te ansía a ti, oh Dios, el alma mía.

La esperanza genera una expectativa de bendiciones. Actuamos con esperanza el día de nuestra boda, del nacimiento de un hijo o de un nieto. Ciframos nuestras esperanzas en el día que terminemos nuestros estudios, o en el día cuando finalmente podamos poner "Doctor" delante de nuestro nombre. Hay tantas razones para tener esperanza como personas hay.

Para conocer la esperanza tenemos que soportar temporadas de desesperanza. La esperanza representa el final de un anhelar desesperado: una necesidad que ruega ser satisfecha y al final lo es. Cuando la esperanza arde en su corazón, clama por ser escuchada.

El salmista declaró: "Como ansía el venado las corrientes de las aguas, así te ansía a ti, oh Dios, el alma mía... Mis lágrimas han sido mi alimento día y noche, mientras me dicen todos los días: '¿Dónde está tu Dios?' " (Sal. 42:1, 3).

¿Cuál es su esperanza, su sueño, el clamor de su corazón? Tómese un momento para acercarse a Dios con su más profundo y serio ruego. El salmista clamó: "¿Por qué te abates, oh alma mía, y te turbas dentro de mí?" (Sal. 42:5). Lo único que sabemos del problema de este hombre es que era crítico para él.

Comprenda que cualquier cosa que sea importante para usted es aun más importante para el Señor. Deje que sea el origen de su esperanza para el futuro.

Amado Padre celestial, tú oyes el clamor de mi corazón. Las cosas que son importantes para mí son importantes para ti. Eres mi esperanza para el futuro. Descanso en esa realidad.

El que da gran aliento

LECTURA BÍBLICA: Santiago 1:1-12
VERSÍCULO CLAVE: Santiago 1:12

Bienaventurado el hombre que persevera bajo la prueba;
porque, cuando haya sido probado, recibirá la corona de
vida que Dios ha prometido a los que le aman.

Aunque todo lo que le rodea parece desaparecer en un mar de confusión, Dios está con usted. Nunca se aparta de su lado. Algunos dicen: "En mi vida no pasa nada malo". Pero cada uno de nosotros enfrenta tiempos de incertidumbre cuando el dolor y el temor oscurecen la senda que tenemos por delante y nos deja sintiéndonos impotentes.

No hay mayor bendición que iniciar y acabar cada día con Jesús. No permita que las dudas oscurezcan la realidad de su presencia que mora en su vida. Dios prueba su fe con el fin de asegurarse de que se encuentra arraigado profundamente en su verdad. Permite que la adversidad pase por nuestra vida a veces con gran intensidad para exponer el nivel de nuestra confianza en él.

Aprendemos a perseverar cuando nuestra fe es probada. Y la perseverancia piadosa, no la habilidad humana, nos hace fuertes. Santiago escribió: "Hermanos míos, tenedlo por sumo gozo cuando os encontréis en diversas pruebas, sabiendo que la prueba de vuestra fe produce paciencia. Pero que la paciencia tenga su obra completa" (1:2-4).

Para tener la fe que vence todas las dudas y los temores, tiene que depender de Cristo como su esperanza y guía en cada situación. No se deje desviar de su curso por la crítica o falta de apoyo de los demás. Dios es el que da el mayor aliento, y cuando su fe está puesta firmemente en él, puede estar seguro de que le guiará hacia la victoria.

Dios todopoderoso, dame la fe que vence todas las dudas y
los temores. Dependo de ti como mi esperanza y guía en
cada situación. No dejes que los demás me desvíen de mi
curso. Te miro sólo a ti.

Un gran comienzo, un trágico final

LECTURA BÍBLICA: 1 Samuel 18–19
VERSÍCULO CLAVE: Proverbios 29:23

La soberbia del hombre lo abate, pero al humilde de espíritu le sustenta la honra.

Saúl era indudablemente un rey fuera de control. Lo dominaban los celos que sentía por el joven David, a quien Dios había claramente seleccionado para ser su representante terrenal como líder de su pueblo escogido. Saúl no quiso reconocer la decisión de Dios, y demostró su rebelión interna muchas veces a través de su desobediencia.

El rey que causara admiración por toda su fuerza física y su vigor espiritual dejó que el deseo de ser personalmente poderoso lo dominara, y le costó caro. Dios le quitó todas las posiciones de autoridad y usó a David para llevar adelante su obra.

Es probable que haya visto este principio obrando hoy en la vida de algunos creyentes. Cuando alguien se desvía de su curso y no deja que el Señor lo guíe de vuelta a su verdad, muchas veces Dios lo quita de la situación que no está sometiendo a su autoridad. Las decisiones de Dios son ejemplos de su amor, porque el Señor en definitiva no puede permitir que sus hijos sigan rumbo a la autodestrucción.

El problema de emprender algo siguiendo su propio rumbo y haciendo caso omiso de él, es que tal "exploración" carnal no hace más que insensibilizar aun más su corazón a la dirección del Señor. Si piensa que su corazón está endurecido hoy, pídale a Dios que le revele la verdad en cuanto a cómo está andando con él. Él quiere que usted viva todos los años de su vida según Él le guía.

Querido Dios, revélame la verdad sobre cómo estoy andando contigo. Sensibiliza mi corazón hacia tu dirección. Dirígeme. Guíame.

Siga probando

LECTURA BÍBLICA: Lucas 10:1-24
VERSÍCULO CLAVE: Gálatas 6:9

No nos cansemos, pues, de hacer el bien; porque a su tiempo cosecharemos, si no desmayamos.

Si Edison se hubiera dado por vencido la primera vez que fracasó, el mundo no sería hoy el mismo. Trabajaba en su taller día tras día, probando una lista sin fin de elementos. En cada caso que no daba resultado, catalogaba con cuidado el fracaso y seguía adelante probando la próxima sustancia con la actitud de que estaba un poco más cerca de la respuesta. Por fin la luz se prendió, literalmente. Tomás Alva Edison había encontrado el secreto para fabricar el filamento del primer foco de luz incandescente.

En su andar con el Señor los fracasos y errores pueden provocarle una de dos reacciones. O se paraliza dominado por el sentimiento de que es un inútil, creyendo que las cosas nunca cambiarán; o puede seguir adelante y volver a probar con una fe segura.

Eso fue lo que Jesús instó que hicieran sus setenta discípulos cuando se sintieran desanimados y fracasados. Si la gente en un pueblo o aldea los recibía con los brazos abiertos y escuchaban sus enseñanzas, Jesús les dijo que se quedaran allí por un tiempo. Pero si encontraban resistencia, debían ir por las calles y proclamar el mensaje del juicio de Dios contra esa ciudad antes de irse.

Jesús no les estaba ordenando que dejaran de perseverar. Cumplían una misión especial, y las reacciones negativas de los demás no tenían que ser una fuerza disuasoria que incidiera en la obediencia de los discípulos.

Oh Señor, no dejes que me paralice ante el fracaso. Ayúdame a usar mis fracasos como pasos hacia el futuro. Dame la valentía de volver a probar con una fe segura.

Más allá de nosotros mismos

LECTURA BÍBLICA: 2 Corintios 1
VERSÍCULO CLAVE: 2 Corintios 1:12

Porque nuestro motivo de gloria es éste: el testimonio de nuestra conciencia de que nos hemos conducido en el mundo (y especialmente ante vosotros), con sencillez y la sinceridad que proviene de Dios, y no en sabiduría humana, sino en la gracia de Dios.

*M*uchos libros seculares y programas de televisión tienen historias de individuos que han superado reveses extraordinarios. Hombres y mujeres atrapados en una situación aparentemente sin salida vencieron su desesperación por pura fuerza de voluntad y llegaron a ser lo que son hoy.

Muchos dicen algo así: "Busqué dentro de mí mismo y saqué fuerzas que no sabía que tenía. Cuando uno se da cuenta de cuánto poder realmente tiene, cuánta potencialidad encierra, puede producir una potencia interna que le ayuda a tener éxito".

¿Le resulta familiar esta manera de hablar? Es la exclamación del hombre moderno dependiendo de sí mismo y poniéndose como medida de todas las cosas. Pero estos conferencistas no explican qué hacer cuando se acaba esta energía autogenerada, cuando el problema es demasiado grande para solucionarlo uno mismo. El esfuerzo y poder humanos dan resultado hasta cierto punto.

¿Puede imaginarse al apóstol Pablo testificando que había sobrevivido crueles azotes y un naufragio y el rechazo público por su propia fuerza de voluntad? Absolutamente no. En cambio, Pablo dijo esto: "Porque nuestro motivo de gloria es éste: el testimonio de nuestra conciencia de que nos hemos conducido en el mundo (y especialmente ante vosotros), con sencillez y la sinceridad que proviene de Dios, y no en sabiduría humana, sino en la gracia de Dios" (2 Cor. 1:12). Esta es también la esperanza segura para usted.

Padre celestial, no puedo hacerlo por mí mismo. No tengo la energía ni la sabiduría. Pongo mi confianza en ti. Estoy dependiendo de tu poder.

El tironcito al corazón

LECTURA BÍBLICA: 1 Timoteo 1:18-20
VERSÍCULO CLAVE: 1 Timoteo 1:19

Manteniendo la fe y la buena conciencia, la cual algunos desecharon y naufragaron en cuanto a la fe.

El barco arremetía contra las olas embravecidas. El capitán de pie sobre la cubierta vio la luz amarilla del faro en la costa. En lugar de atender su advertencia siguió por donde mejor le parecía. A menos que cambiara su curso, el barco y sus tripulantes encontrarían una muerte segura en las rocas circundantes.

¿Le parece una reacción insana? Es algo que la gente hace todo el tiempo cuando no hacen caso a "la luz del faro" de la conciencia que Dios les dio.

El apóstol Pablo escribió al joven pastor Timoteo sobre lo que sucede cuando no le hacemos caso a la luz espiritual de nuestra conciencia: "Este mandamiento te encargo, hijo Timoteo, conforme a las profecías que antes se hicieron acerca de ti, para que milites por ellas la buena milicia, manteniendo la fe y la buena conciencia, la cual algunos desecharon y naufragaron en cuanto a la fe" (1 Tim. 1:18, 19).

Los creyentes que rechazaban los mensajes de su conciencia vivían etapas de quebranto porque no prestaban atención a las señales de peligro espiritual en el camino. ¿Ha sentido alguna vez un tironcito en el corazón cuando está por tomar un rumbo equivocado? Debe volverse hacia la luz de Dios y prestar atención a su llamado.

Padre Dios, ayúdame a volverme hacia tu luz y prestar atención a tu llamado. Hazme atento a las señales de peligro en el camino. Impide que vaya en la dirección equivocada. Guía mi jornada espiritual.

Un nuevo toque de Dios

LECTURA BÍBLICA: Salmo 77
VERSÍCULOS CLAVE: Isaías 43:18, 19

*No os acordéis de las cosas pasadas; ni consideréis las cosas
antiguas. He aquí que yo hago una cosa nueva; pronto surgirá. ¿No la conoceréis? Otra vez os haré un camino en el
desierto, y ríos en el sequedal.*

¿Ha sentido alguna vez que su vida es un desierto seco y árido?
En el primer pasaje del Salmo Israel se sentía espiritual y emocionalmente desolado. En su desobediencia el pueblo escogido se había
apartado de Dios, y él los había dejado ir. Cuando reaccionaron, cla-
maron dando evidencia de la carga que llevaban en sus corazones.
Estaban solos y necesitaban un nuevo toque de Dios.

Lo maravilloso de Cristo es que nunca está distanciado. Siempre
está a nuestro lado. Porque la fidelidad es parte de su naturaleza no
puede ser infiel y, a la vez, ser Dios. Cuando somos infieles, él sigue
fiel. Y, en el caso de Israel, dio pruebas de su naturaleza.

Dios comisionó al profeta Isaías que escribiera y reportara sus
palabras al pueblo. En Isaías 43:18 Dios dijo a Israel: "No os acordéis
de las cosas pasadas; ni consideréis las cosas antiguas". O sea: "No
pierdan mucho tiempo mirando los fracasos del pasado. Hoy es hoy.
Vamos hacia adelante por aquí, y esto es lo que pienso hacer".

Dios siempre obra en el presente y mira hacia el futuro. La vida
en su mejor expresión no se vive en el pasado, preocupándose por lo
sucedido o por lo que una vez fue. Más bien, se vive en el aquí y
ahora, consciente de una cosa: Dios es un Dios de amor, y siempre
está obrando en su vida para hacer algo para el bien de usted y la gloria de él.

*Señor Jesús, quita mi vista del pasado y ponla en el futuro.
Adelante es hacia donde voy. Estás obrando en mi vida,
abriéndome un camino. Recibo el mañana con gozo y esperanza.*

Rápidos de intensidad "seis"

LECTURA BÍBLICA: Salmo 25
VERSÍCULO CLAVE: 1 Pedro 5:8

Sed sobrios y velad. Vuestro adversario, el diablo, como león rugiente, anda alrededor buscando a quién devorar.

Los dos amigos andaban solos de vacaciones y totalmente desprevenidos para lo que les estaba por suceder. Antes de volver a la universidad en el otoño, querían vivir una última aventura antes de enterrarse en sus libros. Así que escogieron hacer un viaje en canoa por un río que supuestamente era bastante tranquilo.

Habían oído que se encontrarían con algunos rápidos. Pero estaban convencidos de que no serían más que lo que los boteros llaman "de intensidad dos en una escala de uno a seis". Pero lo que experimentaron río abajo era superior a uno de intensidad dos, y la bruma amenazadora sobre la veloz corriente confirmó sus temores.

Aun cuando entraron en acción, se dieron cuenta que tenían pocas esperanzas de controlar el bote. Ninguno de los dos sabía nada de navegación, pero el final de la experiencia es más embarazoso que trágico. Empapados y desorientados llegaron a la orilla y con gran alivio sacaron el bote de donde se había atascado en un montón de ramas a ras del agua. No habían estado preparados para el viaje. Ni siquiera una vez habían buscado seriamente información sobre la naturaleza del río. Sus esperanzas se basaban en suposiciones falsas.

Creemos estar a salvo de las atracciones del pecado, pero no es así. Pedro nos exhortó a que permanezcamos en guardia en todo momento (1 Ped. 5:8). De esta manera, cuando nos encontramos con rápidos de intensidad seis, no nos sentiremos tentados a restarles importancia como si fueran de intensidad dos.

Padre celestial, ayúdame a mantenerme en guardia contra el enemigo en todo momento, espiritualmente alerta a las aguas peligrosas que hay adelante. Protégeme de los rápidos de intensidad seis.

¿Quién es el que manda aquí?

LECTURA BÍBLICA: Efesios 5:11-21
VERSÍCULO CLAVE: Gálatas 5:25

Ahora que vivimos en el Espíritu, andemos en el Espíritu.

¿Le ha tocado alguna vez hacer una pregunta o una consulta y ha sentido que en lugar de responderle le están tomando el pelo? Una persona lo pasa a otra, quien lo pasa a otra más, quien llama al representante de otro departamento y así la cosa sigue sin que logre obtener una respuesta. Ante tanta confusión se pregunta quién realmente manda allí.

Pablo trató esta cuestión de autoridad en Efesios 5:18: "Y no os embriaguéis con vino, pues en esto hay desenfreno. Más bien, sed llenos del Espíritu". La palabra llenos usada aquí es la traducción de un vocablo griego que significa "controlado por" o "dominado por". La pregunta que Dios quiere que nos hagamos es: ¿Quién es el que manda en mi vida?

Aunque el Espíritu Santo empezó a morar en usted cuando confió en Cristo como su Salvador, no necesariamente lo controla y guía. Primero tiene que ceder a su autoridad, reconociendo que su poder es necesario para vivir como Jesús quiere que viva.

El Espíritu Santo es el sistema de "teledirección" para su vida. El piloto puede contar con el equipo más avanzado, pero de nada le sirve si no lo conoce. Usted tiene que permitir que el Espíritu Santo lo pilotee en la dirección correcta, confiando en su infalible sabiduría.

Y este ceder no es meramente una acción que se hace una sola vez; cada día necesita tomar la decisión consciente de confiar en él a pesar de lo que sus propios sentimientos le quieran dictar. ¿Está listo para dejar que Jesús sea el que manda? Él anhela guiarle.

Oh Dios, sea lo que fuere que este día depara, está bajo tu control. Dirígeme. Guíame. Te entrego cada actividad de este día. Tú eres el que manda.

El tiempo oportuno de Dios

LECTURA BÍBLICA: 1 Samuel 13:1-14
VERSÍCULO CLAVE: Salmo 128:1

Bienaventurado todo aquel que teme a Jehovah y anda en sus caminos.

A todos nos sucede alguna vez: hay que tomar una decisión y nos parece que Dios demora en darnos su orientación. Eso es lo que sentía Saúl a punto de luchar contra los filisteos. Samuel le había indicado que esperara siete días. Al final de ese tiempo él vendría y ofrecería el sacrificio correspondiente.

Pero al amanecer del séptimo día Samuel no había llegado y Saúl tomó la mala decisión de ofrecer el sacrificio por sí mismo.

La motivación de Saúl... parece genuina y apropiada: los filisteos se estaban preparando para atacar a Israel, sus hombres estaban desertando y Samuel no había llegado... Por lo tanto, Saúl sintió la necesidad urgente de buscar el favor de Dios, o por lo menos esa fue su excusa. Pero lo que evidentemente no sabía era que ese sacrificio animal no era un requisito para dirigir un ruego a Dios... La realidad es que Saúl no había obedecido las palabras divinas dichas por el profeta, y la obediencia siempre es mejor que los sacrificios.

Los atajos nunca son una alternativa aceptable en los planes de Dios. Antes de tomar la decisión de adelantarse a él, considere las consecuencias y cómo afectará su vida más adelante. En ese momento Saúl perdió su derecho al reino. Recuerde, sea lo que fuere que usted cree que debe llevarse a cabo ahora puede esperar hasta que Dios indique el momento perfecto y oportuno que él escogió.

Padre, tú tienes el momento oportuno para cada cosa. No dejes que me desvíen los atajos. Tu camino es el mejor, aunque parezca más largo. Dame paciencia para esperar.

Se requiere algo de ensamblaje

LECTURA BÍBLICA: Hebreos 4:1-10
VERSÍCULO CLAVE: Hebreos 4:12

Porque la Palabra de Dios es viva y eficaz, y más penetrante
que toda espada de dos filos. Penetra hasta partir el alma
y el espíritu, las coyunturas y los tuétanos, y discierne los
pensamientos y las intenciones del corazón.

¿Alguna vez compró algo cuya caja decía: *Se requiere algo de ensamblaje*? Tuvo que confiar en las instrucciones adjuntas para estar seguro de que la ranura A coincidiera con la lengüeta A, y lo mismo con el resto de las partes. Aun contando con detalladas instrucciones y diagramas, armar algo puede ser un desafío; así que imagínese lo difícil que sería sin tener la ayuda del fabricante.

Cuando alguien trata de vivir sin las instrucciones de la Palabra de Dios, lo que al final de cuentas está tratando de hacer es ensamblar las piezas complejas de su vida sin el beneficio de la dirección perfecta y sabia del Señor. No hay nada que pueda reemplazarla.

¿Por qué? Encontramos la respuesta en Hebreos 4:12: "Porque la Palabra de Dios es viva y eficaz, y más penetrante que toda espada de dos filos. Penetra hasta partir el alma y el espíritu, las coyunturas y los tuétanos, y discierne los pensamientos y las intenciones del corazón".

Dios sabe exactamente cómo está usted ensamblado. Él lo hizo y sabe lo que necesita para desempeñarse correctamente. En un sentido la Biblia es la Guía del Fabricante, que tiene la palabra final, no miente, nunca anda con rodeos y lo moldea según el propósito de Dios. Y lo mejor de todo es que la sabiduría de las Escrituras está a su disposición en todo momento, sin restricciones. ¿Es usted lector del Libro de Instrucciones para su vida?

Maestro, gracias por tu Libro de Instrucciones para la vida.
Tu Palabra vive y actúa en mí. Tú me hiciste y sabes lo que
necesito para desempeñarme correctamente. Te alabo por-
que mi vida está en proceso de ser ensamblada en un orden
perfecto y divino.

Confiar en Dios

LECTURA BÍBLICA: Hebreos 4:11-16
VERSÍCULO CLAVE: Hebreos 4:14

Por tanto, teniendo un gran sumo sacerdote que ha traspasado los cielos, Jesús el Hijo de Dios, retengamos nuestra confesión.

Los cristianos hebreos vacilaban en su fe, y pensar en retroceder a sus antiguas maneras de rendir culto a Dios les resultaba tentador y atractivo. Y esto incluía la tentación de regresar a Jerusalén para ofrecer sacrificios. Allí podrían observar al sacerdote cumpliendo las obligaciones rituales del sacerdocio, que eran elementos muy tangibles que extrañaban en su nueva fe.

Ellos enfrentaban la misma tentación que enfrentamos cada día, y ésta es poner nuestra confianza en lo visible en lugar de en lo invisible. Pero la fe no es cuestión de ver y después creer. Es cuestión de confiar en Dios, sea que nos muestre algo o no.

Los grandes hombres y mujeres de la Biblia confiaban en Dios no porque les diera evidencias materiales de su existencia, aunque lo hizo en muchas ocasiones, sino porque era fiel y veraz por naturaleza. Un beneficio de la fe es observar a Dios obrando en las circunstancias de nuestra vida para brindarnos las respuestas a nuestras oraciones. Siempre presta atención a los que le siguen.

Un beneficio aún mayor de confiar en Dios es desarrollar una relación íntima con el Señor Jesucristo, el fundamento de nuestra fe. El es nuestro Sumo Sacerdote y, por su muerte en el Calvario, ya no tenemos que acudir a nadie más que a él en oración.

Señor, ayúdame a mirar más allá de lo visible a lo invisible. Confío en ti, oh Dios. Hazme entender que tener fe no es ver y creer sino creer cuando no puedo ver.

Una inversión en su futuro

LECTURA BÍBLICA: Lucas 9:23-26
VERSÍCULO CLAVE: Mateo 16:26

¿De qué le sirve al hombre si gana el mundo entero y pierde su alma? ¿O qué dará el hombre en rescate por su alma?

La joven fue a un consejero financiero para que le ayudara a organizar un presupuesto sensato. Parte de sus gastos incluía meter dinero en una cuenta de ahorro y en inversiones a largo plazo. ¿Fue tonta por apartar una suma como ahorro cuando podía gastarla y disfrutarla ahora? Claro que no. Nadie la criticaría por esta decisión tan juiciosa; siempre conviene invertir en el futuro.

Este concepto de mirar hacia adelante es parte de lo que Jesús tenía en mente cuando les dijo a sus discípulos que se negaran a sí mismos cada día y le siguieran sólo a él: "Si alguno quiere venir en pos de mí, niéguese a sí mismo, tome su cruz cada día y sígame. Porque el que quiera salvar su vida, la perderá; pero el que pierda su vida por causa de mí, la salvará" (Luc. 9:23, 24).

Seguir a Jesús significa sacrificar sus aspiraciones a la voluntad de él, sometiéndose obedientemente a sus deseos y planes para su vida. Entregarse a él en esta vida significa recibir la recompensa permanente de vida eterna. Pero los que no renuncian a su autocontrol y autoconfianza y no admiten que lo necesitan, al final sufren. Lo que creían que podían retener muchas veces se les escapa entre los dedos, y no reciben nada en su lugar.

¿En qué plan de ahorro vitalicio está anotado? Confiar en Jesús es la mejor inversión que puede hacer para el futuro.

Maestro, aquí están mis aspiraciones, son tuyas. Por favor hazte cargo. Quiero negarme a mí mismo, tomar mi cruz y seguirte.

Considere las opciones

LECTURA BÍBLICA: Juan 6:53-69
VERSÍCULO CLAVE: Juan 6:69

Y nosotros hemos creído y conocido que tú eres el Santo de Dios.

El ministerio terrenal de Jesús hasta Juan 6 se enfocaba mayormente en sanar a los enfermos, enseñar sobre el reino de Dios y arrojar luz sobre las palabras de los profetas. Pero esto cambió en la introducción de Juan 6:53-69: "Si no coméis la carne del Hijo del Hombre y bebéis su sangre, no tenéis vida en vosotros. El que come mi carne y bebe mi sangre tiene vida eterna, y yo lo resucitaré en el día final" (vv. 53, 54).

Warren Wiersbe explica: "Todo lo que Jesús quería señalar era: 'Así como introducís alimento y líquido en vuestro cuerpo, y estos llegan a ser parte de vosotros, debéis vosotros recibirme a mí en lo más profundo de vuestro ser para que les pueda dar vida'". Las palabras de Jesús no eran para tomarlas literalmente. Eran espirituales en su naturaleza, y si eran obedecidas llevaría a sus seguidores a un andar íntimo con Dios.

Ver que muchos se alejaban de Jesús desanimó a los discípulos. Jesús enfrentó sus temores: "¿Queréis acaso iros vosotros también?" Pedro contestó en nombre de todo el grupo: "Señor, ¿a quién iremos? Tú tienes palabras de vida eterna. Y nosotros hemos creído y conocido que tú eres el Santo de Dios" (vv. 67-69).

Llegará el momento en su vida cuando tendrá que decidir a quién seguirá. En algunas ocasiones la Palabra de Dios puede parecer difícil, pero recuerde: él tiene en mente el panorama en su totalidad. ¿Puede confiar en él como lo hizo Pedro y decir con él: "Señor, tú tienes palabras de vida eterna y creo en ti"?

Padre celestial, no hay opciones para mí. Escojo tu camino. Escojo el camino de tu Palabra. ¿A quién más puedo ir? Tú tienes palabras de vida eterna.

La verdad acerca de las consecuencias

LECTURA BÍBLICA: Proverbios 26:23-28
VERSÍCULO CLAVE: Gálatas 6:7

No os engañéis; Dios no puede ser burlado. Todo lo que el hombre siembre, eso mismo cosechará.

*R*eflexione en cómo sería la vida si las consecuencias de todas nuestras acciones fueran inmediatas, como en el cuento de Pinocho. Si mintiera le crecería la nariz. Si dijera un chisme, se le agrandaría la boca. Si este fuera el caso, una cosa es segura: habría mucha gente de aspecto raro.

Pero en la vida real las consecuencias no siempre suceden en el mismo instante en que se comete una falta; no obstante, cuando no se respetan los principios de Dios, definitivamente habrá consecuencias a largo plazo. Proverbios 26:27 explica claramente esta conexión: "El que cava fosa caerá en ella; y al que hace rodar una piedra, ésta le vendrá encima".

Quizá la reacción no sea inmediata, pero la habrá; eso es lo que Dios dispone. En un sentido, nunca podemos realmente violar sus principios inmutables, así como tampoco podemos quebrantar la ley de gravedad en la naturaleza.

En definitiva, el Señor ha establecido límites y pautas para que su vida sea una fuente de protección y bendición (Sal. 119). Lo que el inconverso interpreta como los "no" negativos del cristianismo son realmente positivos, como si Dios dijera: "Vive de acuerdo con mis planes y encontrarás recompensas de verdad".

Padre todopoderoso, sé que mis acciones tienen sus consecuencias. Dame sabiduría y entendimiento para andar como tú dispones. Toma mi mano y guíame en mi peregrinaje.

La vida que supera las circunstancias

LECTURA BÍBLICA: Filipenses 1:21-26
VERSÍCULO CLAVE: Filipenses 1:21

Porque para mí el vivir es Cristo, y el morir es ganancia.

La carta de Pablo a los Filipenses no fue escrita en un ambiente elegante o seguro, ni en la comodidad de un estudio confortable. Al contrario, fue redactada en las peores circunstancias.

Lo que precisamente motivó la carta, anunciar el evangelio, provocaría finalmente la muerte de su autor. No obstante, por un instante percibimos su anhelo por dejar atrás el dolor y sufrimiento; "Porque para mí el vivir es Cristo, y el morir es ganancia. Pero si el vivir en la carne me sirve para una obra fructífera, ¿cuál escogeré?... pero quedarme en la carne es más necesario" (Fil. 1:21-24).

¿Se encuentra en un momento de profundo desaliento? A todos nos pasa alguna vez. Cuando aparecen las dificultades Jesús permanece a su lado. Tiene mucho por lo cual vivir porque Cristo vive en usted. Nunca tenga miedo de pedirle un nuevo sentido de su esperanza y paz. Él es fiel y contesta las oraciones de los que le siguen.

Oh Señor, ayúdame a vivir superando las circunstancias de mi vida. Hazme comprender que cuando aparecen las dificultades, tú estás a mi lado. Dame nueva esperanza y paz.

La vida es una aventura

LECTURA BÍBLICA: Hechos 8:26-40
VERSÍCULO CLAVE: Salmo 37:23

Por Jehovah son afirmados los pasos del hombre, y él se complacerá en su camino.

$\mathcal{F}$elipe no tenía manera de saber lo que estaba a punto de suceder. Lo único que sabía era que Dios le había indicado que tomara el camino de Jerusalén a Gaza, y obedeció sin preguntar nada. Imagínese su sorpresa cuando se encontró con un eunuco etíope, que viajaba en su carroza leyendo un pasaje del libro de Isaías. Este tenía una pregunta en su mente para la cual no había hallado respuesta: ¿Quién era el Cordero al que se refería el profeta?

Dios puso a los dos hombres en el mismo camino al mismo tiempo por una razón especial. Felipe conocía el evangelio, y el etíope estaba listo para recibirlo. Es así que ambos comprobaron las maravillas del plan perfecto de Dios.

Hay quienes dicen que las coincidencias no existen, sino sólo el plan de Dios llevándose a cabo de maneras imprevisibles. Esto es cierto en la vida de los creyentes. ¿Ha sido alguna vez parte del milagro que es la programación perfecta de Dios? Quizá su coche se quedó sin combustible al lado del camino, y antes de emprender la caminata para buscar ayuda, pasó alguien que llevaba un latón lleno. Quizá fue un encuentro imprevisto con un viejo amigo que realmente necesitaba que lo alentara en el Señor.

Cuando vea que los caminos de Dios son perfectos y que obra sin cesar empezará a ver su vida como la aventura que es. Quizá no sabrá exactamente lo que le depara el futuro o cuándo sucederá un cambio, pero puede estar seguro de que cada experiencia procede de él.

Señor, tu camino es perfecto. Gracias porque obras continuamente en mí. Quizá no sepa lo que me depara el futuro o qué cambios me sucederán, pero me regocijo en la seguridad de que cada experiencia procede de ti.

Los auténticos colores de la naturaleza de Dios

LECTURA BÍBLICA: Juan 1:1-24
VERSÍCULO CLAVE: Mateo 5:16

Así alumbre vuestra luz delante de los hombres, de modo que vean vuestras buenas obras y glorifiquen a vuestro Padre que está en los cielos.

En muchos países la flor conocida como la Flor de Pascua o de Navidad es la planta favorita de esta temporada. Pero a fin de que su brillante color se revele para esta fecha, los que la cultivan se aseguran de que la planta pase cierto tiempo en la oscuridad. Cuando llega a la madurez permiten que su ambiente se llene de mucha luz.

En algunas regiones templadas y subtropicales, los que las tienen en su jardín explican cómo ésta tiene que estar plantada de cierto lado de la casa para que las hojas tomen su color brillante. También allí el secreto radica en la cantidad de luz solar que la planta recibe. Más sol en la época correcta, más brillante el color.

Dios nos llama a ser luces en un mundo de oscuridad. Y nunca podemos olvidar que él es nuestra fuente de luz. Sin la luz de su presencia somos opacos e incoloros. Cristo dijo: "Así alumbre vuestra luz delante de los hombres, de modo que vean vuestras buenas obras y glorifiquen a vuestro Padre que está en los cielos" (Mat. 5:16).

Los colores de la naturaleza de Dios aparecen en nosotros cuando dedicamos tiempo a escudriñar su Palabra. Si no leemos y estudiamos sus principios, nuestra luz nunca reflejará a los demás la brillantez de su amor, perdón y gracia. Tenemos que tener contacto con el Padre de las Luces a fin de que nuestra luz tenga un propósito.

Padre celestial, los auténticos colores de tu naturaleza se reflejaron en tu Hijo, quien vino a este mundo para compartir tu luz. Haz que mi vida sea un reflejo de tu don divino de amor.

El camino a Damasco26 de DICIEMBRE

Concéntrese en la línea de llegada

LECTURA BÍBLICA: 1 Corintios 9:24-26
VERSÍCULO CLAVE: Filipenses 1:6

Estando convencido de esto: que el que en vosotros comenzó la buena obra, la perfeccionará hasta el día de Cristo Jesús.

*U*na clave para vivir superando nuestras circunstancias es apoyarnos en la fidelidad de Cristo a la vez que nos negamos a que la inestabilidad de nuestro ambiente nos atrape. Pablo usó la analogía de un corredor para explicar cómo hemos de reaccionar a las circunstancias que nos depara la vida (1 Cor. 9:24-26).

Tiene que fijar su mirada en la línea de llegada y correr con todas sus fuerzas hacia esa meta. Cuando Dios pone una meta en su corazón, nunca se dé por vencido. Más bien, avance hacia ella con rapidez y valentía.

La meta de Pablo era llevar el mensaje del evangelio a Asia. Los tres viajes que completó son prueba de que tenía un plan y un propósito. Los testimonios de muchos demuestran que llegó a su meta, pero no sin que le costara. Nadie completa la carrera de la vida sin toparse con muchas dificultades y tribulaciones.

Pablo tenía un sistema maravilloso para evitar los pensamientos negativos y posibles derrotas. Miraba más allá de sus circunstancias a la soberanía de Dios. Se concentraba en los resultados positivos de su ministerio, no en su propio dolor.

En definitiva, las pruebas de Pablo maduraron y fortalecieron su vida espiritual. Aunque esté presionado por todas partes Jesús inundará de luz todo lo que enfrenta. Confíe en él, y verá su victoria.

Querido Dios, fija mi mirada en la línea de llegada. Ayúdame a correr con todas mis fuerzas hacia la meta. Reprendo a los pensamientos negativos y a las posibles derrotas. Acabaré mi peregrinaje victoriosamente.

Su peregrinaje espiritual

LECTURA BÍBLICA: 1 Corintios 9:26, 27
VERSÍCULOS CLAVE: 2 Timoteo 4:6, 7

Yo ya estoy a punto de ser ofrecido en sacrificio, y el tiempo de mi partida ha llegado. He peleado la buena batalla; he acabado la carrera; he guardado la fe.

Literal y figuradamente es el capítulo final de la vida de Pablo. Escribiendo desde su calabozo en Roma y próximo a ser ajusticiado, Pablo terminó su segunda carta a su alumno Timoteo con el repique de este manifiesto: "Yo ya estoy a punto de ser ofrecido en sacrificio, y el tiempo de mi partida ha llegado. He peleado la buena batalla; he acabado la carrera; he guardado la fe" (2 Tim. 4:6, 7).

El anciano defensor del evangelio encaraba la muerte como había encarado la vida: con valentía y sin temor. La fe segura que lo caracterizaba seguía fuerte y firme. Pablo entendía la importancia de terminar bien. Había comparado su vida espiritual con una carrera cuya meta es llegar al final (1 Cor. 9:26, 27).

¿Tiene usted en mente una meta a largo plazo de acabar su carrera con un testimonio fuerte en pro de Cristo? Si es así, puede soportar las aflicciones momentáneas desde una perspectiva de perseverancia y firmeza. Puede sentirse perplejo, pero seguirá adelante. Puede estar lastimado, pero se recobrará para la próxima etapa del camino.

¿Qué quisiera que los demás pensaran y dijeran cuando termina usted su peregrinaje espiritual? ¿Qué tiene que hacer ahora para que eso sea posible? Puede correr bien y llegar bien al final cuando conocer a Cristo es la pasión que lo consume.

Padre Dios, quiero finalizar mi peregrinaje espiritual con un fuerte testimonio. Fortaléceme para la próxima etapa del camino. Ayúdame a seguir corriendo la carrera y a terminar bien.

Metas dadas por Dios

LECTURA BÍBLICA: Filipenses 2:13-16
VERSÍCULO CLAVE: Isaías 64:4

Desde la antigüedad no se ha escuchado, ni el oído ha percibido, ni el ojo ha visto a ningún Dios fuera de ti, que actúe a favor del que en él espera.

Amy Carmichael escribió:

Con frecuencia hemos interpretado el versículo citado como queriendo significar que nuestro Dios guía de tal manera y ejerce tal control sobre los asuntos externos que la confusión termina en la paz; y esto es cierto, pero tomado con Filipenses 2:13 encontramos un consuelo aún más profundo.

Queremos ser sinceros. Anhelamos mezclar la sal (dedicación) en el incienso de nuestra devoción a Cristo en todo momento, pero tememos fracasar. No tiene que hacerlo por sus propias fuerzas, sin ayuda. Es Dios quien en medio de todo suple el impulso, dándole el valor para llevar a cabo lo que es su buena voluntad.

Aunque nuestra devoción y consagración a Cristo son de gran importancia, también lo es nuestra disposición a confiar en la bondad de Dios, aprovechando las oportunidades que nos pone por delante.

Muchos se pierden las bendiciones de Dios porque vacilan o no confían en que Dios les dará buenas cosas. En el año que pronto comienza, cuando se le ocurra una idea o vea que se presenta una oportunidad, no se apure en descartarla. Ponga a prueba su validez recurriendo a la Palabra de Dios. ¿Su sueño o meta contradice las Escrituras? ¿Coincide con la voluntad de Dios para su vida? Si pasa la prueba, ore pidiendo a Dios que siga mostrándole el camino. El impulso o fuerza interior o la paz es evidencia del beneplácito de Dios.

Señor, haz que tenga metas que te honran y armonizan con tu plan para mi vida. Dame el impulso y la paz como evidencias de que apruebas mis planes. Ayúdame a establecer metas correctas y, por fe, a hacerlas realidad.

Cómo encarar el futuro

LECTURA BÍBLICA: Romanos 5:1, 2
VERSÍCULO CLAVE: Romanos 5:5

Y la esperanza no acarrea vergüenza, porque el amor de Dios ha sido derramado en nuestros corazones por el Espíritu Santo que nos ha sido dado.

*U*n engomado para auto que se ha popularizado dice: "Sin Dios, no hay paz. Con él, sí la hay". El mensaje es absolutamente cierto.

Miles de consejeros cristianos podrían atestiguar todos los días que así es, al acercarse a ellos las personas con problemas que se derivan de su falta de paz interior. Muchos de los que recurren a consejeros son creyentes que nunca se han apropiado realmente de la seguridad y el amor de la gracia de Dios. Carecen de una comprensión de cómo el plan divino de reconciliación en la cruz afecta su propia vida.

Las siguientes son algunas preguntas para autodiagnosticar su propio "factor paz".

- ¿Me siento inquieto o apático con respecto a las cosas espirituales o a la vida en general?
- ¿Siento culpabilidad por los errores que cometí en el pasado?
- ¿Me enojo fácilmente por los defectos de los que me rodean?
- ¿Me gustaría ser otra persona?
- ¿Tengo miedo de que Dios me castigue cuando hago las cosas mal?

Si respondió que sí a cualquiera de estas preguntas, es posible que sea porque le falta paz. Pídale al Señor que le muestre la raíz del problema. Él le ayudará a apropiarse hoy de la tierna maravilla de su amor y le dará paz y poder para enfrentar el futuro.

Oh Señor, líbrame de sentir inquietud, apatía, culpabilidad y resentimiento. Hazme más tolerante hacia los defectos de los demás. Dame paz y poder para enfrentar el futuro. Ayúdame a apropiarme de tu perdón y a gozarlo plenamente.

¿Busca atajos?

LECTURA BÍBLICA: Mateo 6:25-34
VERSÍCULO CLAVE: 1 Tesalonicenses 5:24

Fiel es el que os llama, quien también lo logrará.

$\mathcal{E}$l letrero decía: ¡Peligro! ¡No salir de la senda! Pero los escaladores hicieron caso omiso de la advertencia y empezaron el ascenso. Su razonamiento: cuanto antes lleguemos a la cima más tiempo tendremos para explorar las cuevas en la ladera rocosa de la montaña.

A mitad de camino, al borde del precipicio, el tercero se resbaló en unas piedras sueltas. Instantáneamente los dos últimos cayeron dando tumbos por la empinada pendiente. En su caída trataban de agarrarse de pequeños arbustos y malezas, con la esperanza de aminorar su descenso. Pero nada dio resultado.

Al fin se detuvieron. Cortados, lastimados y uno con una pierna rota, llegaron a la conclusión que tomar el atajo no había valido la pena. Y casi había causado la muerte de dos buenos amigos.

Son muy pocos los atajos en la vida que valen la pena el tiempo y energía que se requiere para andar por ellos. Puede que una y otra vez nos vaya bien, pero, en última instancia, si decidimos tomar un camino que no es el que Dios programó para nosotros terminamos perdidos.

Si siente que Dios se está tomando demasiado tiempo para cumplir las promesas que le hizo, vuelva a pensar cuánto le ama y cuán dedicado está a su crecimiento y éxito. No se apure. Sea lo que fuere que tiene para usted, vale la pena esperarlo. De él es la eternidad, y puede confiar en esta verdad: No olvidará las promesas que le ha hecho (1 Tes. 5:24).

Señor, a veces parece que te estás tomando mucho tiempo para cumplir tus promesas. Ayúdame a no estar apurado. Vale la pena esperar tu plan. Haz que ande por la senda que programaste para mí.

El camino de fe

LECTURA BÍBLICA: Hebreos 11:8-10
VERSÍCULOS CLAVE: Romanos 8:28, 29

Y sabemos que Dios hace que todas las cosas ayuden para bien a los que le aman, esto es, a los que son llamados conforme a su propósito. Sabemos que a los que antes conoció, también los predestinó para que fuesen hechos conformes a la imagen de su Hijo.

No podemos llegar a la cima de la montaña si no la escalamos. No podemos llegar a nuestro destino si no afrontamos el camino. Eso es lo que significa dar un paso de fe, arriesgar la comodidad de lo que nos es conocido y confiar en Dios que nos conduce a nuevos lugares. Hacer menos es una manera de contemporizar.

Al inicio de su peregrinaje de por vida Abraham no podía decir con certidumbre que entendía las razones y los métodos de Dios. Pero sí captaba que los propósitos de Dios eran buenos y sabía que la única manera de cumplirlos era entregarse a vivir la experiencia que Dios le tenía reservada.

Penelope Stokes describe el valor de arriesgarse por fe:

Es un concepto temible, nuevo nacimiento... ser lanzados como infantes impotentes a un mundo extraño, quizá hostil... entregarnos, de corazón y alma, al Dios que nos llama a una nueva vida, nuevas experiencias, a profundas aguas espirituales.

Tanto antes como después de mi experiencia de entrega a Cristo el 15 de septiembre de 1970, puedo ver la mano de Dios obrando en mi vida, atrayéndome hacia una conciencia espiritual, guiándome en el camino de fe... Y en el trayecto veo altares de sacrificios, ocasiones cuando me llamaba a un nuevo lugar, a un nivel distinto de intimidad, de crecimiento continuo... Tenemos que correr el riesgo de marchar hacia adelante a medida que Dios nos conduce a nuevos niveles de vida en el Espíritu.

Señor, gracias por ser mi Guía en mi camino espiritual. Me regocijo al ver cómo dirigiste mis pasos durante este año que hoy termina. Encaro el futuro con fe y confianza.

RECURSOS PARA EL DESARROLLO Y CRECIMIENTO DE DISCÍPULOS EFECTIVOS

Busque estos recursos
en la librería cristiana
local o visite la CBP por el internet:
www.casabautista.org

**CASA BAUTISTA DE PUBLICACIONES
Y EDITORIAL MUNDO HISPANO**
Apartado Postal 4256,
El Paso, TX 79914 EE. UU. de A.

Teléfono: (915) 566-9656, Fax: (915) 565-9008
1-800-755-5958 (solo para pedidos en USA)

Estudios bíblicos para mujeres que están dispuestas a cambiar su mundo

Mujer, cambia tu mundo

Cómo Dios usa a las mujeres para hacer una diferencia

Jill Briscoe

Ofrece sugerencias e ideas para el estudio, individual y en grupo, de algunas mujeres de la Biblia como: Eva y Jezabel, Sara y Priscila, Rajab y Lydia, Débora y Ana, Rut y María de Betania, Abigail y la samaritana, la sierva de Naamán y Dorcas. Estas mujeres cambiaron el mundo de su época, ya fuera para bien o para mal. Contiene además varias secciones de ayudas prácticas como: Para pensar, para conversar, para orar, para profundizar.

No. 04660

www.casabautista.org

Inspiración diaria ayer, hoy y en el siglo XXI

- Lenguaje contemporáneo.
- Contiene los poemas de la versión original.
- Índices de textos bíblicos y temas.
- Atractivo formato con letra grande.

No. 40056

Cómo la gracia y el amor de Dios fortalecen y restauran

El autor nos motiva a mantenernos enfocados en Cristo, y a no perder la esperanza en medio de las grandes dificultades.

No. 46168

1. Sea honesto.
2. Sea un líder.
3. Amplíe su red de relaciones.
4. Proyecte su visión.
5. Sea decidido.
6. Sea un motivador.
7. Practique la gracia de Dios.
8. Sepa lidiar con las personas difíciles.
9. Delegue y trabaje en equipo.
10. Sea un victorioso en medio de los errores.

No. 46163

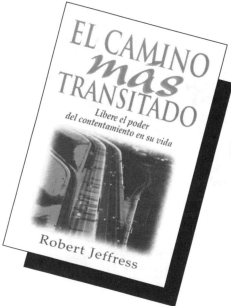

Libere el poder del contentamiento en su vida y vea la mano de Dios...

en sus finanzas,
en su trabajo,
en su cónyuge,
en sus hijos y en su vida.

No. 46156

www.casabautista.org

Es un libro diseñado para estudiarlo en seis semanas, ya sea en forma individual o en grupos pequeños

En este libro el lector aprenderá por medio de actividades de estudio y aplicación a:

- Reconocer la diferencia entre la agenda del reino y la agenda del mundo.
- Confiar en que Dios proveerá para todas sus necesidades.
- Ver su trabajo como una tarea estratégica de Dios.
- Desarrollar una estrategia de oración del reino para su vida y para su trabajo.
- Construir relaciones redentoras para ayudar a otros a ver la actividad de Dios en la vida de ellos.

No. 11200

www.casabautista.org

Sea cual sea el nombre que usted le dé: grupos familiares, grupos pequeños, grupos de vida o células; en este libro encontrará una valiosa ayuda para entrenar a los líderes, a fin de que su iglesia llegue a ser una iglesia célula.

No. 13826

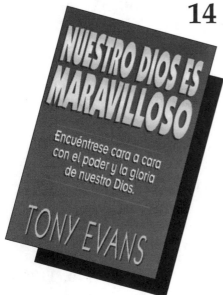

14 características de Dios:

Suficiencia, santidad, soberanía, gloria, omnisciencia, omnipotencia, omnipresencia, palabra, sabiduría, bondad, ira, amor, gracia y encarnación.

No. 46151

www.casabautista.org